중국문자는 고대 한국인이 만들었다

청연출판사

「중국문자는 고대 한국인이 만들었다.」

　참으로 황당한 소리 같습니다. 하지만 중세유럽 사람들이 철석같이 믿고 있던 천동설(天動說) 역시 밝은 안목을 지닌 사람들에 의해 하루아침에 그 무지함이 깨어진바 있습니다.
　많은 분들이 잘 아시다시피 중국문자는 모양을 그려(상형: 象形) 말하고자하는 뜻을 나타내는(표의:表意) 문자입니다.
　그러므로 낱낱의 문자 속엔 그 당시 사람들의 생각과 풍속 그리고 통용되던 언어가 들어 있습니다.
　이것은 만주벌판 여기저기에 있는 고대무덤속의 벽화를 보고 그 당시 사람들의 생활모습과 문화, 정신을 가름할 수 있는 것처럼 말입니다. 더 더욱 중요한 것은 옛날 만주 땅은 '우리 선조들의 삶의 터전이였다' 는 사실을 현재의 우리들이 알 수 있다는 것입니다.

　즉 중국문자 역시 인간들의 생활모습을 그린 하나의 그림입니다. 그러므로 그 속엔 우리 한국인의 고유한 생각과 풍속 그리고 언어(한국어)가 들어 있다는 말입니다.
　그렇다면 어째서 여태껏 아무도 그것을 모르고 지내왔을까요? 오랜 세월동안 수 없이 많은 사람들이 문자를 연구했음에도 불구하고 말입니다.
　그것은 우리가 우리 것을 소홀히 취급하고 있는 그 틈을 타고 자행된 역사왜곡 때문입니다.

밝족(陽族) 또는 동이족(東夷族)으로 불리어진 우리선조들은 아득한 옛날부터 고대중국의 정치 경제 문화의 중심지였던 산동(山東)지역에 살고 있었습니다.

따라서 오제시기(五帝時期:4~5천여 년전)의 중국역사의 주체였습니다. 그리고 찬란한 청동기문명을 꽃피우고 무수한 갑골문(甲骨文)을 남긴 상(商)나라와 어지러운 천하를 통일하고 문자통일까지 이룬 진(秦)나라의 주체세력 역시 우리선조들이었습니다. 뿐만 아니라 맹자(孟子)에 의해 서이(西夷)로 불리어진 주(周)의 핵심세력 역시 그러했습니다.
 그런데 진(秦)이 망하고 유교를 국교로 한 한족(漢族)중심의 한(漢)나라가 들어서자 공자의 만이활하설(蠻夷猾夏說)을 앞세워 역사왜곡을 시작하였습니다.

한족(漢族)위주의 중국역사를 만들려는 이런 작태는 오늘날 「동북공정」이란 이름으로 우리 곁에 성큼 다가와 커다란 입을 벌리고 있습니다.
 이런 역사왜곡의 물결 속에 우리들은 우리정신의 뿌리마저 잃어 버린체 아무도 중국문자속에 들어있는 진실의 참 역사를 찾아볼 엄두조차 내지 못했던 것입니다.
 그러니 순금(純金)은 천만년이 지나도 그 본새을 잃지 않습니다. 하지만 도금(鍍金)된 거짓은 끝내 그 부끄러운 모습을 드러냄이 진리입니다.

이제 필자의 주장이 우리 한민족 참역사의 진실을 밝히는 소리인지 확인을 위해 문자(文字)의 세계 속으로 다 함께 들어가 봅시다.

생각지도 못한 생소한 초행길을 가는 여러분에게 미리 비밀의 문을 열고 진실을 풀 수 있는 열쇠를 하나 드리겠습니다.

여러분의 휴대폰에 '54-8282'가 찍혔습니다. 이 숫자의 의미를 알 수 있는 사람은 이 세상에 오직 한국어를 능숙하게 할 줄 아는 사람만이 알 수 있는 것입니다. 바로 동음가차(同音假借)의 제자법(製字法)입니다.

자 그럼 이제부터 우리말(한자)속에 생생히 살아 숨 쉬고 있는 찬란한 역사를 찾아 다함께 떠나 보도록 하겠습니다.

한밝 김용길

一. 머리글
　一. 중국문자는 고대 한국인이 만들었다

一. 글순서

一. 말(언어)과 글(문자)의 관계 1
　一. 중국문자의 발생과 변천
　二. 문자를 통해 그 당시 사람의 생각과 언어, 풍습을 알 수 있다
　三. 중국문자 풀이공식

一. 중국문자의 발생과 글자를 만든 방법 24
　一. 상형회의　二. 상형지사　三. 형성
　四. 독음(讀音)은 어떻게 따르게 됐나?

一. 새로운 중국문자 해석의 첫걸음 34
　一. 잘못된 문자해석이 역사를 왜곡한다
　二. 모양 그려 말뜻 나타내기
　　　사람의 다양한 모습/ 하늘과 땅/ 입 구(口)
　　　발/ 영토 및 고을/ 눈(日)/ 쟁기 방(方)

一. 민족의 대이동 64
　一. 한민족의 대이동
　二. 언어와 문자풀이

一. 중국 땅에서의 농경시대와 문자 발생 74
    一. 곰족과 호랑이족 그리고 신시(神市)
    二. 신단수(神檀樹)
    三. 하느님이 천자(天子)이다
    四. 씨앗을 상형한 글자는 '씨앗에서 발전된 문자들'
    五. 신농(神農)시대와 단군(檀君) 설화비고

一. 새(鳥)임금 소호금천씨 106
    一. 동음가차(同音假借)의 조자법(造字法)
    二. ▽의 뜻과 글자들
    三. 베를 풀어(巾) '베풀다'는 말을 나타냈다
    四. 칼(刀:刂)의 옛말은 '갈' - 칼 도(刀)에 들어있는 또 하나의 뜻

一. 구슬임금(珠高陽) 때의 문자와 그 해석 141
    一. 마고(메구)할미와 돼지 시(豕)의 뜻
    二. 집(家)
    三. 밭(田)으로 바깥(外)을 나타냈다
    四. '친다'라는 한국어를 아십니까?

一. 새(鳥)임금 고신씨(高辛氏) 때의 문자해석 185
    一. '물레주다'는 '물려주다'의 옛말로 전(傳)으로 그렸다
        즉, 전(傳)자 속에 '물려주다'라는 한국어가 들어있다

一. 유신임금 순(舜) 199
    一. 삐딱한 청개구리 같은 사람
    二. 새(鳥:🐦)는 '새롭다'를 나타낸다
    三. 하왕조

一. 고치고 고쳐 이룬 새나라 상(商) 215
　一. 상인(商人) 즉, 상나라 사람은 장사꾼
　二. 불타는 모양은 한국어 '타다'이다
　三. 나무의 옛말은 '남' 즉, '나옴'의 준말 '남'이다
　四. 삐칠터럭 삼(彡)이 무슨 뜻인지?
　五. '갑다'와 '갚다'는 같은 소리?

一. 한국어를 그림으로 나타내기 251
　○. 끝맺다/ 거듭/ 쫓다/ 구부리다/ 묶다/ 가다
　○. 해 넘어가다/ 높은 곳으로 올라 간다/ 살찧다
　○. 힘들고 어렵다/ 지붕에 구멍 뚫린 집을 고쳐라
　○. 결혼하여 지애비가 됐다/ 부치다/ 쉬다/ 지다
　○. 밀다/ 떨어지다/ 어금버금/ 밤과 꿈/ 발가벗다
　○. 익히다/ 잡다/ 사랑/ 죽은 이를 받듬
　○. 기르고 키우고 아름답다/ 앞뒤좌우/ 봄여름가을겨울
　○. 입다/ 쓰다/ 거들다/ 여야(與野)/ 있다/ 없다

一. 상(商)을 멸망시킨 주(周) 305
　一. 기(其)는 한국어 '기다(맞다 그것이다)'를 나타냈다
　二. 오랑캐로 되어진 이족(夷族)

一. 진(秦)은 이족(夷族)의 국가였다 321
　一. 혁사만하(虩使蠻夏)와 진목공
　二. 만이활하(蠻夷猾夏)설과 공자
　三. 신선도(神仙道)와 유교(儒敎)의 이념 대립

一. 진(秦)이 망한 후 그 유민들은 …! 333
　一. 신라의 건국세력은 어디에서 왔는가?
　二. 훈족과 잊혀진 korean

一. 말(언어)과 글(文字)의 관계

어울려 살아가야하는 생명체들은 서로의 생각과 뜻을 주고받아야만 합니다. 이것은 더불어 살아가야하는(共存:공존) 삶의 유지와 번영을 위해선 꼭 필요한 일이기 때문입니다.
 거꾸로 말한다면 생각과 뜻이 통하지 않는다면 그 사회는 혼란과 분열 속에 잠기게 되고 끝내 사라져버리게 됩니다. 이러므로 미미한 곤충에 불과한 개미들 역시「페르몬」이란 냄새로 서로간의 뜻을 주고받으며 질서 정연한 사회를 꾸려가고 있는 것입니다. 그리고 개, 코끼리, 호랑이, 원숭이 등등의 동물들도 소리와 몸짓으로 서로의 뜻을 주고받으며 그들만의 삶을 이루고 있습니다.

 만물의 영장이라 일컫는 우리인간 역시 동물들과 마찬가지로 소리와 몸짓으로 대화를 하며 그 어떤 동물보다 많고 다양한 말(단어)을 지니고 있습니다. 그렇지만 아마존 밀림 속처럼 외부세계와 단절된 곳에서 먹고 자고 종족번식만을 추구하는 미개한 사회보다 다양한 생활문화를 이루고 있는 문명사회가 더 많은 수의 말(단어)을 지니고 있습니다.
 이것은 쌀, 옷, 땔감만을 사고파는 곳에선 세 가지 단어만 알아도 됩니다. 하지만 수없이 많은 물건을 거래하는 곳에서 당연히 그 많은 물건들의 이름을 알아야 하는 것과 같은 이치이지요.
 그런데 우리인간들의 소리말은 거리와 시간에 제약을 받고 있습니다. 즉 멀리 떨어져있는 사람과 뒷날의 사람들에겐 통할 수 없다는 것입니다. 그래서 전하고자하는 말을 기록해 둘 수 있는 문자가 필요해졌습니다.
 이것을 다음과 같이 정리할 수 있겠습니다.

 첫째 단순한 삶을 사는 미개사회보다 복잡다단한 생활 문화를 지닌 문명사회가 더 많은 어휘와 말의 형태(말씨)를 지니고 있다. 바꿔 말하면 풍부한 어휘와 많은 말씨를 지니고 있는 민족은 그렇지 못한 민족보다 더 일찍 문명사회를 이뤘다는 것입니다.

둘째 언어를 전달 보존할 수 있는 문자(文字)체계역시 풍부한 어휘를 지닌 민족이 그렇지 못한 민족보다 먼저 이룰 수 있다는 것입니다.

우리 한국어는 어떤 언어보다 아주 다양한 어휘를 지니고 있습니다. 예컨대 '푸른, 푸르스름, 푸르죽죽, 파란, 파르스름' 등등으로 영어의 블루(Blue)에 해당되는 말이 아주 다양한 형태를 띠고 있습니다. 그리고 말씨 역시 '여보세요(경칭), 여봐라(하칭), 여보게(반말)'로 쓰고 있습니다. 이러므로 외국인들은 "한국말 참 배우기 어려워요"라고 말합니다.

따라서 우리들은 아주 오랜 옛날부터 다양한 문화와 이에 따른 문명을 지닌 자랑스러운 민족이었음을 알 수 있습니다. 그런데 이런 우리들이 15세기에 와서야 겨우 우리말을 담아둘 수 있는 문자(한글)를 만들었다니 참으로 쉽게 이해되지 않는 일입니다.

우리의 역사기록을 보면
'단군께서 신지에게 글을 만들게 하셨다.(三聖記: 삼성기 AD579)'
'경자2년(BC2181) 시속이 같지 않고 방언이 서로 달랐다. 상형표의(象形表意)의 진서(眞書)가 있었으나 십가(十家)의 읍마다 말이 달라 뜻이 통하지 않았다. 그리고 백리(百里)의 나라글자가 서로 이해하기 어려웠다. 그래서 삼랑을 보륵에게 명하여 정음(正音)38자를 찬하니 다음과 같다.

```
也檀君世紀檀君屹勒二年 三郞乙普勒撰正音三十八字是謂加臨多其文曰
· ㅣ ㅏ ㅑ ㅜ ㅗ ㅕ ㅓ ㅡ ㅠ ㅈ ㅋ
ㅇ ㄱ ㄴ ㅁ △ ㅊ ㅉ ㅎ ㅿ ㆆ ㅿ ㅅ ㅆ
ㅍ ㄹ ㅐ ㅸ ㅅ ㄱ ㅊ ㅿ ㅋ ㅍ ㅌ
가림토 문자 38자
```

이를「가림다토」라 하며 신축3년(BC2180)에 신지고결에게 명하여 배달유기를 편수케 하였다. (단군세기AD1207)'

위 기록에서 더듬어 볼 수 있는 것은「가림다토38자」가 소리문자인 한글의 원류이고 이보다 먼저 모양을 그려 말뜻을 나타내는(象形表意)문자가 있었다는 사실입니다.

그렇다면 중국문자역시 상형표의(象形表意)를 기초로 하여 발전된 것인데 단군세기에서 말하는 진서(眞書)와는 어떤 관계일까요? 이 문제는 다음과 같이 정리할 수 있겠습니다.

첫째 중국 땅 그들(한족:漢族)과 마찬가지로 우리겨레들 역시 이미 상형표의의 문자를 지니고 있었다고 생각할 수 있습니다.

둘째 단군 때의 진서가 바로 지금의 중국문자의 원류라는 것입니다.

이것은 문자가 만들어질 그 당시의 중국 땅엔 우리겨레붙이들이 주체민족으로 살고 있었다는 것이 전제되어야 될 것입니다. 그런데 중국의 역사기록을 세심하게 살펴보면 이족(夷族) 또는 동이(東夷)로 불리어진 종족들이 산동(山東)지역을 중심으로 살고 있었다는 사실을 알 수 있습니다. 바로 우리들의 조상이라 일컬어지는 활 잘 쏘는 동이족 말입니다.

그리고 산동(山東)지방은 고대중국의 정치 경제 문화의 중심지였습니다. 따라서 단군 때의 진서(眞書)가 중국문자의 원류일 가능성은 충분하다 하겠습니다.

그러나 대부분의 사람들은 한국인의 역사영역은 한반도이며 15세기에 와서야 비로소 자기만의 문자를 지니게 되었다고 철석같이 믿고 있는데 어째서 일까요?

필자는 이렇게 생각합니다. 이 세상엔 정직하고 사려 깊은 사람도 많지만 탐욕스럽고 멍청한 사람도 아주 많습니다. 탐욕스런 자들은 항상 남의 것을 빼앗을 궁리만하며 멍청한 사람들은 힘센 자들의 주장에 뇌화부동하여 자기 것도 못 찾아 먹고 있습니다. 이 두 부류의 인간들은 모두 도전적이고 독선적이며 힘만을 앞세우려합니다.

우리들은 동북공정이란 이름으로 고구려역사를 자기들 것으로 만들려는 이웃나라의 행패를 당한바 있습니다. 그리고 우리를 잡아먹기 위해 남이 날조한 우리역사를 진실이라 믿고 따르는 일부역사학자의 억지주장을 듣고 있습니다. 이들 두 부류의 득세로 인해 우리들은 거짓을 진실로 진실을 거짓으로 알고 있는 것이라 생각합니다.

一. 중국문자의 발생과 변천

 모양을 그려 전하고자하는 말뜻을 나타내는 상형표의(象形表意)의 중국문자는 인간들의 언어처럼 발전되어왔습니다. 즉 다양한 사회생활을 할수록 많은 언어가 필요해지고 그에 따라 많은 말이 생깁니다. 이처럼 문자역시 발생초기엔 몇 자 되지 않다가 점점 발전되어 지금에 와서는 약 5만자나 되고 있습니다.

①4800여 년 전 오제(五帝)시기엔 질그릇에 새겨진 문자가 있었습니다. 지금의 우리들은 이를 도문(陶文)이라 부르고 있습니다. 그리고 미미하나마 쇠그릇에 새겨진 금문(金文)이 있었다고 생각됩니다.

◉ 한국일보 2000년 4월21일자 보도. ◉
" 산동성 도자기 문자가 最古(최고)한자 "
中고고학자들 주장 갑골문에 2000년 앞서 중국 고고학자들은 산동성 남부 쥐현에서 발굴된 4800여 년 전 도자기에 새겨진 글자가 지금까지 발견된 것 가운데서는 가장 오래된 형태의 한자(漢字)라고 확인했다.
중국학자들에 따르면 이 대문구(大汶口) 문화시대 도자기에 새겨진 상형문자는 지금까지 최고(最古)의 한자로 알려진 은상(殷商)왕조시대(BC1600~1100)의 갑골문자보다 훨씬 오래된 것이다.

발굴을 맡고 있는 산동성 유물고고학연구소의 왕슈밍 연구원은 "이번 발견으로 한자의 역사를 2000년 정도 앞당길 수 있게 됐다고 평가했다." /베이징 = 연합.

※ 오제시기(五帝時期): 신농. 고양씨. 고신씨. 요. 순 의 다섯 임금이 다스리던 때로 하(夏)나라 이전을 말합니다.

②하(夏)나라 땐 오제시기의 문자를 답습했을 것으로 추정됩니다.

③상(商)나라 땐 거북의 등껍질, 소, 양의 견갑골에 송곳으로 새긴 문자가 있었습니다. 이것을 지금의 사람들은 갑골문(甲骨文)이라 부릅니다. 점(占)을 치고 난 후 그 점괘를 기록 한 것으로 알려져 있습니다.
상나라 때엔 금속용구의 제작기술이 엄청 발달하게 되었고 여기에 새겨진 문자를 금문(金文)이라 부릅니다.

④주(周)나라 땐 사물의 모습을 좀 더 크고 자세하게 그린 소위 대전체(大篆体)를 썼습니다.

⑤진(秦)나라 때에 대대적인 문자 통일운동이 벌어졌습니다. 원래는 진나라만의 글자꼴인 소전(小篆)을 쓰고 있었습니다. 그런데 진이 천하통일을 함에 따라 문자통일의 필요성이 대두되었고 이에 따라 문자통일 작업이 이뤄졌습니다.
기록에 의하면 진의 천하통일 이전에는 각국마다 말도 달랐고 문자를 쓰는 방법도 달랐다 합니다. 문자통일에 따라 이뤄진 글자 꼴(예서)은 한(漢)나라 때로 이어져 오늘날에 이르렀습니다.

二. 문자를 통해 생각과 언어 그리고 생활모습을 알 수 있다

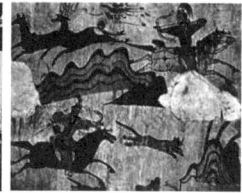

 만주 땅 곳곳에 있는 옛무덤 속엔 여러 그림들이 있습니다. 씨름하는 모습과 말 타고 활을 당겨 사슴을 쫓는 그림들입니다. 이것을 통해 우리는 고구려 때의 생활상과 만주는 우리선조들의 땅이었다는 사실을 알 수 있습니다.
 따라서 이런 그림들 역시 하나의 상형표의(象形表意)문자라 할 수 있습니다. 하지만 그렇게 크고 자세한 그림 그리기는 일반적이고 보편적인 대화수단은 될 수 없었습니다.
 너무나 번거롭고 많은 시간이 걸리고 그리기 또한 쉽지 않아서 입니다. 그래서 간단하지만 그 뜻만은 확실하게 나타낼 수 있는 쪽으로 발전되었습니다.

 여기엔 상형(象形)을 기초 기반으로 하여 회의(會意), 지사(指事), 형성(形聲) 그리고 동음가차(同音假借)등의 방법을 도입하여 필요한 많은 문자를 만들게 된 것입니다.
 즉 지금의 중국문자 역시 그 당시 사물의 모습을 간단하게 그린 그림문자를 기반으로 이뤄졌다는 것입니다. 그러므로 수없이 많은 문자 속에서 수많은 삶의 모습들을 찾아볼 수 있음은 지극히 당연한 일이 되겠습니다.

예컨대 여자(女)는 젖가슴이 큰사람이 꿇어 앉아있는 그림인 ⲯ 자입니다. 이 글자를 통해 그 당시 여자들의 일반적인 좌식은 꿇어앉음이었음을 알 수 있습니다. 그리고 아이를 등에 업고 보살피는 그림(ⲯ:保)인 보(保)자를 통해 그 당시 사람들은 아이를 주로 등에 업고 키웠음을 알 수 있습니다.
중국의 한족(漢族)과 서양인들은 아이를 등에 업고 키우지 않습니다. 한국, 몽골, 일본인 그리고 아메리카 인디언들은 업고 키웁니다.

또「벼(禾)+여자(女)」의 구조인 위(委)자를 통해 익은 곡식은 여자에게 맡겨졌던 그 당시 농경사회의 생활모습을 알 수 있습니다.

또「조개껍질 패(貝)와 쓰일 재(才)」의 구조인 재물 재(財)를 통해 그 당시엔 조개껍질이 화폐대신으로 쓰였음을 쉽게 알 수 있습니다. 그리고 코끼리 상(象)자를 보고는 4~5천여 년 전의 중국 중심지역은 날씨가 지금보다 더웠고 이에 따라 도처에 무성한 식물들을 뜯어 먹고사는 코끼리가 있었음을 알 수 있습니다.

이렇게 살펴본 글자 중에 우리민족의 습성과 생활모습이 담겨져 있는 글자가 하나 둘이 아니고 무수히 많다면 중국문자는 한족(漢族)이 아니고 우리선조들의 글자가 분명하겠지요. 뿐만 아니라 중국문자 속에 감춰져있는 한국어를 찾아낸다면 이것은 그 어느 누구도 부정 못할 증거가 될 것입니다.

三. 중국문자 풀이공식

 한글은 음소(音素)문자입니다. 즉 음소(音素)인 (ㄱ)이 (ㅏ)를 만나 「가」라는 소리를 이룹니다. 그리고 (ㄷ)음과 (ㅏ)가 만나 「다」라는 소리를 만들며 「가」와 「다」가 서로 만나 「가다」라는 운동을 나타내는 하나의 말을 만듭니다.
 중국문자는 상형표의(象形表意)문자로 모양을 그려 말하고자 하는 뜻을 나타냅니다. 그러나 그렇게 단순한 상형표의가 아니고 대문자(大文字)를 구성하고 있는 낱낱의 글자 하나하나에는 모두 제 나름의 뜻을 지니고 있습니다.

 예를 들면 한(韓)이란 대문자(大文字)는 크게는 「해돋을 간(倝)과 어긋날 위(韋)」라는 두 개의 작은 글자가 합쳐진 것입니다. 그러나 해돋을 간(倝)은 해(日)자 아래위에 (十)자가 있고 위(韋) 역시 (㐬, 口, 中)으로 구성되어있습니다.
 그런데 이렇게 되어있는 낱낱의 글자 모두에는 제 나름의 뜻이 들어있다는 말입니다. 바꿔 말한다면 낱낱의 글자가 지닌 뜻을 모아보면 큰 글자(大文字)가 지닌 뜻이 나온다는 말입니다. 따라서 필자가 찾아낸 낱낱의 글자가 지닌 뜻은 다음과 같습니다.

○. ㅗ 이 글자는 옥편엔 「돼지해 밑 부」라 되어있습니다.
   그러나 글자의 구조에서 보면 웃 상(上)과 같은 뜻이 있습니다. 즉 「위로, 높다」의 뜻이 있습니다.

○. 冖 「민갓머리」로 옥편엔 되어있습니다.
   「덮다, 덮어주다, 덮는 것」의 뜻입니다.

O. 冂「먼 곳 경」경계의 뜻입니다.
그러나「하나의 만들어진 공간」을 뜻합니다.

O. 刀「칼 도」칼을 뜻합니다.
그러나「가르다, 자르다」의 뜻이며「갈라지다」의 뜻도 있습니다.

O. 刂 칼도(刀)의 변형인데「벌리다」라는 한국어를 형상화 한 것입니다. 물론 칼 도(刀)의 뜻인「자르다, 가르다」의 뜻도 있습니다. 자세한 설명은 뒷장으로 미루겠습니다.

O. 氵자는「물(水)」을 나타냈습니다.

O. 勹 구부러진 모양을 나타냈으며「굽었다, 구부리다」의 뜻입니다.

O. 匚 은「터진입 구」라 하지만「하나의 만들어진 공간」을 뜻합니다.

O. 十 은 고대엔 (♦)자로 썼습니다.「씨앗, 열매, 씨 뿌리다, 뿌려지는 씨」의 뜻입니다.「숫자10」을 뜻합니다.

O. 卜「점칠 복」으로 읽고 있습니다. 그러나 밖으로「나타남, 바깥」의 뜻이 있습니다. 바깥 외(外), 점괘 괘(卦), 성 박(朴)을 이룹니다. 모두 바깥으로의 운동을 나타내고 있습니다.

O. 厂 은「민엄 호」로 되어있습니다. 엄호(广)자에서 머리

쪽에 있는 점 하나가 없어진 글자입니다.「민」이란 말은 「아무것도 없다, 튀어 나오고 부풀려져 나온 것이 없다」는 말입니다.「민둥산, 민머리, 민짜」라는 우리말을 보면 알 수 있습니다.

○. ム「마늘 모」부로 되어있으나 우리말「사내」및「사위」를 나타내는 글자였습니다.

○. 又「또 우」로 읽고 있습니다. 오른손(又)이 있는데 또 오른손이 있음을 (夂)자로 나타냈습니다.

○. 口「입의 모양」을 나타냈습니다. 입(口)의 역할은 말하는 것입니다. 따라서 이 글자가 들어간 글자의 해석에 있어서는「말하다, 일컫는다」로 읽어야 합니다.
예) 右자는 오른손(ナ)과 입구(口)의 합체입니다. 따라서 오른 우(右)는「오른쪽, 손 있는 쪽(ナ)을 말한다(口)」로 해석해야 합니다.

○. 囗 입구(口)와 비슷하여 해석에 혼란과 오류를 일으키기 쉽습니다. 고을 및 나라의 옛글자인 (◯) 및 (ㅂ)자가 변해진 것입니다. 따라서「골(고을), 땅, 나라」로 읽어야 합니다. 예컨대 고(古)자는「씨 뿌린다(十:♦)와 골(囗)」의 합체입니다. 따라서 씨 뿌려진 골 및 씨 뿌려진(씨내린) 땅(囗)의 뜻입니다. 그러므로 고향 고(故)의 본체자(本体字)입니다. 시골로 씁니다만「씨(♦) 골(囗)」이 맞습니다. 번화한 도회지와 반대되는 곳이 아니고 자신이 있게끔 씨 뿌려진 땅이란 뜻입니다.

○. 宀「갓머리」로 읽히는 글자이나 옛날의 초가집 모양을 그린 (⌂)자의 변형입니다. 따라서「집」의 뜻입니다.

○. 工「만들 공」으로 읽히는 글자입니다.「아래위가 길게 맞닿아있다」또는「아래위를 맞닿게 하다」는 뜻입니다.

○. 己「몸 기」로 읽히며「바른 진행으로 이어지다」는 뜻입니다. 이 글자는 뱀 사(巳)와 비슷하여 혼동을 줄 수 있습니다. 옥편에 보면 기(己)와 사(巳)를 같이 취급하고 있으나 전연 아닙니다.

○. 巾「수건 건」으로 쓰고 있으나 본래의 글자는「베를 풀어논 것」을 뜻하는 (朩) 및 (㠯)자 였습니다. 베를 풀어논 그림으로 한국어「베·풀다」를 나타냈습니다. 따라서 포(布) 시(市) 희(希) 사(師) 수(帥) 제(帝) 막(幕) 방(幇) 치(幟) 장(帳) 등의 글자는「베+풀다」의 뜻으로 해석해야 그 뜻이 풀립니다.

○. 幺「적을 요」「적다, 적게 하다」의 뜻입니다.

○. 广「엄호」「임시로 쳐논 천막」을 나타냈습니다.

○. 辶「민책받침」으로 되어있습니다.「간다」의 뜻인데「함부로 가는 것이 아니고 주위를 살펴가며 또 쉬어가며 천천히 간다」는 뜻입니다.

○. 彐「돼지머리 계」로 읽는 글자입니다. 그러나 이 글자는 손(龵:手)의 변형인 (⺕)자와 구별되어야 합니다.

돼지머리는「모두 큰 것 중에서 핵심 되는 중요한 부분만 내보인다」는 뜻입니다. 단(彖), 전(篆)등의 글자를 이룹니다.

○. 彡「터럭 삼」삐칠석 삼 및 터럭 삼으로 읽고 있습니다. 그러나 이 글자는「삐치다(비친다:빛나다)」를 나타냈습니다. 햇빛이나 빛이 비치는 것이 아니라 다른 것보다 더 뛰어나다 또는 그 특징을 잘 나타내고 있다는 뜻입니다. 즉 삐쳐있는 모양인 彡 자로「비친(삐친), 비치다」는 말을 나타낸 것인데 이 역시 동음가차의 조자법입니다.
따라서 동(形) 형(形) 채(彩) 영(影) 표(彪) 빈(彬) 창(彰) 언(彦) 진(珍) 진(袗) 진(診) 진(眕) 수(修) 등의 글자는「비친다(삐친다), 두드러지다(다른 것보다 비친다)」의 뜻을 적용시켜야 풀립니다.

○. 彳「두인 변」으로 옥편엔 되어있습니다. 그러나 이 글자는 두 사람과는 관계없고「간다, 움직인다」의 뜻입니다.

○. 手「손」손은 그 형태에 따라 뜻이 달라집니다. (爫)자는 위쪽에서 아래로 향하는 손의 운동을 나타내고 있습니다. (艹)자는 두 개의 손이 위로 받드는 모양인 (𠬞)자를 간략하게 그린 것입니다. 그 뜻은「두 손으로 받드다, 두 손으로 무엇을 하고 있다」는 뜻입니다.
(又)자와 (𠂇)자는 오른쪽 손을 나타냈습니다. 따라서 (友)자는 오른손 두개로 구성되어「같다」「같은 편」「같은 사람」을 나타냅니다. 그러므로 친우, 우군(友軍)으로 쓰게 된 것입니다. (屮)자는 위로 향하는 운동을 나타낸 손입니다.「떠받드다, 올리다, 떠올리다」는 뜻입니다. (扌)자는「손을 거듭쓰다, 손을 써서 무엇을 하다」의 뜻입니다.

○. 才「재주 재」로 쓰이고 있습니다. 그러나「쓰일 수 있다(쓸 수 있다)」의 뜻입니다.

○. 阝 이 글자는「언덕」을 나타낸 글자로 두 가지 뜻이 있습니다. 하나는「모여 있다」의 뜻입니다. 그리고 나머지 하나는「사람이 모여 있는 곳, 언덕」의 뜻입니다.
글자의 오른쪽에 붙게 되면 사람 사는 곳(마을, 나라, 성)을 나타냅니다. 왼쪽에 붙게 되면 모여 있다(陣:차가 모여 있다)는 뜻입니다.

○. 斤「도끼 근」은 도끼를 뜻하나 원뜻은「가깝다」입니다. 물건의 무게단위로 한근(一斤) 두근(二斤)으로 쓰는데, 한근(一斤)은 하나(一)라는 수단위에 가깝다는 뜻입니다. 그리고 두근(二斤)은 둘(二)이란 수(數)단위에 가깝다는 말입니다.

○. 斗「말 두」곡식을 되는 말을 나타냈습니다. 이에 따라「요량하다, 헤아리다, 비롯되는, 으뜸이다」는 뜻이 다르게 됐습니다. 따라서 이 글자 역시 곡식을 되는 물건인 두(斗)만 생각할 것이 아니라 그 역할인「되어본다, 헤아린다, 요량하다」의 뜻을 취해야합니다.

○. 攴 : 攵「칠 복」이 글자는 손(又)과 막대기(卜)로 구성 되었습니다. 즉 손에 몽둥이나 막대기를 들고 치는 것을 나타냈습니다. 즉「친다」라는 한국어를 그림으로 나타냈습니다. 그러나「친다」라는 우리말은 여러 가지 뜻으로 쓰입니다. 다음과 같습니다.
「①때린다, ②기른다, ③~라 여긴다, ④설치하다」등입니다.

따라서 (攴)자 및 (夂)자의 해석역시 ①②③④항의 뜻을 상황에 따라 적용 시켜야 합니다.
자세한 설명은 뒷장에서 하겠습니다.

○. 山「산(山)」의 뜻과 산이 지닌「높다, 우뚝 서 있다」의 뜻을 적용해야 합니다.

○. 目「눈(目)」눈의 역할작용인「보다」의 뜻을 취해야 합니다. 물론 눈 자체를 뜻하기도 합니다. 그리고 눈은 얼굴에서 제일중요한 부분이므로 눈(目)하나가 얼굴전체를 대표하는 경우도 있습니다.

○. 癶「발(癶)」우리 몸의 발 부분을 말하는데 다음과 같이 변해진 글자들이 있습니다. (止 足 疋 走 止 疋 㠯 夅) 등입니다.

- 「止」자는「움직이는 발」을 그렸습니다.
- 「足」은 움직이는 발과 구(口)의 합체로「움직이는 발을 말한다」는 뜻입니다.
- 「疋」자는「움직이던 발이 움직임을 멈추고 발을 펴고 있는 상태」를 나타냈습니다.
- 「走」자는 움직이는 발 (止)에 거듭거듭을 뜻하는 두 이(二)자를 더한 것입니다. 따라서「빨리빨리 발을 움직인다」즉「달린다」는 뜻입니다.
- 「止」는「지금은 발을 멈추다」는 뜻이나 옛날엔「가다」의 뜻으로 쓰였습니다.
- 「疋」자 역시 마을 및 골(口)로 가고 있는 발을 나타냈습니다. 따라서「고을로 들어간다」는 뜻입니다.

◦ 「夊」자는 (🐾:왼쪽으로 향하고 있는 발자국 모양)이고 「中」자는 (🐾:오른쪽으로 향하는 발모양)입니다. 즉 왼쪽으로 간다(夊)이며 오른쪽으로 간다(中) 는 뜻입니다.

○. 自「자(自)」스스로, 자기(自己)의 뜻으로 쓰입니다. 원래는 우리 몸의 코를 그린 것입니다. 이는 자신을 가리킬 땐 자기의 코를 가리키며 '저(즈) 말 입니까?' 했는데 여기서 따온 글자입니다.
원래의 독음(읽는소리)은 「저」 또는 「즈」였습니다. 경상도 지방에선 「자기(自己) 집에 갔다」를 「즈거(自己) 집에 갔다」로 말하고 있습니다.
우리 곁에 있는 동물 중에 개(犬)가 제일 냄새를 잘 맡습니다. 그래서 「개코」는 「냄새」가 되고 이에 따라 취(臭:自+犬)자가 만들어졌습니다.

○. 心「심(忄, 心)」우리인간의 심장과 마음을 뜻합니다. 그러므로 「마음」의 뜻이 있고 「쉬지 않고 움직이고 있다」 「들락날락 하고 있다」는 역할작용적인 뜻도 적용시켜야 합니다.
코(自)+ 심(心)=息(식)입니다. 「코(自) 마음(心)」이 아니고 「코(自)의 작용이 계속 운동중이다」는 말입니다.
즉 「숨 쉬고 있다」는 뜻입니다. 그래서 숨 쉴 식(息), 숨(息)의 뜻을 지니게 되었습니다.
그런데 (忄)자는 주로 정서적인 마음을 나타냈고 (心)은 운동적인 역할 작용을 많이 나타냅니다.

○. 耳「귀(耳)」우리 몸의 귀를 말하며 그 역할 작용인 「듣다」의 뜻 입니다.

○. 歹「뼈추릴 알(歹)」 우리 언어 중에 '그렇게 겁 없이 설치다간 뼈도 못 추린다.' '야! 까불면 뼈 추릴 줄 알아라.'가 있습니다. 따라서 뼈 추릴 알(歹)은 「죽는다, 여럿 중에서 골라낸다(추려낸다)」는 뜻입니다.

○. 几 「늘이다, 늘어나다, 벌려지다」의 뜻입니다.

○. 月(月) 이 글자는 (肉)자로 변했다가 (月)자로 변해졌습니다. 「…와 같다」는 뜻입니다.

○. 玄 「현(玄)」 옛글자는 실을 감아놓은 모양을 그린 (ㆆ)자였습니다. 우리말 「감다」는 「①검다 ②실을 감다 ③눈을 감다」로 쓰이는데 이런 우리말을 모르면 현(玄)자가 들어가 이뤄진 글자의 정확한 해석을 할 수 없습니다.
뒷장에서 자세히 설명하겠습니다.

○. 田 「밭전(田)」 이 글자는 논밭의 밭을 말합니다. 그런데 「밭」이란 말은 바깥(外)의 옛말이었습니다. 그래서 이 글자를 빌어 「바깥(外)」이란 뜻을 나타내는데 이 역시 동음가차의 조자법이었습니다.
또 (밭)은 (받) 과 비슷한 소리이므로 「받」으로 되어진 「받드다」는 말을 나타내는데 사용되기도 했습니다. 따라서 이런 동음가차법을 모르면 엉터리해석을 할 수밖에 없습니다.
예를 들면 두려워할 외(畏)자가 있습니다. 옛글자는 (畏)자입니다. 이 갑골문에 대한설명을 '도깨비머리(田)와 범의 발톱(爪)의 뜻을 결합한 회의문자. 甲文字에서 畏는 도깨비 머리와 범의 발톱을 나타냈다. 이런 자형에서 「두렵

다」의 뜻이 나왔다.'로 하고 있습니다. -자원자해로 익히는 한자 300p

그러나 위 갑골문의 머리 부분인 전(田)을 「밭(바깥)」으로 읽게 되면 「바깥사람(外部人)이 뾰족한 무기를 들고 있는 모습」을 그린 것이고 여기서 「두렵다, 겁난다」는 뜻이 나왔음을 금방 알 수 있습니다.

따라서 전(田)자가 들어간 해석에 있어서도 「작물을 키우는 밭」자체로의 해석과 「바깥(外)」이란 말을 나타낸 것으로 해야 합니다.

이 전(田)자 역시 뒷장에서 자세히 검토 설명하겠습니다.

○. 疒 이 글자는 병들어 아픈 사람이 눕는 병상을 그렸다고 해석되고 있습니다. 따라서 「병(病)을 나타낸다」로 해석하면 되겠습니다.

句 자는 「구부러질 구」라 하는데 이 글자와 병(疒)이 합해지면 痀자가 됩니다. 무슨병? 어떤 형태의 질환인지?
한번 생각해 보세요.

○. 矢 「화살 시」이 글자는 화살을 그린 (矢)자가 본자입니다. 「살붙이」로 읽을 수 있습니다. 그러므로 살 육(肉)자와 같은 뜻으로 쓰였습니다. 이 글자가 들어간 해석에 있어서도 「살」또는 「살붙이」라는 한국어를 적용시켜야 풀립니다.

○. 示 「보일 시」로 말하고 있습니다. 그러나 원래는 「제사 지낼 시」였습니다. 따라서 제사지낸다는 뜻을 적용하세요. 그리고 「제사 지내는 집」을 문자로 만들어 보세요.

○. 虍「호랑이 호(虎)」에서 아랫부분이 빠진 글자입니다. 호랑이는 두렵고 무서운 존재였습니다. 따라서 이 뜻도 적용해야합니다.

○. 豕「돼지 시」를 그린 그림입니다. 돼지의 옛말은 「돝」이었습니다. 그런데 「돝」은 모두 「크다」의 뜻을 지닌 한국어 「돈」과 소리가 비슷합니다. 그러므로 시(豕)가 들어간 글자는 모두 「크다(돈)」의 뜻으로 해석해야 합니다. 즉 시(豕)자는 한국어 돝(돈)을 나타내는 음부(音符)로 봐도 됩니다.
이 시(豕)가 들어간 글자의 해석은 뒷장에서 하겠습니다.

○. 方「모 방」밭을 가는 쟁기를 그린 글자입니다. 「방향」을 나타내고 「모」났음을 뜻합니다. 쟁기는 일정한 방향으로 가야합니다. 즉 이리가고 저리가는 혼란스런 진행은 안됩니다. 그러므로 쟁기질하는 법을 방법(方法)이라 했습니다.

○. 谷「골 곡」「들어가다, 받아들이다」는 뜻입니다. 골짜기를 상형 했다고 알려져 있습니다. 그러므로 「골짝」의 뜻도 있습니다.

○. 舌「혀 설」입(口)속에서 나불거리는 혓바닥을 상형했습니다. 따라서 「혀 놀린다(부린다)」가 본뜻입니다. 여기서 「혀, 씨(혀) 부리다」의 뜻이 나왔습니다.
경상도 지방에선 「혀」를 「쌔」 또는 「씨」로 발음합니다. 중국 본토 음하고 비슷합니다.

○. 反「되돌릴 반」오른손(又)을 거꾸로(厂)했다 는 뜻입니다. 오른손의「오른」은「옳은」과 같은 뜻이고 소리입니다. 그래서 오른손과 반대적인 손은「흐름에 거꾸로 간다, 좋지 못하다」의 뜻이 있게 됐습니다.

○. 貝「조개 패」조개껍질을 그린글자 (貝)의 변형입니다. 옛날엔 조개껍질을 화폐대신으로 했습니다. 그러나 조개껍질이라고 해서 모두가 가치 있는 것은 아니었습니다. 그렇다면 쓰일 수 있는(才) 조개껍질(貝)을 문자로 만들면 무슨 글자가 될까요?

○. 云「이를 운」으로 되어있습니다. 그런데「이르다」는 한국어로는「…라 말하다, 온다」는 뜻입니다. 그러면 비를 오게(이르게) 하는 것은 무엇이며 글자로는 어떤 글자일까요? 만들어 보고 찾아서 확인해 보세요.

○. 也「이끼 야, 잇기 야」등으로 옥편에 나와 있는데 무엇을 말함인지 분명치 못합니다. 야(也)자는「이무기」로 불리우는 큰뱀, 즉 아마존 습지대에 사는「아나콘다」같은 뱀을 그린 글자였습니다. 이 뱀을「이기」라고 불렀는데 바로「이무기」의 준말입니다.
그런데「이기」는「이기다(이것이다)」는 말과 같으므로 동음가차의 조자법에 따라「이기(이무기)」를 그린 것으로「이기다(이것이다), 그렇다」는 말을 나타낸 것입니다. 따라서 야(也)는「~이다」로 해석하면 정확하게 풀립니다. 타(他) 지(池) 이(弛) 지(地) 등의 글자를 스스로 풀어 보세요. 이(弛)자의 (弓)부분은 활줄(시위) 풀린 활, 늘어진 활을 그린 것입니다.

○. 其「터 기」농촌에서 쓰는 삼태기(ᾥ)를 그린 것입니다. 「귀」또는「기」로 불려지던 것입니다. 그런데 경상도 언어엔「기다(귀다)」라는 말이 있습니다.「긴가민가(그것인가 아닌가?)」로 쓰이는「기다(귀다)」말입니다. 이「기다(귀다)」라는 말을 기(其)를 그린 그림으로 나타냈는데 역시 동음가차입니다.

따라서 기(其)는「그것이다, 맞다, 그렇다」의 뜻으로 받아 들이면 되겠습니다.

○. 木「나무 목」자라나온 나무를 그린 글자입니다. 이 나무를 아주 옛날엔「남」이라 했습니다. 그런데「남」이란 말은「나옴」의 준말이며「나왔다」는 말의 완료형입니다. 그러므로 이 역시 동음가차의 조자법이 적용되어 남(木)은「나왔음」을 뜻하게 됐습니다.

물론 식물인「나무」를 뜻함은 당연합니다. 따라서 (木)이 들어가 이뤄진 글자의 해석에 있어서도 식물로서의 (木)을 적용시켜야 하며「나왔음」으로도 해석해야 합니다. 예컨대 미(未)자는 나무가 아직도 다 자라지 못했음을 글자 위쪽의 작게 그려진 가로선(-)이 나타내고 있습니다. 이와 반대로 말(末)자는 머리쪽 가로선이 길게 그려져 있는데 성장이 다되어 끝났음을 나타낸 것입니다. 그래서 「끝날 말(末)」로 읽습니다.

한국어 마지막의「마」는「막」으로 진행 변화되고「말」로 진행 변화됩니다. 즉「마-막-말」모두 하나의 운동이 끝났음을 지칭하는 말입니다.「막」은 막둥이(마지막에 낳은 아이) 막차(車:마지막 차) 막살 놓다(마지막 화살을 쏘다) 등의 말에서「끝」의 뜻을 알 수 있습니다.

「말」은「마」의 운동이 '현재 진행 중이다'는 뜻입니다.

이것은 한글의 뜻으로 알 수 있는데 (ㄹ)은 영어의 (ing) 처럼 현재 진행 중인 운동을 나타냅니다. 그런데 모(模) 표(標) 격(格) 극(極) 빈(彬) 교(校) 개(槪) 상(相) 검(檢) 등의 글자는 식물의 뜻과는 관계없고 木을「나옴」으로 읽어야 해석 됩니다. 남(木)은「남기」로 변해지고 이어서「남구」→「나무」로 변해졌습니다. 나무(木)의 옛말이「남」이었고「칼(刀)」의 옛말이「갈」이었으며 바람의 옛말은「봉」이었습니다. 필자는 중국문자 속에 있는 한국어를 찾다가 알게 되었습니다.

○. ⺾「초 두」이 글자 역시 풀의 뜻과 나옴(남)의 뜻으로 해석해야 합니다. 나무(木)의 윗부분만 그린 (艸)자 역시「남(나옴)」의 뜻을 적용해야 합니다. 나옴으로 해석해야 하는 木은 뒷장에서 자세히 논증하겠습니다.

○. 火「불 화」이 글자는 (灬)으로 쓰기도 합니다. 불타는 모양을 그린 것으로「불」을 뜻하며 그 작용인「타다」라는 말을 그려냈습니다. 즉 이 글자 역시「타다」로 읽어야 해석되는 글자가 아주 많습니다.

「치다(支:攵), 나무(남:木), 베풀다(巾), 삐치다(彡), 밭(田), 돝(豕), 야(也), 기(其)」처럼 동음가차의 조자법이 적용됐다는 말입니다.

아직도 중국문자에 대한 이해가 부족한 사람에겐 황당하게 받아질 것이므로 뒷장에서 자세히 논증하겠습니다.
다만 여기선 (火)를「타다」로 읽고「타다」라는 말이 어떤 것들을 의미하는지만 생각해보세요.

── . 중국문자의 발생과 글자를
　　 만든 방법

그림을 그려 말하고자 하는 바를 나타내려면 크고 자세한 그림을 그리면 좋겠습니다.

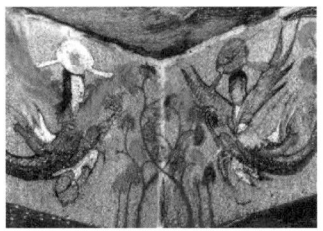

옛 무덤속 벽화나 복희씨에 대한 묘사처럼 말입니다. 그러나 그렇게 자세하고 큰 그림은 그리기도 어렵고 번거롭기 짝이 없습니다. 그래서 간단하지만 그 뜻만은 확실하게 나타낼 수 있는 쪽으로 발전되었습니다.

예컨대 말(馬)을 나타내려면 말 그림(馬)을 그리고 토끼를 나타내려면 토끼의 특징인 두개의 큰 귀를 그리는 것입니다. 또 나무는 그 모양 그대로 ✱ 으로 우리의 눈은 ⊙ 으로 그리는 것입니다. 이런 초보적인 표현방법을 상형(象形)이라 합니다.

그러나 이것만으론 하고 싶은 많은 말들을 나타낼 수가 없기에 다음과 같은 방법이 도입되었습니다.

一. 상형회의(象形會意)

 글자의 뜻 그대로 모양을 그리고 그것에다 또 하나의 그림을 더하여 하고자하는 말뜻을 나타내는 방법입니다. 아래와 같습니다.

① 나무(木)+ 나무(木) = 숲(林)

② 말(馬)+사람이 나무 위에 올라타고 있는 그림인 기(奇)
　　= 말탈 기(騎)

③ 벼 화(禾)+ 여자 여(女) = 맡길 위(委)

④ 간다는 뜻을 나타낸 발그림: 지(止)+ 창 과(戈)
　= 싸우러 가는 것, 싸울 무(武)가 됩니다.

※ 지(止)는 움직이는 발을 그린 글자로 원래의 뜻은 (가다)였습니다. 현재는 멈출 지(止)로 쓰고 있습니다. 그래서 어떤 이는 '무(武)라는 것은 창(戈:과)을 멈추는 것(止:지)이다'로 뜻풀이하기도 합니다.

⑤ 밝음을 뜻하는 태양(日:일)+ 하늘: 천(天) = 밝을: 호(昊)
　하늘(天)에 태양이 떠있으니 훤하게 밝다는 뜻입니다.

二. 상형지사(象形指事)

 지사(指事)는 말하고자하는 어떤 일이나 사물의 핵심부분을 '가르킨다'는 뜻입니다. 다음과 같습니다.

① 두(豆)
「제기(祭器)의 뚜껑 쪽을 지목하는 것」입니다. 즉 그릇의 뚜껑으로 「사물의 윗부분(머리쪽)」을 나타낸 것입니다.

② 수(首)
눈 목(目)위에 터럭을 그린 것입니다. 눈(目)은 얼굴을 뜻하고 얼굴 맨 위쪽 머리 쪽의 숱(머리털)을 가리키는 것으로 「제일 위쪽이다」는 뜻을 나타내고자 한 것입니다.

③ 상(上)
좌우적 평면(一)위에서 위로 올라간 운동(上)임을 가리키고 있습니다.

④ 하(下)
좌우적 평면(一)에서 아래쪽으로 진행한(丁) 바로 그것이다(下) 는 것을 점을 찍어 말하고 있습니다.

三. 형성(形聲)

결합되어있는 두개의 문자 중에 한쪽은 소리(聲)를 나타내고 나머지하나는 형상을 나타내는 것을 말합니다.

① 가(柯)
「나무 목(木)과 가(可)」가 결합된 것입니다. 왼쪽에 있는 나무 목(木)은 모양과 사물을 나타내고 오른쪽 가(可)는 소리를 나타냅니다. 나뭇가지 가(柯)로 읽습니다. 즉「나뭇가지」를 나타낸 것입니다.

② 고(姑)
여자 여(女)와 오랠 고(古)의 합체입니다. 왼쪽 여(女)는 여자를 나타내고 오른쪽 고(古)는 소리와 뜻을 동시에 나타냅니다. 따라서「여자(女)가 오래되면(古) 시어미(姑)가 된다」는 뜻입니다.

③ 매(妹)
「누이」를 뜻하는 글자입니다. 오른쪽 글자 미(未)는 아직도 다 자라지 못했다. 완전히 꽉 차게 되지못했다는 뜻이며 「미」라고 읽습니다. 따라서 아직도 다 자라지 못한 어린 여동생을 말합니다.

④ 하(河)
「흐르는 큰물」을 말합니다. 왼쪽은 물(氵)을 나타냈고 오른쪽 가(可)는 소리를 나타냈습니다. 원래는 큰물「가(카)」로 말하다가「하」로 변해졌습니다. ㄱ·ㅋ의 소리가 ㅎ의

소리로 변한 것인데 경상도 사람의 언어에서 많이 나타납니다. '와? 하노' 를 '와? 카노?' 로 말하는 것처럼 말입니다. 또 ㅎ 의 소리가 ㄱ 및 ㅋ 의 소리로 바뀌는 경우도 있습니다. 예컨대 '~라 하제' 를 '~라 카제'로 말하는 것입니다. 경상도 방언과 중국전통음 사이엔 비슷한 것이 여럿 있습니다. 위의 예 말고도 ㄱ 소리를 ㅈ 소리로 말하는 김치→짐치, 길→질, 김→짐 의 예가 있습니다.

※ 길(吉)을 중국 음으로는 「지」로 읽습니다. 경상도 사람들처럼 「질」로 읽어야 하나 한족(漢族)위주의 중국인들은 「ㄹ」받침 발음을 명확히 못합니다.
말(馬)을 「마·ㄹ」로 발음하는 것처럼 말입니다. 그리고 경(經)을 「갱」으로 미(米)를 「메」로 귀(鬼)를 「구」로 차(借)를 「최」 병(病)을 「빙」으로 설(舌)을 「세」로 말하는 등의 예입니다.

한반도에서의 경상도 지역은 중국 중심부와 제일 멀리 떨어진 곳입니다. 그런데도 소리의 유사함이 많이 있는 것은 왜일까요?
이 문제는 우리의 역사를 정확히 알지 못하면 영원히 풀 수 없는 수수께끼가 될 것입니다. 교과서에서 배워온 그런 역사 말고 어둠속에 묻혀 졌고 지워진 진짜 우리역사 말입니다.

⑤ 구(鉤)
왼쪽의 금(金)은 쇠를 말합니다. 오른쪽의 구(句)는 구부러진 「구」로 읽히는 글자입니다. 즉 구(句)는 소리와 뜻을 동시에 나타내고 있습니다. 「쇠(金)를 구부려 만든 갈고리(鉤)」를 말합니다.

⑥ 구(痀)

왼쪽 글자(疒)는 병을 말하고 오른쪽 글자(句)는 구부러진 것과「구」라는 소리를 나타냅니다.「구부러진 병」즉「곱사둥이」를 나타냅니다.

이때까지 설명한 상형, 회의, 지사, 형성과 전주(轉注) 가차(假借)를 소위 육서(六書)라 합니다. 이 육서(六書)는 후한 때의 허신(許愼)이 만든 설문해자(設文解字)에서 비롯된 것입니다.

대부분의 사람들은 중국문자가 위 여섯 가지(六書)에 의해 이뤄진 것으로 말하고 있습니다. 하지만 전주와 가차는 문자를 언어에 응용하는 방법에 불과합니다.

그런데 중국의 금석문(金石文)과 갑골문 그리고 전서(篆書)와 예서를 살펴보면 위 네 가지 방법으로도 이해되지 않는 많은 글자들을 찾을 수 있습니다.

四. 독음(讀音)

하나의 문자에 붙어있는 소리를 말합니다. 모양을 그려 표현하고자하는 말뜻을 나타내는 상형문자일지라도 읽는 소리 즉 그 문자에 붙어있는 소리가 없다면 어떻게 될까요?
 문자는 언어와 뗄래야 뗄 수 없는 관계에 있습니다. 그러므로 문자에 따른 소리가 없다면 완전한 말글사이가 이뤄질 수 없을 것입니다. 그렇다면 문자에 붙어있는 소리는 어떻게 붙게 되었을까요?

 물(氵)이 길게 맞닿아 있는 모양(工)을 그린 (江)자를 왜「강」이란 소리로 말하는 것일까요? 이 문제는 아주 간단합니다. 그렇지만 중국문자가 어느 민족에게 이뤄졌느냐? 하는 것을 밝힐 수 있는 아주 중요한 사항입니다.

 우리인간들의 소리말(언어)이 먼저 있었고 문자는 나중에 만들어졌습니다. 즉 말(馬)이란 동물은 중국문자가 만들어지기 훨씬 오래전부터 존재했습니다. 그리고 우리들은 그 동물을「말」이라 불러왔습니다. 그러다가 문자가 필요해짐에 따라 말(馬)을 상형한 그림을 그렸고 그렇게 그려진 馬 자를 사람들은「말」이라 읽었습니다.

 그런데 이 馬자는「마」로 읽혀지고 있습니다. 이는 ㄹ 받침 발음에 익숙치 못한 한족(漢族)의 발음을 그대로 따라한 것입니다. 그리고 양(羊)역시 그 모양을 ￥ 으로 그린 후「양」으로 읽었으며 곡식의 씨앗 역시 ♦ 으로 그린 후「씨」로 읽었습니다. 또 하나의 공간(◯)에 작대기 꼽듯 필요한 것을 하나하나「채워」넣는 모습(冊)을 그려놓고「채」로 읽었습니다.

　위 글자(冊)는 책(冊)의 고대글자입니다. 그리고 사람의 모습을 ㅅ 및 ㄣ 으로 그린 후「이」로 읽었는데 늙은이, 젊은이, 나쁜이 로 쓰이는「이」였습니다.
　그리고 되게 큰 사람 大 을 그린 후「크다」는 뜻을 붙이고「되(대)」로 읽었습니다. 또 아버지는 父자로 그린 후「아부지 부」로 읽었고 엄마는 母로 그린 후「마, 모」의 소리로 읽었습니다.
　이외에 개는 犬으로 그린 후「견」으로 살찐 돼지는 豚으로 그린 후「돈」으로 밥은 飯으로 그린 후「반」으로 우리들의 손은 手로 그린다음「손」으로 읽었습니다. 그러나 지금의 음은「수」인데 이 역시 받침발음을 잘 못하는 한족(漢族)의 소리를 쫒은 것입니다.

　말은 세월에 따라 변합니다. 그렇지만 지금까지 쓰이고 있는 한국어와 일치되는 중국문자의 독음은 엄청 많습니다만 몇 가지만 예로 들어봤습니다. 그런데 중국한족은 아버지(父)를「부친(父親) 및 부」라 하지 않고「띠에」라 합니다. 그리고 엄마(母) 역시「모친 및 모, 마」라 하지 않고「양」으로 말합니다. 즉 오래오래 살아남는 부모에 대한 호칭마저도 문자의 독음과 일치되지 않는다는 것입니다.

　그러므로 지금의 중국 TV방송을 보면 꼭 글자가 화면 밑에 나옵니다. 우리가 미국영화를 볼 때처럼 말이지요. 이것은 하나로 통일되어 있는 지금의 중국에서도 여러 언어가 쓰이고 있기 때문인데 북경어, 사천어, 산동어, 광동어 등등입니다.

이런 문자에 따른 독음 문제뿐만 아니라 지금의 중국땅 변두리 고립된 지역엔 소멸되지 않고 살아남은 몇 가지 한국어를 쓰는 소수민족들이 있습니다.

이들을 두고 고구려가 망하고 백제가 망한 후 유민들이 흘러들어가 고립된 생활을 했기 때문에 아직도 한국어 몇 가지를 쓰고 있다고 합니다.
하지만 아득한 옛날 상고시대부터 중국 땅에 살고 있던 한국어 언중이 한족(漢族)에게 밀려서 고립된 지역으로 들어가 살게 되었다고 생각할 수도 있지 않을까요.

一. 새로운 중국문자 해석의 첫걸음

一. 잘못된 문자해석이 역사를 왜곡 한다

아주 유명한 수학선생님이 위엄 있고 힘찬 목소리로 '1+3=8이다.' 라고 말했습니다. 산수를 배우지 못한 아주 멍청한 사람들은 '유명한 선생님 말씀이니 틀림없겠지' 하고 믿고 따릅니다. 그러나 산수를 배운 사람들은 곧바로 '아니에요 1+3=4입니다.' 하며 반박을 합니다.

이런 간단한 산수문제는 '아! 실수했네요.' 라는 한마디로 넘어갈 수 있습니다. 그러나 하나의 잘못된 해석이 거짓을 진실로 둔갑시키며 역사마저 왜곡케 한다면 그것은 아주 큰 문제일 것입니다.

예를 들겠습니다. 정(政) 교(敎) 미(微) 이 세 글자에 대한 중국, 한국, 일본의 문자연구자들은 다음과 같이 해석하고 있습니다.

'다스릴 정(政)은「두들겨 때려(攵) 바르게(正) 하는 것」을 나타냈고 여기서「다스리다」의 뜻이 나왔다.

가르칠 교(敎)는「아이(子)를 두들겨 때려서 옳고 그름을 알게 한다」는 그림이고 여기서「가르치다」의 뜻이 나왔다.

작다, 몰래 미(微)는「노인 뒤에 몰래 다가가 몽둥이로 때려죽이는 모습」을 그린 것이다. 즉 그 당시의 노인 살해 습속이 반영된 글자이다. 여기서「몰래」의 뜻이 나왔다. 아마도 피를 흘리게 하여 죽도록 하는 것이 그 당시 통용된 효도의 한 방편이었던 것 같다.'

현재의 문자 학자들이 정설로 받아들이고 있는 해석입니다. 이에 따르면 사랑스런 자식교육에는 말보다 몽둥이질이 우선이었습니다. 그리고 많은 백성들도 매로 다스렸으며 효도마저 몽둥이로 때려죽이는 것이었다는 말씀입니다. 참으로 끔찍하고 무서운 일이 아닐 수 없습니다.

위와 같은 해석이 따르게 된 것은 모두 칠 복(攵)자 때문입니다. 그렇다면 내 몸을 낮춤으로서 상대를 높여주는 행위를 그려낸 경(敬:공경하다) 역시 칠 복(攵)자가 있으므로「두들겨 맞아 몸을 굽히고 낮춘 것이다」는 해석이 돼야 합니다. 이 글자 뿐 아니라 베풀 서(敍), 고향 고(故), 셀 숫자 수(數), 놓을 방(放) 등등의 글자 역시 칠 복(攵)이 들어갑니다. 그러므로 모두 다「때린다, 친다」의 뜻으로 해석해야 될 것입니다만 실제의 뜻은「때린다」와는 전연 관계없습니다.

이치에 맞지도 않는 이런 유치하고 한심한 해석이 하나 둘에 그친다면 크게 문제될 것은 없겠습니다. 하지만 많은 문자들이 그런 식으로 해석되어 뒷사람을 현혹시키고 역사 왜곡을 한다면 너무너무 큰일이 아닐 수 없습니다.

따라서 우리들은 한국, 중국, 일본문자의 생성과정과 글자가 만들어진 방법을 철저히 파악해야만 옳고 그름을 밝힐 수 있을 깃입니다.

二. 모양을 그려(象形) 말 뜻 나타내기

1. 사람의 다양한 모습으로 뜻 나타내기

① 큰 사람의 모습을 大 으로 그려 크다는 뜻을 나타냈습니다.

② 일반적이고 보통의 사람은 入, 匕, 八 로 그렸습니다.

③ 사람과 사람이 등지고 있는 그림(北, 北)으로 「등지다, 등(背)」의 뜻을 나타냈습니다. 이 글자는 방향으론 북방을 뜻합니다. 우리들이 등을 진 방향이여서입니다.
즉 우리 조상들은 시베리아 바이칼 호수 근방에서 살던 곳을 등지고 남향(南向) 했습니다.
등진모양을 그린 북(北:北)이 북방의 뜻으로 쓰이게 되자 이 글자에 살(月)을 붙여 등질 배(背)를 새로이 만들어 썼습니다.

④ 앞에 가는 사람을 뒤쫓아 가는 그림(从)이 오늘날의 종(從:从) 자가 되었습니다.

⑤ 옆에 있는 사람과 나란히 있는 그림(比)이 오늘날의 비슷할 비(比)자 입니다. 어깨를 나란히 한다는 뜻입니다. 「비슷하다」는 말은 한국어 입니다.

⑥ 사람과 사람이 서로 손을 맞잡고 있는 그림(쓨)과 입(口: ㅂ)을 그린 그림으로 「아우르다, 같이하다」는 뜻을 나타

냈습니다. 오늘날의 동(同)자 입니다. 「아우」라는 말은 「같이하다, 함께하다」는 순수한 한국어 입니다. 그러므로 아우를 동생(同生)이라 말하며 함께 소리 지름을 「아우성」이라 합니다.

※입 구(口:ㅂ)자는 「말 한다」는 뜻입니다.

⑦ 가슴에 무늬(문신)를 그린 사람모습(文)으로 「문채나다, 빛나다, 평범하지 않고 아름답다」의 뜻을 나타냈습니다. 오늘날의 글월 문(文) 입니다. 이 글자는 지사(指事)문자로 사람가슴에 있는 무늬를 가르킵니다. 「무늬」는 「문이」로 발음되므로 文의 독음이 「문」이 된 것입니다. 그런데 우리와 발음이 다른 한족(漢族)들은 웬(w'en)으로 발음합니다. 문(文)이 무늬라는 방증은 무늬가 있는 얼룩말을 문마(文馬)라 함에서도 찾을 수 있습니다.

⑧ 입을 크게 벌려 큰소리 치고 있는 사람그림(兄)이 오늘날의 형(兄)자 입니다.

⑨ 머리천령개가 아직 야물어지지 않은 사람 즉 갓난아기의 그림(兒)이 오늘날의 아이 아(兒)자입니다. 그런데 갓난아이를 경상도 지방에선 「알라」 또는 「얼라」로 발음합니다. 즉 얼라 얼(兒) 입니다. 중국한족도 얼(e'r)로 발음합니다.

⑩ 번쩍번쩍 빛나는 태양과 사람이 합쳐진 그림(光)으로 「빛, 빛나다」는 뜻을 나타냈습니다. 오늘날의 광(光)자입니다.

2. 하늘과 땅(天地:천지)

 하늘을 그리려면 어떻게 하면 될까요? 하늘은 우리 윗쪽(머리쪽)에 있는 큰 공간입니다. 그러므로 위쪽에다 가로선을 그린다음 그 밑에 '크다'는 뜻을 지닌 대(大)자를 그리면 됩니다. 바로 다음과 같은 글자(天)가 되겠습니다.
 그러면 하늘(天:천)과는 맞보는 쪽인 아래 공간인 땅은 다음과 같이 그려야 하겠지요. 아래쪽에 가로선을 그린다음 그 위에 크다는 뜻을 지닌 대(大)자를 넣은 그림(㫃)말입니다.
 이 글자는 초기문자로 상대(商代) 금문집(金文集)에 수록돼 있습니다. 오늘날엔 쓰지 않고 지(地)자가 대신하고 있습니다.

① 하늘과 땅만큼 사랑해
 우리들은 '너무너무' 라는 뜻을 「하늘과 땅만큼」이라 말합니다. 바로 지극하다는 뜻인데 하늘공간과 땅공간 사이에 사람이 하나 되어 있음을 말하는 그림(㮰)인데 오늘날의 극(極)자 입니다.

② 하늘과 땅 사이에 제일 큰놈(㣉:大)을 말대로 그림으로 그리면 王 자가 됩니다. 바로 오늘날의 왕(王)자입니다.
 그런데 금속용구에 새겨져있던 王 자가 탁본 될때 王 의 모양으로 되어졌습니다. 이 모양을 엉터리들은 큰 도끼를 들고 있는 형태로 봤습니다. 그리고는 도끼는 권위의 상징이므로 왕(王)을 뜻한다는 해석을 내렸습니다. 그야말로 그 모양만을 보고 뜻을 생각해낸 것으로 아주 유치하기 짝이 없다 하겠습니다.

3. 입(口:ㅂ)

 입(口:ㅂ)을 그려 입의 기능인「말하다, 일컫는다」는 뜻을 나타냈습니다. 그런데 이 글자(口)는 나라 및 고을을 뜻하는 글자(囗)와 혼동되기 쉽습니다. 그러므로 세심한 관찰이 요구됩니다.

① 오른 우(右)
 오른쪽 손을 나타낸 글자(ナ)와 말하다 는 뜻을 나타낸 구(口)의 합체입니다. 따라서「오른쪽 손이 있는 곳을 말한다」는 것입니다. 오른(右)과 상대되는 왼쪽(左)은 오른손(ナ)과 길게 맞닿았음을 나타낸 공(工)의 합체입니다. 따라서「오른쪽 손(ナ)과 길게 마주하고 있는 것이 왼쪽(왼쪽손)이다」는 것입니다.

② 구부릴 구(句)
 구불구불한 모양(弓:勹)과 입 구(口)의 합체입니다. 따라서 구(句)라는 것은「구부리고 있는 상태, 굽혀져 있는 상태를 말한다」로 읽을 수 있겠습니다.

③ 구(苟)
 구차할 구로 읽습니다. 구부릴 구(句)와 나옴을 뜻하는 그림(艹)의 합체입니다. 따라서「굽히고 나왔다」는 말을 그려낸 것입니다.
 뻣뻣하고 당당하게 나오지 못하고 무릎과 허리를 굽히고 나옴을 나타냈습니다. 이렇게 살아감을 구명도생(苟命徒生: 겨우 목숨만을 보존한 구차한 삶)이라 합니다.

④ 합(合)

∧ 그림은 두 개가 서로 맞닿아(∧) 하나(一)로 되어졌다는 뜻입니다. 여기에 구(口)의 뜻을 더하면「두 개가 하나로 되어졌음을 말한다」입니다. 합(合)이란 말은 글자그대로 두개가 하나로 되어짐입니다. 이러므로 궁합(宮合), 상합(相合), 합정(合情) 등으로 말 됩니다.

답(答): 해답, 답안지, 정답 등으로 쓰이는 글자입니다. 합(合)자와 ⋏⋏ 자의 합체입니다. ⋏⋏ 자는 ┼┼ 와 마찬가지로「나옴, 나타났음」이란 말을 나타냅니다. 따라서 답(答)은「두개가 하나 되어(일치되게) 나왔다」입니다. 바로 언어의 형상화인데 왜 ⋏⋏ 및 ┼┼ 자가「나왔다, 나옴」을 뜻하는 것인지는 나중에 밝히겠습니다.

⑤ 길(吉)

「좋다, 잘하는 일이다」의 뜻으로 쓰입니다. 사(士)자와 입구(口)의 합체입니다. 사(士)는「씨, 씹, 십(十)과 작은 가로선」으로 구성된 글자입니다. 조그만 땅위에 씨 뿌리는 것을 나타낸 글자가 사(士) 입니다. 따라서 길(吉)은「조그만 땅에 씨 뿌림을 말한다」입니다.
「그렇게 하는 것은 아주 좋은 일이고 잘하는 일이다」는 뜻입니다. 십, 씹(十)이 어째서 씨 뿌리는 것인지는 곧이어 설명될 것입니다.

⑥ 주(周)

두루, 널리의 뜻과 주나라를 말합니다. 이글자의 고대체는 啇 자입니다. ⋂ 그림은「하나의 공간」을 나타냈고 그 안에 있는 十자는「씨뿌림」을 말합니다. 그리고 여러 개의 점은「씨 뿌림을 여기저기 많이 했음」을 뜻하고 밑 부분의 ㅂ자는「말하다」를 나타냈습니다. 따라서 주(周)자는「여기 저기에 많은 씨를 뿌린 것을 말 한다」는 것입니다.

주(周)나라의 시조는 후직(后稷)이라는 분인데 본래의 이름은 버린 자식임을 뜻하는 기(棄:🙼)였습니다. 이분은 그 당시 집권층이었던 고신씨(高辛氏)계열의 이족(夷族)이었습니다.
 총명한데다 수려한 용모까지 지닌 그에 대한 가문의 기대는 아주 컸습니다. 그러나 그는 어른들의 기대를 저버리고 예전의 햇님(희화씨:羲和氏)처럼 아랫사람들과 어울려 경작하는 일에만 몰두했습니다.
 그의 꿈은 알찬 곡식을 많이 수확하여 굶주린 사람들을 배불리 먹이는 일이었습니다. 해가 뜨기도 전에 밭으로 달려가 곡식을 돌보던 그는 서쪽 곰나라(유웅국:有熊國)로 가고자 했습니다. 수렵과 채집위주로 살아가다가 농경생활로 전환했지만 아직도 익숙치 못해 항상 굶주리고 있는 유웅국 사람들을 돕기 위해서였습니다.

 참으로 고귀한 뜻이었지만 집안어른들의 뜻과는 맞지 않았습니다. 어른들은 그에게 집권층으로 군림하는 삶을 요구했던 것입니다. 서로 간에 조금의 굽힘도 없는 대립은 끝내 부자지간의 인연을 끊는 것으로 매듭지어졌습니다.
 집안의 큰아버지가 '저 아이는 이제부턴 버린 자식입니다.'라고 모두에게 말했습니다. 이런 연유로 그분의 이름이 기(棄)가 된 것입니다. 그러면 삼태기(🙼)에 아이(子:우)를 담아버리는 그림(🙼)을 어째서「기」라고 했을까요? 이것은 삼태기(🙼)를「기」또는「귀」로 일컬었기 때문입니다. 지금은 其 자로 쓰고 있는데 지금의 우리들은「키」로 발음합니다.

4. 발(foot)

 우리 몸의 기관인 발은 여러 가지 형태로 그려졌습니다. 발은 우리 몸을 움직이게 하는 역할을 합니다. 그리고 움직일 때는 방향이 다릅니다. 즉 북쪽으로 가느냐? 남쪽으로 가느냐? 이쪽으로 오고 저리로 가느냐? 하는 방향 표시가 발 그림 속엔 있습니다.

1) ᗡ 및 ᗢ

ᗡ 그림은 ᗠ 의 변체로 왼쪽으로의 진행을 나타냅니다.

ᗢ 은 ᗣ 의 변체로 오른쪽으로의 진행을 나타냅니다.

ᗥ 자는 윗쪽으로의 진행을 나타냈습니다.

ᗡ 그림은 止 으로 ᗢ 그림은 中 자로 변해졌습니다.

○. 강(降)

「내려가다, 항복하다, 떨어지다」의 뜻입니다. 강(降)의 갑골문입니다. 언덕(阝)이 있고 아래로 향하는 발자국 그림 2개가 있는 그림입니다. 언덕 아래로 내려가고 있는 모습입니다.
위에서 아래로의 진행운동인데 여기서「내려가다, 떨어지다(위에서 아래로), 항복하다」의 뜻이 나왔습니다.

○. 린(隣)

「이웃하다, 이웃」의 뜻으로 쓰입니다. 옛글자는 다음과 같습니다. '자원자해로 익히는 한자 - 김용걸 저 473p' 엔 이렇게 설명하고 있습니다.

'자원(字源)= 이웃 린(隣)은 마을(阝)의 뜻과 도깨비 불 린(燐)의 음 및 뜻을 결합한 형성(形聲)문자. 자해(字解)=금문자(金文字)에서 린(隣)은 린(鄰)과 같은 자로써 언덕 아래에서 불씨를 들고 왕래하는 것을 나타낸다. 이런 자형에서 이웃의 뜻이 나왔다' -모대학교 사범대학 학장을 지냈으며 한문학과 교수직에 있었던 분의 해석입니다.

하나하나 새로이 해석해 봅시다. 그림의 왼쪽부분(阝)은 언덕 부(阝)가 맞습니다. 옛날 5천여 년 전의 중국 땅 곳곳은 물에 잠겨 있는 곳이 많았습니다. 그래서 요(堯) 임금 때에 우(禹)라는 사람을 시켜 치수(治水)하게 하는 얘기가 전해지고 있습니다. 이러므로 사람들의 주된 주거지는 평지보다 높은 언덕이 되었습니다. 따라서 언덕 부(阝)가 들어간 「땅, 곳」의 뜻과 「사람이 모여 있다」의 뜻을 적용 시켜야 됩니다. 우리의 눈이 보이는 역할을 하는 것처럼 말입니다.

그리고 우리들은 좀 소원한 사람에게 '우리 왔다 갔다 합시다'로 말합니다. 이 말은 가깝게(이웃) 지내자는 뜻입니다. 오른쪽 그림 윗부분은 사람을 나타냈고 아래쪽 부분은 왼쪽 오른쪽으로 향하고 있는 발자국을 나타냈습니다. 사람 한명의 양쪽 발에 각기 다른 발자국 두 개가 있음은 '왔다 갔다 한다'는 말을 그려낸 것입니다. 따라서 「모여 사는 곳에서 왔다 갔다 한다」는 이웃이라는 말을 린(隣)으로 나타낸 것입니다.

옛글자 중의 사람모양이 大 쌀 미(米)자로 바뀌었는데 여기에도 놀란 만한 까닭이 있습니다.
뒷장에서 자세히 밝히도록 하겠습니다.

○. 무(武)

호반 무로 읽히며「무기(武器), 무술(武術), 무사(武士)」등으로 말 됩니다. 창 과(戈)와 멈출 지(止) 의 구조입니다. 옛글자는 다음과 같습니다. 왼쪽은 갑골문에 나타난 무(武)자입니다. 창(戈) 아래에 움직이고 있는 발자국 그림(止)이 있는 구조입니다. 뜻을 맞춰보면「창을 들고 간다」입니다.

창을 왜 들고 갈까요? 당연히 싸우러 가기 때문입니다. 따라서 무(武)는 간단히 말해서「싸운다」는 뜻입니다.

그런데 옛글자를 모르는 사람들은 지금의 글자만을 보고 '무(武)는 창을 멈추는 것(止)이다.' 로 해석하고 있습니다. 지(止) 자는 요즘엔「멈추다」의 뜻으로 쓰입니다만 원래의 뜻은「간다」입니다. 예를 들겠습니다.

○. 길 로(路)

왼쪽부분은 하나의 공간 및 영역을 나타내는 (口)자와 지(止)로 구성 되어 있습니다. 고을(골)로 가고 있음을 나타냈습니다. 오른쪽 각(各) 자는 크게 움직여 나갔음을 뜻하는 글자(夊)와 입 구(口)의 합체입니다.

뜻을 맞춰보면 로(路)는「오고(足) 나감(各)을 말한다」입니다. 즉「오고 가고 하는 것이 길이다」는 말입니다.

○. 돌아갈 귀(歸)

글자 왼쪽은 쫓다(自)+ 가다(止)=(皀)로 구성 되었습니다. 오른쪽(帚)은 빗자루를 들고 있는 상태를 그렸습니다.

따라서「빗자루를 들고(帚) 쫓아(自) 간다(止)」는 언어를 귀(歸)자로 나타냈음을 알 수 있습니다.

그런데 빗자루를 들고 누구를 쫓아서 왜 가는 것일까요?

이 문제는 옛날의 역사와 풍속을 알지 못하면 풀 수 없습니다. 4~5천여 년 전 옛날 옛적엔 남자(총각)가 여자(처녀)집에 장가를 들었습니다. 이때는 모계제(母系制) 사회였고 군혼제(群婚制)를 하였습니다.

즉 어떤 총각이 처녀 세 명이 있는 집의 큰언니에게 장가를 들게 되면 이 총각은 세 여자 모두의 지아비가 되는 것입니다. 그러다가 여자집의 둘째가 낭군을 맞게 되면 이 낭군 역시 세 여자 모두의 낭군이 되었습니다. 셋째 여자가 결혼을 해도 그 낭군 역시 모두의 신랑이 되었습니다. 지금의 세상살이에서 보면 희한하게 보입니다.

그렇지만 지금도 네팔과 부탄 접경지역엔 여자 한명이 세 남자를 데리고 평화롭게 살고 있는 모습이 TV를 통해 방영된 바 있습니다. 옛 부터의 풍습이 아직도 맥이 끊어지지 않고 살아있는 예입니다.

이렇게 한 가정에서 지내게 됨에 따라 여자들은 자기 남편에게도 서방님이라 했고 시숙과 시동생 모두에게도 서방님이라 불렀습니다. 그리고 남자 여자 아이 할 것 없이 모두들 우리 마누라, 우리남편, 우리아들, 우리엄마, 우리아빠로 말했습니다.

즉 서양 사람들은 내마누라, 내남편, 내아들(my sun) 등으로「나의(my)」로 말합니다만 우리들은「우리(we)」로 말한다는 것입니다. 그리고 큰어머니, 큰아버지, 작은아버지, 작은엄마 등으로 구별했습니다.

중국천하를 통일한(秦)의 풍습을 보면 대부(大父:큰 아버지), 중부(仲父:가운데 아버지), 소부(小父:작은 아버지)로 호칭을 했습니다. 이는 4~5천여 년 전에도 그러했습니다.

그러면 이런 군혼제(群婚制)에 따라 생겨난 아이는 어떤 아버지의 씨앗일까요? 이 문제는 임신한 여성만이 정확하게 알 수 있습니다. 그러므로 임신한 여성이 '뱃속아이는 작은 서방님의 씨예요' 했다면 이것은 믿을 수밖에 없는 말이 됩니다. 지금의 믿을 신(信)은 사람 인(人)변에 말씀 언(言)이 더해져 있는 글자입니다. 그래서 '사람의 말(言)은 믿음이 있어야 되므로 믿을 신(信)이 됐다네' 라고 점잖게 말씀하시는 분들이 많습니다. 그러나 이 신(信)의 고대체(古代体)는 배가 불룩한 사람 (d)옆에 말씀 언(言)이 있는 d言 자입니다.
　바로 배부른 사람(임신한 여자)의 말은 정확하므로 믿을 수 있다는 뜻을 나타낸 것이지요.

　이때는 경작한 곡식들을 여자가 맡아 관리했으며 동서(亞:아) 두 사람이 밀고 끄는 수레에 물건을 실어 운반했습니다.
　그러다가 청개구리 같은 행동을 일삼던 순(舜)이 요임금의 사위가 되더니 장인을 몰아내고 정권을 잡게 됩니다. 권력을 쥐게 된 순(舜)은 요(堯)에 의해 폐해졌던 햇님을 다시 사직신(社稷神)으로 모셨습니다. 그런 다음 모계제 공산사회를 혁파하고 부계제(父系制) 사회로 진입시키려 했습니다.

　이렇게 부계중심의 사회로 전환되자 많은 문제들이 뒤따랐습니다. 각각 제짝을 데리고 장인의 집 울타리를 벗어나야 되는 사위(厶)들은 이때껏 일한 댓가를 요구했습니다. 제 몫을 달라는 것입니다. 그리고 어제까지만 해도 내 몸 같은 동서(亞)들 끼리도 다툼이 일어났습니다. 서로 많이 차지하려는 마음 때문이었습니다.
　이런 것을 반영한 글자가 사사로울 사(私) 이고 어지러울(나쁜) 뜻이 되는 악(惡) 자입니다. 즉 사(私)는 「곡식(禾)+

사위(厶)」의 구조로 사위의 곡식이 됩니다. 공동(共同)의 곡식이 사위 개인의 곡식(私)이 된 것입니다.

악(惡)은 동서(亞:아)와 마음 심(心)의 구조로 서로 많이 차지하려 하는 동서의 마음이란 뜻입니다.

부계제가 됨에 따라 혼인 풍속도 바뀌게 되었습니다. 예전에는 동상례(東床禮)를 치르고 장인 집에 머물면 되었습니다. 그러나 여자가 남자 집으로 시집을 가게 됨에 따라 본가에 며칠 머문 후 신랑을 따라 시집을 가야 했습니다. 이때는 싸리나무 등으로 빗자루를 엮어서 지아비 뒤를 쫓아갔습니다.

그러므로 귀(歸)는 「여자가 시집 간다」가 본뜻입니다. 이는 주역(周易)의 뇌택귀매(雷澤歸妹) 괘를 통해서도 알 수 있습니다. 즉 귀매(歸妹)의 뜻은 「누이가 시집가다」입니다.

2) 발은 𣥂 로도 그려졌는데 오늘날의 발(癶)자입니다.

역시 「간다, 나간다」의 뜻을 말합니다. 발(癶)의 독음 「발」 역시 우리 한국어입니다. 발(癶)을 발이라 부를 수밖에 없겠지요.

○. 등(登)

「오르다」는 뜻으로 쓰입니다. 「간다」의 뜻을 지닌 발(癶)과 두(豆)의 합체어입니다. 두(豆)는 뚜껑이 있는 제기(祭器)를 그린 것으로 뚜껑에 초점을 맞춘 지사(指事)문자입니다. 따라서 「뚜껑, 뚜에(뚜껑의 옛말), 뚜(두)」이고 높은 곳을 나타냅니다. 즉 그릇의 맨 위에 위치한 뚜껑을 그려 사물의 머리 쪽, 높은 쪽을 나타낸 것입니다. 그러므로 등(登)은 「높은 곳, 머리 쪽으로 가다」로 되어 「오르다」의 뜻이 됩니다.

○. 발(發)

「나가다」는 뜻을 나타낸 발(癶)과 활 궁(弓) 그리고「늘어나다, 당기다」의 뜻을 지닌 (几)자와 손(又)을 더한 글자입니다. 그 뜻을 읽어보면「활(弓)을 손(又)으로 당겨(几) 나가게 한다」입니다.

3) 발은 止 으로도 그려졌습니다. 움직이는 역할입니다.

○. 족(足)

「말하다」는 뜻을 지닌 (口) 자 밑에 발(止)이 있는 구조로 움직이는「발을 말하다」는 말을 그렸습니다.

○. 달질 주(走)

움직이는 발그림(止)에「여러 번, 거듭」을 뜻하는 글자(二)가 붙어 있습니다. 보여주는 그대로「거듭 여러 번 발을 움직인다」는 말입니다.「달린다」는 것을 이렇게 나타냈습니다.

○. 정할, 고요할 정(定)

「집(宀)+ 발펼 소(疋)」의 구조입니다. 집(宀)에 들어와 발을 움직이지 않고 폈다(疋)는 말입니다. 이에 따라「정했다, 움직이지 않고 고요하다」등의 뜻이 있게 된 것입니다.
그런데 (疋)자가「발을 폈다」는 뜻이라면「발펼 소(疋)」로 읽어야 하지만 옥편엔「발필 소(疋)」로 되어 있습니다.

그리고 이 글자뿐 아니라 야(也)자 역시 어떤 옥편엔「이기 야(也)」로 어떤 옥편엔「잇기 야(也)」로 해 놓았습니다. 이런 이해하기 어려운 문제는 위 두 가지뿐만 아니고 아주 많습니다. 그래서 저는 많은 세월을 의문 속에 지냈습니다. 그러다가 중국문자가 한국어를 쓰는 사람들에 의해 만들어졌음을 알고부터 그 의문들이 하나 둘 풀리기 시작했습니다.

우리가 살고 있는 한반도에는 오랜 옛날부터 살고 있던 원주민이 있었습니다. 그리고 민족의 대이동 속에 만주를 거쳐 한반도로 들어온 사람들이 있었습니다. 그러다가 중국 쪽으로 진출했던 겨레붙이들이 한족(漢族)과의 세력다툼에 밀려 한반도로 들어왔습니다.

즉 만주땅 부여국에서 고구려와 백제가 갈려 나왔고 또 진(秦)나라가 망하자 그 유민들 중 일부가 경상도 땅으로 들어왔다고 생각됩니다. 이러므로 똑같은 뜻을 지닌 말도 이북(평안도, 함경도) 사람은 '날래 하라우'로 경기도 지역사람은 '빨리해요' 합니다. 그리고 전라도 쪽은 '싸게 하소' 하며 경상도에선 '퍼뜩 하이소' 합니다.

물론 이것은 하나의 예입니다만 찾아보면 상이한 것이 아주 많을 것입니다. 이렇게 어울려 살아온 세월 중에 경상도 지역의 신라가 제일 오랫동안 그 정권이 유지 되었습니다. 그러므로 경상도 지역의 언어가 한반도의 대표적 언어로 자리 잡았을 것은 분명한 이치일 것입니다.
따라서 경상도 방언을 도외시한 한국어 연구와 필자가 시도 하는 한국어에 따른 중국문자해석은 어려울 수밖에 없을 것입니다. 이런 점을 염두에 두고 보면 「발(足)을 펴다, 이불을 펴다」를 경상도에서는 「발을 피라, 이불 피라」라고 하므로 「발펼 소(疋)」가 「발필 소(疋)」로 기록되어 졌음을 이해할 것입니다.

이외에 잇기 야(也), 삐칠터럭 삼(彡), 뼈추릴 알(歹), 기다 (그렇다)의 기(其) 등등의 글자가 있습니다. 이들 글자역시 어떤 말을 나타내기 위해서 그려졌는가? 하는 점을 차차 밝히도록 하겠습니다.

 어쨌든 (疋)자에 「필」이란 독음이 따름에 의해 마필(馬疋), 피륙으로 말 되어졌으며 베(布:포)를 한필(一疋), 두필(二疋)로 말하게 됐습니다.

5. 영토 및 고을

처음엔 ◯ 으로 그려졌습니다. 이어서 ㅂ → □ 으로 변해졌습니다. ㅂ 과 □ 의 모양은 입구(口:ㅂ)와 똑같은 모양이므로 자칫 잘못하면 해석에 오류가 생깁니다.

영토개념을 뜻하는 □은 국(國)으로 바뀌게 됩니다. 우리들은 터를 잡고 모여 사는 곳을 「골(고을)」로 말합니다. 그러므로 영토 및 골(고을)을 그린 (國)과 (故)등의 글자를 귀(국)와 고(골)로 읽는 것입니다.

말은 세월에 따라 변합니다. 그러나 제일 안 변하는 것은 머리되는 소리입니다. 예를 들면 우리말 개(犬)는 「거이, 가이」 등으로 변할 수 있지만 근본 되는 머리음인 ㄱ 음은 그대로입니다.

① ⊞ 이 글자는 고대 금문집에 수록 되어 있습니다. 책(冊)의 옛글자로 알려져 있습니다. 그러나 이 그림의 형태는 하나의 영토 공간(◯)에 작대기를 꼽듯 필요한 것 여러 개를 꽂아 넣은 것입니다. 하나의 영토가 있으면 이것을 지키는 군인과 여러 가지 일을 보는 사람들이 필요합니다. 따라서 ⊞ 은 영토공간에 필요한 사람 및 사물을 「채워넣는다」는 뜻입니다. 따라서 그 읽는 소리역시 「채워넣을 채」인데 「책」으로 변해진 것입니다.

 책봉(冊封)의 뜻임을 나타내는 고대금문(金文)은 다음과 같습니다.(군고록) 두 개의 눈 밑에 돼지가 있고 그 아래에 부(父)의 옛글자(⪽)가 있으며 ⊞ ⊞ 그림이 있습니다.

'고양씨의 두 번째 아들인 여씨(旅氏)가 제관(祭官)에 책봉

(冊封) 되었음을 나타낸다' 이 해석은 중국의 금문학자 낙빈기선생이 한 것입니다.「채워넣다」의 뜻으로 쓰이던 ⊎ 자는 후일에 와서 없어지고 그 자리를 책(冊)이 차지했습니다.

책(冊)은 책(策)과 같은 뜻으로 쓰이는데 대나무를 편편하게 잘라서 글을 쓴 다음 하나하나 묶은 것이 서책(書冊)의 효시입니다. 채(⊎)의 뜻을 대행했으므로「채워넣어 봉하다」는 책봉(冊封)의 뜻 역시 이어받았습니다. 그러므로 나무(木)를 하나하나 채워서 만든 울타리를 책(柵)이라 하게 된 것입니다.

② 국(國)
영토 공간(口)에 창(戈)과 입 구(口)가 있는 구조입니다.
「힘으로 지켜야할 영토 공간을 일컫는다」는 말을 하고 있습니다.

③ 고(古)
옛 고, 오랠 고로 읽고 있는 글자입니다.「씨(十)+ 골(고을)」의 구조입니다. 따라서「씨골(시골)」을 나타낸 것입니다. 즉 씨 뿌려지고 태어난 땅(골)이 바로 씨골(시골)입니다. 즉 도시(都市)와 상대되는 번화하지 않는 곳을 말함이 아니고 고향(故鄕)의 뜻입니다. 십(十)이「씨」임은 앞장에서 자세히 설명 하였습니다.

이 古 역시 우리들은「고」로 읽고 있지만 본래 음은「골」입니다. 한족(漢族)들은「고~ㄹ」로 발음하는데 이를 본받아「고」라 읽게 된 것입니다.

④ 위(圍)

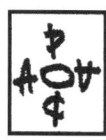
「둘레싸고 있다, 에워싸고 있다」는 뜻입니다.
옛글자는 다음과 같습니다. 하나의 영토 공간
(○) 주위를 한 방향으로 향하고 있는 발자국
네 개가 있는 그림입니다.
그림의 뜻 그대로 하나의 영토공간을「에워싸고 있다」입니다.

⑤ 위(韋)

하나의 공간을 가운데 두고 한 사람은 이쪽으로 또 한 사람은 저쪽으로 가고 있는 그림입니다. (韋:韋) 따라서「서로 어긋나게 가다, 어긋나다」의 뜻입니다.

⑥ 수(囚)

하나의 공간에 사람이 갇혀있는 모양을 그린 것입니다. 따라서「갇혀 있는 사람」의 뜻입니다.

⑦ 곤(困)

영토 및 공간인 (囗)에 목(木)이 들어있는 구조입니다. 나무(木)는「나왔다, 나옴」의 뜻을 나타내는데 나오지 못하고 갇혀있으니「답답하다」는 뜻이고「어렵다」는 뜻입니다.

⑧ 권(圈)

한정된 공간을 뜻하는(囗)과 증서를 뜻하는 권(券)으로 되어 있습니다. 증서는 인정받는 서류의 뜻이므로 권(圈)은 활동 할 수 있고「인정받을 수 있는 한정된 공간」이란 뜻입니다.

⑨ 단(團)

한정된 공간인 (口)과 오로지 전(專)의 합체입니다.「오로지 한 가지 일이나 뜻을 지닌 사람들의 공간」을 말합니다.

⑩ 혼(豖)

「돼지, 뒷간」의 뜻이 있습니다. 한정된 공간(口)에 돼지 시(豕)가 있는 글자입니다. 뒷간은 변소를 뜻하는데 이 그림과 뜻을 통해서 우리는 옛날 변소 아래에 돼지를 키우고 있는 것을 알 수 있습니다. 제주도엔 아직도 변소 아래쪽에 돼지를 키우는 곳이 있습니다.

6. 눈 (眼:안)

 눈은 그 모양을 따 ◉ 으로 그리다가 ◐ → Ⅲ → 目으로 변했습니다. 주로 눈의 역할작용인「본다」의 뜻으로 해석해야 됩니다.

① 견(見)
 눈 목(目)과 사람(儿)의 구조로 되어 있습니다. 그러므로 그 뜻은「사람이 본다」인데 보는 행위 모두를 나타냅니다.

② 간(看)
 손(手)이 눈 목(目)위에 위치한 그림으로「눈 위에 손을 얹고 살펴보는 행위」를 나타낸 것입니다.
 그러므로 간수(看守): 살펴보고 지키는 사람, 간판(看板): 살펴보게 하는 판대기 등으로 쓰입니다.

③ 시(視)
 보일 시(視)로 읽히는 글자입니다. 제사상 차려놓았음을 나타내는 시(示)와 본다(見)의 구조입니다. 따라서「차려놓은 상태」및「만들어진 상태를 본다」는 뜻임을 쉽게 알 수 있습니다.
 시찰(視察): 차려져 있는 상태를 보고 살피는(察) 것을 말합니다.

④ 관(觀)
 역시「본다」는 뜻으로 쓰이고 있습니다만 새로운 것 및 별다른 것이 있나 없나를 살펴보는 행위를 나타낸 것입니다. 그러므로 단순히 그냥 보는 것과는 구별 됩니다.

관찰(觀察), 관광(觀光), 인생관(人生觀) 등으로 말 되어 쓰입니다.

⑤ 상(相)
「나옴」을 뜻하는 「나무 목(木)+눈 목(目)」의 구조입니다. 따라서 나타나 있는 것 및 나온 것을 본다는 뜻입니다.
관상(觀相): 나타나 있는 모양을 요리조리 살펴보는 것을 말합니다.
상상할 상(想): 나타나 있음을 보는 것(相)과 마음 심(心)의 합체(合体) 입니다. 따라서 나타난 모양을 마음으로 본다는 뜻입니다.
나무(木)은 「나옴(남)」을 나타낸 것이라 했는데 자세한 설명은 뒷장에서 하겠습니다.

⑥ 맹(盲)
망가질 망(亡)과 눈 목(目)의 합체입니다. 「눈이 망가져 그 역할을 할 수 없음」을 나타냈습니다.
맹인(盲人): 눈이 안 보이는 장애인

⑦ 신(臣)
이 글자는 옆에서 쳐다본 눈 그림 즉 눈의 옆모습을 그린 ㉠ 자에 눈 가운데 있어야할 초점이 눈 아래쪽에 위치하도록 그린 ㉡ 자로 변해진 것입니다. 따라서 눈을 내리깔고 아래쪽을 쳐다보고 있는 상태로 말할 수 있습니다.
그래서 이때까지의 문자연구자들은 '신(臣)은 임금 앞에서 엎드려 눈을 내려 깔기 때문에 이뤄진 글자다'로 말합니다. 그러나 '눈을 내리깐다고 해서 꼭 아랫사람이다'로 규정 지을 순 없습니다.

아래쪽을 본다든가 깊은 생각에 잠길 때도 눈을 내리깔 수 있으니까요. 그리고 상형표의문자는 통용되고 있는 언어 속에서 만들어지며 통용되는 언어를 나타내야만 언중들이 쉽게 이해할 수 있는 것입니다.

우리들의 사람끼리의 높낮이를 이렇게 말합니다. '저 사람은 내 손아래요. 또 저 사람은 내 눈 아래 사람이라오' 그리고 '나는 너를 눈 아래로 본다' '나는 저분을 우르러 봅니다'로 말합니다.

따라서 ◉ 그림은 「눈 아래로 본다」는 언어를 나타낸 것으로 아랫사람을 의미합니다. 글자의 모양을 보고 그 형상에만 치우쳐 해석하면 엄청난 오류가 나옵니다.

예를 들면 눈 그림 ◉ 옆에 손 ㇇ 이 있는 ◉㇇ 자가 있습니다. 오늘날의 取 자입니다.

위 글자를 한국, 중국, 일본의 소위 문자전문가들은 '손으로 눈알을 찌르는 형태다'로 해석 했습니다. 이는 역할 작용적인 면을 무시하고 모양만을 본 해석으로 초등학생도 할 수 있는 것입니다.

그러나 손과 눈의 역할 작용적인 면과 통용되고 있는 언어를 접속시켜보면 다음과 같은 풀이가 됩니다.

눈 ◉ 은 「본다」의 뜻이고 손 ㇇ 은 「잡다」의 역할을 합니다. 그 뜻을 합쳐보면 「눈 잡아(㇇) 본다(◉)」라는 말이 됩니다.

현(賢): 이 글자는 어질 현으로 알고 있습니다. 그러나 「눈 잡아 본다(取:◉㇇)」의 뜻에다 조개 패(貝)의 뜻을 더해보면 본래의 뜻이 나옵니다. 조개껍질을 상형한 패(貝)자는 화폐 대신 쓰였습니다.

따라서 눈 잡아 본다(臤)+조개 패(貝)는「조개껍질(패:貝)의 값어치가 얼마나 되는지 눈 잡아 본다」는 말을 형상화 한 것임을 알 수 있습니다.

화폐대신 쓰인 조개껍질에도 값나가는 것과 그렇지 못한 것이 있었습니다. 그리고「눈 잡아 본다(臤)」라는 우리말은 눈(目)으로 보아 어느 정도가 되는지 짐작한다는 뜻입니다. 따라서 조개껍질을 보고 그 값어치를 짐작할 수 있는 것은 눈살미 있는 밝은 안목의 소유자만이 할 수 있는 것입니다. 그러므로 현(賢)은 어질다(仁:인) 는 뜻보다「현명하다」는 뜻입니다.

⑧ 희(姬)

「여자(女)+신하 신(臣)」의 구조입니다. 따라서 눈 아래(臣:👁) 여자(女) 를 말합니다. 즉 신분이 한 단계 낮은 여성을 지칭합니다. 이러므로 임금의 두 번째, 세 번째 부인을 희빈(姬嬪)이라하며 첫 번째 정식부인과 구별 되는 것입니다.

⑨ 자지 신(腎)

우리 몸의 신장과 남성기(男性器)를 말합니다. 남자들은 하루에도 몇 번씩 이것을 손으로 잡아 봅니다. 주로 소변을 볼 때입니다.

글자를 풀어 보면「잡아보다(臤) + 살(肉:月)」의 구조로「손잡아 볼 수 있는 살덩이」라는 말이 됩니다.

⑩ 견실할 견(堅)

「잡아보다(臤)+흙 토(土)」의 구조입니다. 토(土)는 한국어「터」를 그린 것으로 한족(漢族)은 투(tu)로 발음합니다. 이런 한족의 발음을 받아들여 현재의 우리는「토」로 읽고 있습니다. 토(土)의 뜻은「씨 뿌릴 수 있는 땅 및 씨 뿌려진 땅」입니다. 이에 대한 논증은 앞장에서 했으니 참고하세요. 따라서 견(堅)은「씨 뿌릴 수 있는 땅을 눈 잡아 봤다」는 뜻입니다.

즉 쓸 수 있는지 없는 땅인지를 눈 잡아 봤다는 것으로 그냥 되는대로 택(擇)한 것이 아님을 나타냅니다. 그리고 여기서 굳다(固), 야물다(堅實)의 뜻이 따른 것입니다.

⑪ 백성 민(民)

이 글자는 눈에 있는 까만 초점이 한참 아래로 내려가 있는 모양(㊦)에서 변한 글자입니다. 이 뜻은 한참 눈 아래로 본다. 즉「한참 눈 아래 사람이다」는 뜻입니다.

따라서 신(臣)보다 더 아래 위치의 일반적 모든 사람을 지칭하는 것입니다. 또 눈의 초점이 한참 아랫쪽에 있음은「잘 볼 수 없다, 눈감았다」의 뜻도 따를 수 있습니다.

옛날엔 땅속에서 생산되는 옥(玉)을 매우 귀중하게 여겼습니다. 이런 옥(玉)을 나타내는 글자 중에 옥돌「민」으로 읽는 글자가 2개 있습니다. 민(珉)과 민(玟)입니다.

이 두 글자의 뜻으로 보면 별 다른 차이가 없습니다. 그러나 글자의 구조로 보면 차이가 있습니다. 민(珉)과 민(玟) 중에 어떤 글자가 값있는 옥(玉)을 나타낸 것일까요?

민(民)과 문(文)자의 차이에서 생각하면 쉽게 풀리는 글자입니다.

※ 문(文)은 ✶ 자로 가슴팍에 있는「무늬」를 나타낸 글자입니다.

7. 방(方)

　방향, 방법으로 쓰이며 모「방」으로 읽고 있습니다. 이 글자는 농기구 중의 쟁기(밭을 가는 기구)를 그린 것으로 옛글자는 다음과 같습니다. 갑골문과 소전체에 나와 있는 글자입니다. 손으로 쟁기를 잡고 밭을 갈고 있음을 나타냈습니다. 이 쟁기는 끝이 뾰족하게「모」가 나야 땅을 잘 갈수 있습니다.
방에「모」라는 뜻이 따르게 된 까닭입니다. 그리고 쟁기는 방향(方向)을 잡고 나가야 합니다. 그러므로 방향의 뜻으로 쓰이게 됐습니다. 방향(方向)이란 말뜻 역시 쟁기(方)기 향(向)하는 곳입니다. 또 쟁기(方)는 잘 다루어야 합니다. 즉 쟁기(方) 다루는 법(法)이 바로 방법(方法)입니다.

　이렇게 땅을 가며 나아가던 쟁기(方)는 언덕을 만나면 계속 나아갈 수 없답니다. 이런 상태를 글자로 나타내면「언덕(阝)+ 쟁기(方)」의 구조인 방(防)이 되지요. 쟁기(方) 쪽에서 보면 막혀서 나갈 수 없는 것이고 언덕(阝)쪽에서 보면 쟁기(方)의 운동을 막아버리는 것입니다. 이러므로 방(防)자엔「막다, 못하게 하다」는 뜻이 있는 것입니다.

　쟁기질은 남성이 주로 했습니다. 한참 쟁기질하고 있는 그 앞에 여자가 엉덩이를 들이 밀고 막아섰습니다. 이렇게 되면 그 어느 남자라도 쟁기질을 못할 수밖에 없습니다. 이런 상태를 글자로 만들어 봅시다. 이때까지의 글자 만드는 방법을 이해하신 분은 금방 쉽게 만들 수 있을 겁니다. 옛글자는 다음과 같습니다.

큰 젖가슴을 지닌 사람 즉 여자가 쟁기(方) 앞에 엉덩이를 들이대고 있는 그림입니다. 오늘날의 방해할 방(妨)입니다.

 쟁기(方)가 방향을 나타내는 글자로 쓰이게 되자 다음과 같은 글자들이 새로이 만들어지게 됩니다.

○. 여(旅)
 「군사, 여행하다, 함께하다, 나그네」의 뜻이 있습니다. 옛 글자는 다음과 같습니다. 깃발 밑에 사람들이 있는 그림으로 갑골문(甲骨文)입니다. 깃발은 방향을 나타내고 또 가는 방향(목적지)을 나타냅니다. 여기에 많은 사람들이 같이 있다는 것, 이것 때문에 「함께」의 뜻이 생겼습니다. 또 한 깃발아래 많은 사람이 모여 있음은 군대(軍隊)를 뜻합니다. 그래서 군편제에 여단(旅團)이 있게 된 것입니다. 그리고 깃발을 따라 가는 사람이란 뜻 때문에 「여행(旅行), 나그네, 군사(軍士)」로 말 되었습니다.

이 그림은 진(진)나라의 소전체(小篆體)입니다. 왼쪽의 그림은 방(方)이고 오른쪽은 사람그림이 세 개입니다. 「힌 방향으로 기는 사람들」이란 뜻입니다.

○. 선(旋)
 「돈다, 돌아온다」는 뜻입니다. 한 방향(方)으로 가던 사람이 더 이상 가지 못하고 발을 펴고 움직이지 않고(발필소:疋) 있습니다.
 이는 「되돌아옴」을 뜻합니다. 즉 갈 길이 없어지면 되돌아 와야 함을 나타낸 것입니다.

○. 기(旗)
「방향」을 나타내는 방(方)과「그것이다」는 말을 동음가 차한 기(其)의 합체입니다. 기(其) 위의 (𠂉)는 높다는 뜻을 나타낸 글자(亠)의 변체로 보입니다. 각각의 글자가 지닌 뜻을 묶어보면 방향을 나타내는「그것이다」입니다.
바로 깃발을 나타낸 것입니다. 독음「기」역시 기(其)의「기」에서 비롯되었습니다.

○. 족(族)
「겨레, 무리, 일가」의 뜻으로 쓰입니다. 족(族)의 갑골문입니다. 깃발아래에 화살이 있는 그림입니다.
이 모양만을 보고 어떤 이는 다음과 같이 풀이 했습니다. '금문자(金文字)에서 족(族)은 유사시를 대비하여 깃발아래에 화살을 모아 놓은 것을 나타냈다. 이런 자형에서「모이다」의 뜻이 나왔으나 전성되어「겨레」의 뜻으로 쓰인다' -자원자해로 익히는 한자210p
화살 시(矢)와 깃발을 보고 내린 해석입니다. 그런데 화살을 모아 놓았다면 여러 개의 화살이 있어야 상형(象形)의 구체성이 맞습니다. 그러나 갑골문엔 분명히 화살그림 하나뿐입니다. 따라서 잘못된 해석이 분명합니다.
이 글자는 뒷장 동음가차(同音假借)법을 이해하시면 금방 알 수 있는 것으로 나중에 설명하겠습니다.

一. 민족의 대이동

一. 한민족의 대이동

 북두칠성이 내려다보고 있는 시베리아 바이칼 호수 부근….

 그곳은 3~4만여년 전만 해도 따뜻한 날씨 속에 초목은 무성했고 많은 동물이 활개 치며 살고 있었습니다. 그러다가 그곳은 혹독한 추위가 몰아치는 겨울의 땅으로 변하기 시작했습니다. 따라서 추위에 적응할 수 있는 몇몇 동식물은 간신히 살아남았지만 대부분의 동식물은 사라지고 말았습니다.
 거대한 초식동물인 맘모스의 유해가 두터운 얼음 속에서 나타나곤 하는 것도 그런 기후 변화가 있었음을 말하고 있는 것입니다.
 오랜 세월 동안 그곳에 터 잡고 생활하던 우리 겨레붙이들도 환경에 적응하기 시작했습니다. 광대뼈 불거진 윤곽에 지방이 많아 부푼 눈꺼풀 그리고 길게 째진 눈과 얇은 입술 및 두툼하지 않은 코를 지닌 전형적인 북방 몽골리안의 모습으로 되어진 것입니다.

 음습하고 추운환경 속에서 제일 반갑고 필요한 것은 따뜻함과 밝음일 것입니다. 그래서 그들은 태양을 숭상하게 되었습니다. 하루에도 몇 번씩 태양을 우러러 살피던 겨레붙이들은 태양속의 흑점을 발견했습니다. 그들은 이것을 발이 세 개 달린 까마귀(三足烏:삼족오)라 생각했습니다. 사람들은 복을 빌거나 하늘의 계시를 받고자 할 때는 태양에게 제사를 올렸습니다. 즉 태양이 신(神)적 존재로 되어진 것입니다.
 제사는 높이 치솟은 박달나무(檀木:단목)옆에 단을 쌓아놓고 태양신의 사자라 여겨지던 까마귀를 붙들어 맨 나뭇가지를 손에든 샤먄(巫師:무사)이 주재했습니다. 이때의 살만(巫師의 만주어)은 제사뿐 아니라 생활의 모든 일을 지도하는 우두머리였습니다.

 이들은 지금으로부터 1만여년 전부터 따뜻함을 찾아 이동하기 시작했습니다. 이동경로는 크게 두 갈래였습니다.
 한 갈래는 지금의 알레스카를 지나 북미대륙을 거쳐 남미대륙 남단까지 그 가지를 뻗쳤습니다. 태양을 신(神)으로 받드는 마야와 잉카문명은 이렇게 시작된 것입니다.
 또 한 갈래는 알타이(金:금)산맥을 거쳐 몽골초원으로 내려갔습니다. 그들은 그곳에서 양(羊)을 키우고 야생마(馬)를 길들이며 살았습니다. 그러다가 그들은 또다시 두 갈래 길로 이동하기 시작했습니다.
 물론 그곳에 잔류한 무리도 있었고 이동 중에 터를 잡은 무리들도 있었습니다. 해 뜨는 동쪽으로 나아간 무리는 만주 땅에 들어가 그곳에서 한반도와 중원대륙으로 들어갔습니다.
 몽골지역에서 남쪽으로 길을 잡은 무리들은 지금의 티벳으로도 갔고 파키스탄을 거쳐 이라크 쪽으로 흘러가 수메르 문명을 이루기도 했습니다. 여기서 또 이동한 무리는 이스라엘 쪽까지 진출했고 터키까지 갔습니다. 이러므로 말하는 순서가 같은 알타이 어족(語族)이 있게 된 것입니다.

 중국 대륙 쪽으로 진출하던 겨레붙이들은 지금의 요하지역에 터를 잡고 오랫동안 번영을 누렸습니다. 근래에 발굴되어진 요하문명권이 바로 이것입니다. 중원(中原)으로 이동을 한 겨레들은 태행산(太行山)동쪽지역 산동(山東)에 오랫동안 정착했습니다. 이들 겨레붙이 중 처음으로 중국의 신화에 등장하는 전설적 인물은 복희씨(伏羲氏)입니다.

이분은 역(易)의 원조라 알려지고 있으며 한국의 역사책인 (대변경, 태백일사)에도 소개되어있습니다. 한구절만 인용하겠습니다.

'환웅천왕에서 5대를 전하여 태우의 환웅이 있었다···· 아들을 열두 명 두었는데 장자는 다의발 환웅(6대환웅)이고 막내는 태호(太昊) 또는 복희라 한다.' -태백일사

'복희는 신시(神市)로 부터 나와 우사(雨師)의 직을 세습했다. 신룡의 변화를 보고 괘도를 만들고 신시의 계해(癸亥)로 시작하는 역법(易法)을 갑자(甲子)로 시작하도록 고쳤다. 복희의 무덤은 산동성 어대현 부산(鳧山)의 남쪽에 있다.'
 -대변경, 단군세기, 임승국 편저

 복희씨를 포희씨(包羲氏)로도 말하고 있습니다. 희(羲)자가 지금은 '임금 희'로 읽히고 있습니다. 그렇지만 옛사람들의 이름과 성(姓)은 그가 속해있는 집단 그리고 태어난 곳과 소임 했던 벼슬이름에서 연유됨이 많습니다.

 이런 예에 비춰보면 복희씨는 양족(羊族:陽族) 출신임을 말하고 있습니다. 즉 희(羲)자의 구조는 「양(羊)+ 수(秀)+ 과(戈)」 입니다. 이는 양(羊)으로부터 이어졌음(秀)을 나타내는 것입니다. 그리고 이 희(羲)자는 일찍이 공자가 해(日)로 읽었던 것처럼 한국어 해(日)의 옛말입니다. 즉 해(日)를 옛날엔 히 혹은 희로 읽었는데 이런 흔적은 해(日)를 히(ひ)로 읽고 있는 현재의 일본에서도 찾아볼 수 있습니다.

 복(伏)과 포(包)를 중국 한족들은 뷕과 빠로 읽고 있으나 모두 한국어 박(밝)의 변음으로 보여집니다. 따라서 복희 및 포희는 밝해(밝은 해)라는 한국어의 음(音)표기로 추정됩니다.

이분의 또 다른 이름은 문자의 뜻을 빌린 태호(太昊)인데 이 역시 크게 밝다는 뜻입니다. 이분의 이름 포희(包羲)의 포(包)는 푸주간과 부엌을 뜻합니다. 그러므로 포희씨가 이끌던 시대는 주로 수렵과 목축에 의존하던 때임을 알 수 있습니다. 복희씨족은 큰뱀을 토템으로 했는데 나중에는 용(龍)으로 변했습니다.

중국사전사화 –서량지 저 에 보면
'무량산에 큰 뱀의 몸통에 사람의 얼굴을 한 남녀가 교미하고 있는 그림이 석각되어 있었다.'고 되어있습니다. 이 그림은 복희씨가 뱀을 토템으로 하던 족속이며 같은 족속인 여와씨와 혼인했음을 나타내는 기록이라 하겠습니다.

이 복희씨는 밝은 지혜로 그 당시 사람들을 잘 이끌었습니다. 이에 따라 사람들은 복희씨를 태양처럼 우러러봤습니다. 복희(밝은 해)라는 이름은 이렇게 되어 생겨난 것입니다. 복희씨의 직계후손은 오늘날 중국 땅에 소수민족으로 남아있는 묘족(苗族)으로 추정됩니다. 이들은 자생하던 벼를 발견하여 식용으로 썼으며 종자를 심어 재배하는 방법까지 터득했습니다. 묘(苗)자는 씨 뿌려진 밭(田)에서 싹이 나오고 있는 모습을 그려낸 것이기 때문입니다.

복희씨 족속이 산동 땅을 중심으로 번창하고 있을 때 서쪽

타크라마칸 사막 저쪽에서 일단의 종족이 동쪽으로 이동해 오고 있었습니다. 이들은 곤륜산 아래에 거주하던 서왕모(西王母)족과 연합한 다음 동진을 계속했습니다.

후세의 역사가들은 이들을 황제족이라 부르기도 합니다. 그러나 근본적으론 곰을 토템으로 하는 곰족(熊族)과 호랑이를 토템으로 하던 호족(虎族:서왕모족)이 연합한 집단인 것입니다.

중국 상고사를 보면 유웅국(有熊國)이란 나라이름이 나오는데 글자그대로 곰나라인 것입니다. 즉 이 곰나라는 곰족(熊族)과 호랑이족(虎族)이 함께 이룩한 나라입니다. 이들은 결국 산동(山東)쪽에 살던 이족(夷族)과 접촉하게 됩니다.

하늘의 자손이라 여기며 밝음 그자체인 태양을 숭상한 겨레들은 자신들이 머문 곳과 지도자의 이름을 다음과 같이 지었습니다.

큰밝(太昊:태호, 복희). 활활타는 불임금(炎帝:염제). 작은밝(小昊:소호金天氏). 햇님 및 해아(羲和씨). 부루(불). 부여. 부소. 불그네(밝은이:朴赫居世박혁거세). 새밝임금(東明王). 박달(밝달). 평양(平陽). 박달임금 (밝달임금:檀君). 한양(漢陽). 수양산(首陽山). 복양(僕陽) 등등으로 헤아릴 수조차 없을 정도로 많습니다.

복희씨 때는 채집 및 수렵과 목축 그리고 약간의 경작을 했던 시대로 아직도 문자(文字)는 생기지 않았습니다.

二. 언어와 문자풀이

○. 파(巴)

보통 (뱀:파)로 읽힙니다. 삼국지에 나오는 촉나라와 인접한 곳인 지금의 사천성 중경지역을 말합니다. 이 글자는 머리가 둘 달린 뱀을 간략하게 그린 것으로 머리가 하나 달린 뱀을 그린 사(巳)와 비교됩니다.

한국어「밝」을 중국하족(夏族)의 음을 빌어 나타내면 파(巴) 혹은 파극(巴克:팍)으로 표기됩니다. 따라서 파인(巴人)은 머리가 둘 달린 뱀(복희와 여와)족의 사람이란 뜻입니다. 그리고 파(巴)지역에 사는 사람이란 뜻도 되지만 밝(巴克:팍)족속의 사람이란 뜻도 됩니다.

산동(山東)쪽에 살던 복희씨의 후손들이 사천성 중경 쪽으로까지 뻗어나갔음을 이 巴자를 통해 알 수 있습니다.

○. 촉(蜀)

이 글자는 지금은 지방의 이름으로 쓰고 있습니다. 이 글자의 갑골문(甲骨文)은 눈(目:목)을 그린 ◯ 자와 구불구불한 뱀의 모양을 그린 ʃ 자의 합체인 ⱷ 자 입니다.

옛사람들은 사람의 얼굴을 간략히게 눈(目)그림 히나로 나타냈습니다. 즉 눈알그림으로 사람얼굴을 대신했다는 말입니다. 따라서 갑골문 ⱷ 자는 뱀의 몸통(ʃ)에 사람의 얼굴(◯)을 그린 것으로 복희씨를 나타냈음을 알 수 있습니다. 더욱이 갑골문은 제사(祭祀)에 대한 기록임을 감안하면 상(商)나라에서도 복희씨를 조상신으로 제사 지냈음을 알 수 있습니다.

지금 쓰이는 촉(蜀)자는 눈목(目)의 변체인 ⊞ 자와 구불구불한 모양을 그린 구(勹)자, 그리고 벌레 충(虫)으로 구성 되어있습니다.

눈(Ⅲ)은 사람을 나타냈고 구(勾)는 구렁이(뱀)를 말합니다. 따라서 촉(蜀)은 뱀족의 사람이란 뜻이고 여기서 촉나라 지방에까지 복희씨의 후손들이 진출했음을 알 수 있습니다.

우리들의 작명법을 보면 생김새와 그 역할작용에 따라 이름을 지었습니다. 미끌미끌하여 미끄러진다고「미꾸라지」가 되었고 유별나게 톡 튀어나온 귀를 지닌 동물을 일러 톡귀(토끼)라 했습니다.

그리고 곤충과 뱀등의 미물을 버러지(벌레)라고 불렀습니다. 따라서 구불구불한 버러지를 구(勾)로 나타냈는데 바로 '구렁이' 라는 한국어를 형상화 한 것입니다.

○. 묘(苗)
씨 뿌려진 공간인 전(田: 十+口) 위에 새싹이 돋아나오는 모습을 그린 것입니다. 따라서 모내기 하다 의「모」라는 한국어와 그 뜻이 일치됩니다. 뜻의 일치와 음(音)의 유사함을 보건대 한국어「모」에서 유래된 말이 한족(漢族)의 발음을 따르다가 오늘날의 독음으로 굳어진 것 같습니다. 중국의 역사책인 상서(尙書)와 목서(牧書)등의 서책엔 '묘(苗)는 모(髦)의 소리가 변한 것이다.' 로 되어있습니다.
따라서 묘족(苗族)은 모내기를 한 종족 즉 처음으로 벼를 재배한 종족이란 뜻이 있습니다. 이들은 노래와 춤을 즐기며 아주 용감하다고 알려져 있는데 그 풍습은 한족(漢族)과는 상이하고 우리와는 매우 가깝다고 합니다.

○. 역(易)

음양설, 오행설, 주역(周易)등으로 알려져 있는 역(易)은 아득한 옛날부터 한국, 중국, 일본을 비롯한 동양의 핵심사상 철학입니다. 따라서 역(易)을 모르고는 동양의 생활문화와 정신을 정확히 이해할 수 없습니다. 즉 정치, 경제, 군사, 건축 등등의 생활전반에 역(易)사상이 들어있습니다. 지금까지 이 세상 대부분의 사람들은 역(易)은 중국 땅 한족(漢族)에게서 비롯된 것으로 알고 있습니다.

즉 역(易)의 시조로 알려져 있는 복희씨 역시 중국 한족으로 알고 있다는 것입니다. 그러나 복희씨는 중국 땅에 살았던 우리배달겨레였습니다 뿐만 아니라 역(易)사상체계의 근간 역시 북방 바이칼호수 근방에서 따뜻함과 밝음을 찾아 남하한 배달(밝달)겨레에게서 이뤄졌습니다. 이는 역(易)의 방위개념을 통해 증명됩니다.

즉 좌동우서(左東右西), 전남후북(前南後北)의 방위개념은 등(背)뒤를 북(北)에 두고 남(南)을 향해 있을 때만 성립될 수 있습니다.

이는 태양을 쫓아 남하한 민족에게서만 성립될 수 있는 것입니다. 만약 남에서 북으로 이동한 민족이 역(易)을 성립시켰다면 좌동우서(左東右西), 전남후북(前南後北)이 아니라 오른쪽은 동쪽, 왼쪽은 서쪽, 앞은 북방이고 뒤는 남방이 될 수밖에 없을 것입니다.

○. 북(北)

이 글자의 옛 모습은 등을 지고 있는 두 사람을 그린 北 자였습니다. 본래의 뜻은 그림 그대로「등지다」였습니다. 그러다가 이 글자가 등진 곳인 북방을 나타내자 북(北)자에다 살(月)을 더한 배(背)자로「등지다」의 뜻을 나타냈습니다. 즉 다시 한 번 말하면 등진모습을 그린 북(北:36)자가 북방을 뜻하게 된 것은 우리에겐 북쪽이 등진 곳이기 때문입니다.

한국어 뒤는 북쪽을 뜻하며 우리가 태어난 곳입니다. 우리들은 아득한 옛날부터 생(生)과 사(死)를 하나의 연결된 운동으로 생각했습니다. 그러므로 죽는 것을「돌아가셨다」로 말하며「뒤졌다(북으로 갔다)」라고도 말했습니다. 이는 바로 북에서 태어나 북으로 갔음을 말합니다. 이러므로 '그 시신을 칠성판(七星板)에 얹고 북망산으로 간다.'로 말하는 것입니다.

○. 간(艮)

앞에서 살펴본 것처럼 우리들은 북쪽을 뒤(後)라 합니다. 그런데 간(艮)의 옛글자는 사람 등 뒤에 눈(目)있는 자였습니다. 이는「뒤를 본다, 뒤돌아본다, 뒤쪽이다」는 말을 그려낸 것입니다.

따라서 다음과 같은 글자를 이룹니다.

물러갈 퇴(退): 쉬엄쉬엄 쉬어간다는 뜻을 지닌 착(辶)자와 뒤의 뜻을 지닌 간(艮)의 합체자입니다. 따라서 그 뜻을 묶어보면「뒤로 간다(물러간다)」는 한국어를 그린 것임을 쉽게 알 수 있습니다.

※ '물러간다'는 한국어는 엉덩이를 돌리지 않고 뒷걸음치며 가는 것임을 말하고 있습니다.

한(恨): 마음을 뜻하는 글자(忄)와 간(艮)의 합체입니다. 「뒤돌아보는(艮:간) 마음(忄)」이란 뜻이며「한(恨) 많은 인생살이」로 쓰는 그 한(恨)입니다.

一. 중국 땅에서의 농경(農耕) 시대와 문자발생

중국 땅에서 살았던 사람들 역시 처음에는 채집과 수렵으로 먹고 살았습니다. 그러다가 가축을 키우며 베를 짜고 씨 뿌려 곡식을 수확하는 농경사회로 발전 되었습니다. 사냥과 채집 그리고 목축은 사냥터와 좋은 조건을 갖춘 땅을 찾아 떠돌아 다녀야만 합니다. 그러나 씨 뿌려 밭 갈고 베를 짜게 되면서부터 터를 잡아 뿌리내려 살 수밖에 없습니다.
 즉 농경사회가 되면 마을이 이뤄지고 이어서 국가가 형성 될 수밖에 없다는 것입니다. 따라서 문자의 필요성이 커지게 되고 많은 문자를 만들 수밖에 없습니다.

 중국 땅에서의 본격적인 농경사회는 신농(神農)이라는 이름을 지닌 사람에 의해 비롯되어졌다고 합니다. 이분은 소머리에 사람몸(牛頭人身)을 지닌 괴상한 모습의 그림으로 그려져 전해지고 있습니다. 신농(神農)이라는 말은 농사의 신(神農)과 같은 뜻입니다. 그리고 우두인신(牛頭人身)의 그림은 경작(耕作)에 소(牛:우)를 이용한 사람이란 뜻을 나타낸 것입니다.

 이분의 어릴 적 이름은 활활 타는 불(炎:염)이었습니다. 어릴 적엔 지금의 호북성 수현지역에서 양(羊)을 길렀습니다. 그러다가 산동(山東)쪽으로 와서 당시 집권층이었던 금천씨(金天氏) 가문에 장가를 들었습니다. 그 시절에는 근세까지 남아있었던 데릴사위 풍속처럼 큰사위가 은퇴하는 장인의 위치를 물려받았습니다. 그에 따라 이분역시 금천씨가 죽자 그 뒤를 이어 밝족(陽族:羊族:양족)의 임금이 되었습니다.
 그 당시 사람들은 임금님을 한울님, 한아님(하나님), 한님으로 불렀습니다. 바로 문자로 쓰면 천자(天子)입니다.
 임금이 된 그의 눈에 제일 먼저 눈에 들어온 것은 소를 길들여 밭갈이하는데 쓰는 일이었습니다.

그의 뜻대로 하자 많은 밭을 쉽게 갈수 있었고 많은 수확이 뒤따랐습니다. 첫 번째 계획이 성공되자 그는 야생의 누에에게 시선을 꽂았습니다. 영롱한 실을 토해내는 누에를 길들여 번식시키기만 하면 아름다운 베를 많이 짤 수 있을 것 같았습니다.

 오랫동안의 고심 끝에 이일마저 성공을 했습니다. 요즘 말로하면 야생의 누에를 양식하게 된 것입니다. 이렇게 되자 당연히 많은 베를 얻을 수 있었습니다. 경작하는 집엔 곡식이 넘쳐났고 베짜는 집엔 옷감이 쌓였습니다. 바로 물건을 바꾸는 시장이 필요해진 것이지요.

 어느 날 자작나무 옆에 단(檀)을 쌓아놓고 굿을 한판 벌린 한울님은 솟대에 '베 한필을 풀어서' 걸어 놓았습니다. 서로의 것을 베푸는 마당 즉 저자(市場:시장)가 생기게 된 것입니다. 이렇게 서로 필요한 것을 교환하여 얻게 되자 살림살이는 풍족해졌고 그분을 칭송하는 소리가 천지에 빽빽하게 깔렸습니다.

 사람들은 그분을 염제(炎帝)라 불렀습니다. 중국역사상 처음으로 제(帝)라는 칭호를 받게 된 것입니다. 대부분의 사람들은 제(帝)를 「임금」「천자(天子)」로 풀이 합니다. 그러나 제(帝)는 세울 립(立)과 시장 시(市)가 결합된 글자로「시장을 세우다, 시장을 세운 사람」이란 뜻입니다. 따라서 그 당시 한울님(天子:천자)이었던 신농씨가 저자를 세우게 되자 제(帝)자에「천자, 임금」의 뜻이 생겼습니다.

 그리고 농사 농(農)으로 읽히고 있는 글자를 대부분의 문자 전문가들도 씨 뿌리고 밭가는 것을 나타냈다고 알고 있습니다. 예를 들겠습니다.

농(農)은 곡(曲)과 진(辰)으로 구성되어 있는데 진(辰)에 대한 대부분의 한자 해석서는 다음과 같습니다.
'조개가 땅위를 기어가는 모습을 형상화한 것이다. 농기구가 발달하기 전엔 조개껍질이나 돌 같은 것은 땅을 일구는데 유용한 도구였다. 농사 농(農)은 바로 사람이 조개껍질을 들고 수풀사이를 개간하는 모습이다.'
 －문화로 읽는 한자 59p 하영삼

 바로 조개껍질은 곡식이나 수풀을 자르고 땅을 일구는 주된 용구로 쓰였기 때문에 농(農)자가 이뤄졌다는 해석입니다. 그러나 중국 산동박물관엔 5~6천여 년 전의 것으로 여겨지는 세석기(細石器)문화의 흔적인 돌칼과 돌도끼 및 화살촉들이 무수히 전시되어 있습니다. 이렇게 날카롭고 야문 세석기를 만들 줄 아는 사람들이 뭣 때문에 잘 부러지고 날카롭지도 못한 조개껍질을 쓸까요?

 일반상식으로는 도저히 납득할 수 없는 이상한 해석이 아닐 수 없습니다. 따라서 중국문자 전반에 걸친 깊은 연구가 없었던지 아니면 얼빵한 중국해석자의 말을 믿고 따른 얄팍한 소견이라 아니할 수 없습니다.

 곡(曲)자는 누에치는 발을 그린 ▦ 자가 ▦ → 曲 으로 변화된 것입니다. 농(農)의 옛글자를 보면 (農)으로 되어있습니다.
 그리고 누에치기의 본고장이었던 산동의 곡부(曲阜)지역은 뽕나무(누에의 먹이)글자가 들어간 궁상(窮桑)으로 칭했음도 하나의 반증입니다.
 곡(曲)자가 나중엔「굽었다」는 뜻으로 쓰이게 되자 곡(曲) 위에 (艹)자를 덧씌워 잠박 곡(箳)으로 쓰게 됩니다. 그리고

辰자는 조개껍질이 아니라 누에의 모습을 그린 🐛가 ⟶
⟶ 辰 으로 변화된 것입니다.
아래의 옛글자를 보면 확실히 납득할 수 있습니다.

 위쪽의 나무그림 ✻✻ 은 뽕나무를 그린 것이고 그 아래는 누에를 그린 것입니다. 누에가 뽕나무에 올라감을 나타낸 것입니다.

 두 나무 사이에 있는 그림 ⊕ 은 씨(十) 알(○)을 나타낸 것입니다. 아래쪽 그림 은 누에입니다. 따라서 누에가 뽕나무에 알(⊕)을 깐 모양을 그린 것입니다.

 이 그림은 두 손( )으로 누에고치( )를 잡고 있는 것으로 「누에고치를 취했다」는 뜻입니다.

위 옛글자에서 보듯 진(辰)은 조개껍질이 아닙니다. 따라서 농(農)은 씨 뿌리고 밭가는 일(耕作:경작)이 아니고 실을 얻어 베 짜는 일을 나타낸 것입니다.

이렇게 짜여진 비단을 서양에선 실크(Silk)라 하는데 우리말 실(Sil)에서 변화된 말입니다. 즉 산동지역의 동이족(東夷族)에게서 비롯된 비단짜기가 중국전역으로 퍼졌습니다. 그리고 이 비단이 실크로드(비단길)를 거쳐 서양에까지 전해짐에 따라 물건(비단)의 이름마저 전해졌다는 말입니다.
우리들이 서양의 TV를 받아들여 TV라 부르는 것처럼 말입니다.

① 욕(辱)
이 글자는 누에 진(辰)과「손쓰다, 일하다」의 뜻을 그린 촌(寸)의 합체입니다. 따라서「누에를 돌보다, 누에치기하다」는 뜻입니다. 그런데 어째서 누에치기하는 것이「더럽다, 욕되다」등의 나쁜 뜻으로 쓰일까요?
인간에게 아름다운 옷을 갖게 해주는 누에는 알 → 애벌레 → 번데기 → 나방의 순으로 변화하며 넉잠을 잡니다. 그리고 아주 까다로운 성질을 지닌 벌레입니다. 때맞춰 먹이를 줘야하고 자극적인 냄새와 시끄러운 소리까지 싫어하는 아주 키우기 어려운 벌레였습니다.
바로 누에 돌보기(辰+寸 = 辱)는 괴롭고 힘든 일의 대명사였습니다. 그러므로「욕봤습니다, 욕보이소」라는 인사말이 생겼습니다. 그러다「욕, 욕보다(욕되다)」라는 나쁜 의미로 쓰이게 된 것입니다. 즉 괴롭고 힘들게 함을「욕되게 하다, 욕보인다」로 말했는데 여기서 욕설(辱說), 모욕(侮辱) 등의 뜻으로 확장된 것입니다.

② 진(辰)
누에를 상형한 이 글자는 시간과 신통변화 및 조화의 상징인 용(龍)의 뜻으로 쓰이고 있습니다. 누에는 몸에 13개의 주름이 있으며 네 번 잠을 잡니다. 그리고 네 번의 변화를 하면서 질기고 가벼우며 촉감마저 좋은 비단을 얻게 해줍니다. 즉 몸에 있는 13개의 주름은 일년 13개월(윤달까지 합하여)을 나타내고 네 번 잠자는 것은 사계절을 의미합니다. 이렇게 변화를 하다가 더 없이 귀한 비단을 얻게 해주므로 하늘님의 벌레(天+虫 = 蚕:잠)로 불리어졌습니다. 따라서 누에(辰:진)가 시간과 용(龍)을 상징함은 그야말로 자연스런 일이 되겠습니다.

一. 곰족과 호랑이족 그리고 신시(神市)

 한울님 신농씨에겐 햇님(羲和氏:희화씨)이라는 아들과 감을이(玄女:현녀)라 불리운 딸이 있었습니다. 큰아들인 햇님은 곡식 돌보기를 참 좋아했습니다. 그 정성이 통했는지 햇님이 돌본 곡식들은 모두가 알찬 열매를 맺었습니다. 그래서 사람들은 햇님을 대화씨(大禾氏)라 부르기도 했습니다. 이리되자 한울님은 햇님에게 사직(社稷)이란 직책을 내렸습니다. 후일에 가서 햇님의 아들인 고양(高陽)임금은 햇님을 사직신(社稷神)으로 모셨습니다.
 감을이(玄女)는 누에 돌보는 일에 아주 밝았습니다. 그리하여 이분의 이름은 루조(嫘祖) 및 뇌조(雷祖)라 불리우게 되었습니다. 바로 실(糸:사)을 짜내는(田) 여자(女) 조상이란 뜻입니다.

 산동지역을 중심으로한 밝족(白族:陽族)의 나라가 이렇게 풍요로워졌을때 손님 두 명이 찾아 왔습니다. 서쪽에 유웅국(有熊國) 소전(小典)임금의 왕자인 헌원(곰족)과 서왕모족(西王母族) 또는 호족(虎族)의 지도자인 주호(朱虎) 였습니다. 이들 곰족과 호족은 연맹을 맺은 관계로 유웅국(有熊國)이란 이름의 울타리 안에서 같이 살고 있었습니다.
 낙타와 양(羊)등을 키우며 사냥과 채집으로 살던 이들의 눈에 비친 밝족의 나라는 그야말로 선진화(先進化)된 풍요로운 천국이었습니다.
 예나 지금이나 뒤떨어진 나라는 앞선 나라를 뒤따르려 합니다. 그래서 이들 또한 밝족의 문화문명에 동참하기 위해 소전임금의 특사자격으로 온 것입니다. 그러나 신농임금을 비롯한 밝달 사람들은 그들을 달가워하지 않았습니다. 덜 깨이고 빈곤하기까지한 이웃이 찾아오면 꺼리게 되는 것이 인간의 마음이기 때문이지요.
 문전박대를 당한 이들은 행패를 부리기 시작했습니다. 요즘의 북한당국이 남한을 향해 하는 짓거리처럼 말입니다. 그래도 상대를 안 해주자 그들은 변두리 마을로 쳐들어와 방화 살인과 약탈을 일삼아 습니다.

 드디어 큰 전쟁이 벌어졌습니다. 이렇게 동과서 사이에 세 번에 걸쳐 벌어진 이 전쟁을 후일의 역사가들은 판천삼전(板泉三戰)이라 부릅니다. 서로 간에 손해만 있고 아무런 이득도 없는 이 전쟁은 결국 혼인동맹으로 이어졌습니다. 입에 피를 바르는 의식을 치룬 후에 혼인이 이뤄졌습니다.

 신농씨의 첫딸인 감을이(玄女)와 헌원이 결혼한 것입니다.
 "빛나는 해나라(日國)와 사돈이 되다니! 그래 우리도 해(日)만큼은 아니지만 어둠을 밝히는 달(月)정도는 될꺼야"
가슴 뿌듯해진 유웅국 사람들은 자신들을 달나라(月國)라 불렀습니다. 이런 연유로 맹세할 맹(盟)자가 이뤄졌습니다. 「해(日)+달(月)+피(血)」의 글자 구조대로 해족과 달족이 입에 피(血)를 바르고 서약을 했다는 뜻입니다.

 곰족은 선진농경사회에 적응을 잘했습니다. 하지만 성질이 급한 호족(虎族)은 '씨 뿌리고 밭 갈아놓고 한참을 기다려야 하니 갑갑해서 못 견디겠군. 예전처럼 천지에 널려있는 짐승들을 잡아먹고 사는 것이 훨씬 편해.' 호족들은 예전의 생활로 되돌아갔습니다. 이런 호족의 벗어남은 남과 북 사이에 7여 년간 벌어지는 큰 전쟁의 도화선이 됩니다.

바로 북방 요하지역에 터를 잡고 있던 양족(陽族)의 치우와 헌원 사이에 벌어진 탁록대전입니다.

신농씨와 탁록대전까지의 간추린 이야기는 여태껏 들어본 바 없는 황당한 얘기로 여겨질 수 있겠습니다. 하지만 중국측의 역사서와 여러 기록 그리고 중국문자 속에 들어있는 그 당시의 모습을 보고 내린 결론입니다. 중국문자를 통해 중국역사를 살펴보려는 연구는 아주 미약하며 보잘것 없습니다. 이는 중국문자 해석서가 아주 유치한 수준이므로해서 알 수 있는 사실입니다.

그러면 그 당시인 5천여 년 전에 대한 우리민족의 건국이야기중 일연스님이 쓴 삼국유사 한 부분을 간추려 인용하겠습니다.

' … 한웅이 삼천여 무리와 함께 신단수 아래에 내려오니 이곳을 신시(神市)라 한다. 한웅께선 … 무릇 인간세상의 삼백예순가지 일을 모두 주관하여 세상을 교화하였다. 이때에 같은 구멍(同穴)에 같이 살고 있는 곰과 호랑이가 찾아와 신계(神界)의 한 무리로 받아들여지길 원하고 빌었다. 환웅은 이들에게 쑥한다발과 마늘 스무개를 주며 백일동안 햇빛을 보지 않으면 뜻을 이루리라 말했다. 참을성 없고 성정이 급한 호랑이는 탈락을 했다. 곰은 이를 잘 지켜 여자(熊女)로 변신했다. … 이 곰여자(熊女)와 환웅은 혼인했고 여기서 단군왕검이 태어났다. 왕검은 아사달에 도읍을 열고 국호를 조선(朝鮮)이라 했다.'

이젠 역사의 반영체 즉 우리 삶의 발자취가 들어있는 문자를 풀어보고 신농때의 얘기와 단군설화를 비교하도록 하겠습니다.

二. 신단수(神檀樹)

 삼국유사엔 '천제(天帝)이신 환인님의 서자 환웅께서 무리 삼천 명을 이끌고 삼위태백에 내려와 신단수 아래에 신시(神市)를 열었다'로 되어 있습니다.
 따라서 여기에 나오는 신단수는「신령스런(神) 박달(檀)나무(樹)」라는 뜻입니다. 그런데 왜? 신단목(神檀木)으로 표기하지 않고 신단수(樹)로 나타냈을까요?
 그리고 단(檀)자는 우리는「박달나무 단」으로 읽지만 중국인들은「향나무(香木) 단」으로 말합니다. 왜 일까요?

1. 단(檀)

 자작나무를 나타내는 이 글자는「나무 목(木)+단(亶)」입니다. 단(亶)은 흙이나 나무 등의 재료로 높이 쌓아놓은 것을 말합니다. 따라서 단(檀)을 쌓아 놓고 굿이나 제사를 지내는 풍속을 나타낸 것입니다. 이런 굿이나 제사는 바이칼호 부근에 살던 알타이족의 풍속으로 우리에겐 소도(蘇塗), 솟대로 전해졌습니다. 이런 탓에 자작나무는 밝달(박달) 사람의 나무 즉「밝달(박달)의 나무」가 된 것이고 밝달(밝은 땅)의 임금(君:군)을 단군(檀君)이라 표기한 것입니다.
 맞춤법의 세분화가 되어있지 않았던 옛날엔「밝」을「박, 백」으로「새」를「쇠, 쇄」등과 같은 소리로 말했습니다.
 예를 들면 촛불이나 등잔의 심지를 그린 ❁ 으로「밝다, 밝히다」의 뜻을 나타냈습니다. 오늘날의 백(白)자입니다.
 이 글자를 한족(漢族)은「바이」로 만주쪽 사람은「빼」로 오늘날 우리들은「백」으로 읽고 있습니다. 그렇지만 본래의 읽는 소리는「밝, 박」입니다. 즉 밝히다, 밝다의「밝」

입니다. 칠 박(拍), 정박할 박(泊)에서 (白)이 「박」소리 임을 알 수 있습니다.

우리겨레는 밝음을 최대의 이상으로 삼고 숭상했습니다. 그러므로 스스로를 「밝(박) 족(族)」이라 했으며 최고로 밝은 색인 흰옷을 즐겨 입으며 터 잡고 사는 곳을 박달(밝달)이라 했습니다.

2. 수(樹)

「나무(木)와 두(豆)」그리고「손으로 ~하다」는 뜻을 나타낸 촌(寸)의 구조입니다. 글자의 뜻을 모아보면 제기(祭器)인 두(豆)를 들고 나무(木)에게로 다가가는 것입니다. 이것은 나무(木)옆에서 제사(祭祀)를 지낼 준비를 하는 모습을 말합니다. 따라서 수(樹)는 그냥 일반적인 보통나무가 아니고 제사와 관계된 나무임을 알 수 있습니다.

그렇다면 자작나무 옆에 단을 쌓고 굿이나 제사를 지낸 민족은 한족(漢族)일까요? 아니면 북방몽골리안으로 불리며 알타이족(語族)으로 분류되는 이족(夷族)일까요?

거듭 말하지만 중국문자는 중국 땅에서 벌어진 역사를 담고 있습니다. 이런 명확하고 간단한 사실에 비춰보면 더 이상의 설명이 필요 없을 것입니다.

지금의 우리 역사학계에선 단군(檀君)에 대한 것을 입에 담는 것조차 이단시 하는 사람들이 많습니다. 그리고 반만년역사를 믿고 있는 사람이라도 4~5천여 년 전에 건국되었다고 하는 옛 조선의 존재를 만주와 한반도에서만 찾으려 하고 있습니다. 그러나 문자(文字)는 생활습속과 언어 및 삶의 발자취를 반영한 것으로 단(檀), 수(樹), 백(白) 등등의 글자가 존재하고 있다는 것은 우리의 주된 터전이 중국 중심부였음을 말해줍니다.

三. 하느님이 천자(天子)이다

 우리나라의 역사 및 어학계통의 학자들 대부분은 천자(天子)를 「하늘의 아들」로 풀이합니다. 이는 중국문자와 언어에 대한 이해가 부족하기 때문에 생긴 것입니다.
 자(子)는 명사화하는 역할로 우리말로하면 존칭으로는 「님」 및 「이」가 됩니다만 그렇지 않을 땐 「~ 다」로 해석하면 됩니다.
 예컨대 공자(孔子)는 「공(孔)님」, 천자(天子)는 「하늘님」이 되고 판자(板子)는 「판대기」, 연자(燕子)는 「제비」를 나타냅니다.

 우리 한국어 「한울님」을 한자로 표기하면 천자(天子)인데 이 한울님이 나중엔 「한님」으로 변하고 끝내는 「한(칸)」으로 변하게 됩니다.
 이런 변화는 모든 일을 빨리빨리 해야 하는 조급한 성정 때문이라 할 수 있습니다. 그래서 「천지에 빽빽하게 깔렸다」는 말을 빨리하기 위해 「천지 빽갈이다」로 줄입니다. 그리고 이것도 길게 느껴져 「천지다」로 말합니다.
 따라서 '이무기'는 「이기」로 줄여졌고 '오이'는 「외」, '누이'는 「뉘」, '왜 이렇게 하노'를 「와 카노」로 말합니다.
 따라서 한울님에서 변해진 「한」은 (ㅎ)소리가 (ㅋ)소리로 변해지는 언어습관에 의해 「칸」으로 변해졌습니다. 이 「칸(한)」은 우두머리를 뜻하는데 여러 「칸(한)」 중에서 제일 큰 어른을 대칸(大汗)이라 했습니다.
 몽골의 영웅 징기스칸(成吉思汗)의 「칸」 역시 한국어 「한」의 변음이라 할 수 있습니다. 이 「칸(한)」이란 소리는 유라시아 초원을 타고 중동과 유럽까지 전해집니다.

경상도 사람들의 언어습관이기도한 (ㅎ)소리가 (ㄱ,ㅋ)소리로 변해지는 이런 변화를 모르게 되면 정확한 역사 해석을 할 수 없습니다.

예를 들면 신라의 벼슬 중에 각간(角干), 대각간(大角干), 태대각간(太大角干)이 있습니다. 신라명장 김유신은 태대각간(太大角干) 벼슬을 한바 있습니다. 그리고 신라 임금 중에 소지 마립간(昭智麻立干)으로 읽혀지는 분이 있습니다.

즉 마립간(麻立干)은 왕(王)을 뜻하고 소지(昭智)는 개인 이름입니다. 그런데 각간(角干)은 「가한(칸)」, 마립간(麻立干)은 「마리한(머리한)」으로 읽어야 합니다. 이러면 가한(角干), 대가한(大角干), 태대가한(太大角干) 중에서 머리(마리:頭)되는 한(干) 즉 왕(王)이란 뜻을 얻을 수 있습니다.

이참에 현재 잘못 해석되고 있는 예 하나를 더 들겠습니다. 계림유사에 보면 [星曰培留]로 되어 있는데 이것은 지금의 우리학자들은 [星曰培留]로 읽고 별(星)을 일러(曰:왈) 배류(培留)라 했다고 해석합니다. 그리고 하늘(天:천)에 대해선 [天曰波乃留]로 되어 있는데 이 역시 하늘(天)을 일러(曰) 파내류(波乃留)로 했다고 해석했습니다.

이런 해석은 중국문자를 빌어 한국어를 나타내는데 따른 문제점을 살피지 않고 현재의 독음(讀音)만을 적용한 탓에 빚어진 것입니다.

즉 글자 뒤에 따르는 류(留)는 반절음만을 나타내므로 배류(培留)는 「배 + ㄹ = 밸」로 읽어야 합니다.

그리고 파(波)는 「하」와 같은 소리이므로 「하」로 읽어야 합니다. 그리고 내류(乃留) 역시 「내, 나(乃) + ㄹ(留) = 날」의 구조로 읽어야 합니다. 이리되면 파내류는 「하날(하늘)」이 됩니다.

파를「하」로 읽게 되면 할머니 파(婆:하)의 조자법(造字法) 역시 쉽게 알 수 있습니다. 즉 婆는「波+女」의 구조로「하(할)」로 불리어지는 여자(女)인 할머니를 나타낸 한국어에 따른 조자법이라는 말입니다.

1. 시장 시(市)

 옛글자는 다음과 같습니다. 왼쪽의 그림은 소도마을 입구에 세워졌던 문을 그린 冂 과 풀어진 베( ) 그림으로 이뤄져 있습니다.

 이 그림은 소전체(小篆體)입니다. 역시 솟대를 그린 冂 에 풀어진 베( ) 로 구성되어 있습니다. 솟대는 자작나무로 만들었는데 샤만(巫)과 관계된 신앙의 상징이기도 합니다.

그런데 왜 여기에「풀어진 베」를 달아놓은 그림이 시장 시(市)를 의미 할까요?

이것은 동음가차(同音假借)의 제자(制字) 방법에 따른 한국어의 형상화입니다. 즉 빨리빨리를「8282」로 나타낼 수 있는 것처럼「베풀다」는 말을 베를 풀어 논 형태로 나타낸 것입니다.

베는 통상적으로 막대기에 둘둘 말려져 있었고 이를 한통, 두통으로 헤아렸습니다. 따라서 베를 풀어 논 그림은 ㅔ 및 으로 나타낼 수 있는데 오늘날의 건(巾)자입니다.

한국어「베풀다」는「밖으로 내놓고 남들에게 혜택이 가도록 한다」는 뜻입니다. 이러므로 개업(開業) 할 때는 빨갛고 노란색 등의 베를 길게 늘어 매는 풍속을 지니게 되었습니다.

그리고 양쪽에 빨간 베가 달린 판대기로 만들어진 중국집 간판이 생기게 된 것입니다. 왼쪽은 중국집의 대표적인 간판입니다. 북경반점(北京飯店)이 쓰여진 판대기 좌우에 달린 것은 빨간색 베입니다. 역시 「베+풀었다」의 구조로 한국어를 형상화한 것 입니다.

2. 패(貝)

저자(市場)가 생기게 되면 처음엔 물건과 물건끼리 맞바꾸게 됩니다. 그러나 불편하기 짝이 없는 거래를 쉽고 편하게 하기 위해 화폐가 등장하게 됩니다. 신농씨의 시장 역시 그러했습니다. 그래서 조개껍질(貝:패)이 화폐대용으로 쓰였습니다. 물론 질 낮은 조개껍질은 적은 액수를, 질 좋은 패(貝)는 비싼 액수를 나타냈습니다.

○. 재(財)

조개껍질 패(貝)와 쓰이다는 뜻을 지닌 재(才)의 합체입니다. 따라서 「쓰일 수 있는(才:재) 조개껍질(貝)이란 뜻이고 쓰일 수 있는 조개껍질이야 말로 가치 있는 물건이다」는 뜻입니다.

○. 칙(則)

조개껍질(貝)과 「나누다, 가르다」는 뜻을 지닌 도(刀:刂)의 합체어 입니다. 돈이 되는 조개껍질을 나눔(刀:刂)에 있어선 일정한 규칙이 있어야 합니다. 그렇지 않고 이랬다저랬다 하게 되면 시비와 상쟁이 생길수 밖에 없습니다. 따라서 칙(則)은 그러한 인간 삶의 이치 속에서 생겨난 글자입니다.

○. 현(賢)

어질 현으로 읽혀지고 있습니다. 눈 잡아 보다(臤)와 조개 패(貝)의 구조로 패(貝)가 얼마나 값어치 있는지 눈 잡아 본다는 뜻입니다. 따라서「현명하고 밝다」가 본뜻입니다.

○. 판(販)

「판다」는 뜻으로 쓰이는 글자입니다. 한국어「판다」와 그 뜻과 독음이 일치 됩니다. 우리는 쌀을 사러감에도 '쌀 팔러 간다'로 말합니다. 이는 다른 나라와 구별되는 특이한 것입니다.

문자의 구조는 조개 패(貝)와 거꾸로, 반대로, 바꾸다 는 뜻을 지닌 반(反)으로 구성되어 있습니다. 따라서「패(貝:화폐)를 주고 바꿔온다」는 말을 그렸음을 알 수 있습니다.

○. 정(貞)

「곧다」의 뜻으로 쓰이고 있습니다. 점칠 복(卜)과 조개 패(貝)의 구조입니다. 상(商)나라 때엔 정인(貞人)이란 직책이 있었습니다. 동물 뼈나 거북의 등껍질 등을 불에 구워 균열된 모양을 살펴 길흉을 점치는 일을 하였습니다. 그런데 정(卜+貝 = 貞)자엔 뼈라는 뜻은 없습니다. 점치는(卜) 돈(貝)이란 뜻은 있지만 말입니다.

옛사람들은 조개껍질을 조개의 뼈로 받아들여 빼(뼈의 경상도 소리)로 읽었습니다. 이에 따라 뼈(빼)위에 점을 치는 것(卜)을 정(貞)으로 나타냈습니다. 이렇게 점을 치면 그 점괘는「곧게(바르게) 나와야 되므로 곧다(바르다)」는 뜻이 따랐습니다.

○. 빈(貧)
「가난하다, 돈 없다」의 뜻으로 쓰입니다. 나눌 분(分)과 패(貝)의 합체입니다. 왜 가난하고 돈 없는지 스스로 풀어 보세요.

○. 하(賀)
더할 가(加)+조개 패(貝)의 합체입니다. 가(加)의 소리가 「하」로 변해진 것인데 「ㄱ,ㅋ」의 소리가 「ㅎ」소리로 변한 것입니다.
「돈(貝)을 보태준다(加)」는 뜻입니다. 따라서 하객(賀客)은 돈이나 가치 있는 물건을 들고 찾아온 손님이란 뜻입니다. 귀한 손님은 빈(賓)이라 하는데 이 역시 돈 및 가치 있는 것(貝)을 들고 집(宀)으로 찾아온 사람을 말하는 것입니다.

3. 시(示)

보일 시로 쓰이고 있습니다. 어느 날 이 글자를 들고 여러 사람들에게 말했습니다.
"이 글자는 본래 제사상에 제물을 차린다는 뜻으로「제사 지낼 시, 제사상 차려 놓을 시」로 읽는 것입니다." 라고 말을 하자 "선생님! 옥편에 분명히「보일 시」라고 되어있는데요?" 사람들은 옥편을 가리키며 말했습니다.
"그러나 옥편은 사람이 쓴 것이고 미숙한 사람이 쓰면 그 내용이 미숙할 수밖에 없습니다." 그랬더니 "그렇다면 선생님께선 옥편저자보다 더 뛰어나다는 말씀인데 증명해 주시겠습니까?" 했습니다.
그래서 다음과 같이 풀이 증명을 했습니다.

◦ 시(示)+뱀(巳) = 제사 지낼 사(祀)
◦ 시(示)+펼칠 신(申) = 제사지내면 응험하는 귀신 신(神)
◦ 시(示)+부풀어질 부(畐) = 제사 잘 지내면 복(福)받는다는 복 복(福) 자입니다.
◦ 시(示)+흙 토(土) = 토지신을 제사지낸다는 사(社)자가 됩니다.

　토지신(土神)에게 제사(示) 지내게 된 연유는 신농씨의 첫 아들인 희화씨(햇님)로부터 비롯됐습니다. 햇님은 밭으로 나가 '이 땅에 자라는 곡식이 잘 여물어 지도록 해주십시오' 하며 기도와 제사부터 올렸고 이것을 상형화한 것이 사(社)라는 말입니다. 이러므로 고사(告社)라 쓰며 토지신을 모신 일본의 신사 역시 신사(神社)로 씁니다.

○. 직(稷)

　사직(社稷)의 뜻으로 쓰며 옛글자는 다음과 같습니다. 밭 전(田)자 아래에 사람이 있는 그림입니다. 밭(田)을 살피며 돌본다는 뜻이 있고 바깥(밭) 사람이란 뜻도 있습니다.

　위 글자 왼쪽 옆에 익은 이삭달린 나무를 그린 오늘날의 화(禾)자가 더해진 그림입니다. '밭에 나가 곡식이 여물어지도록 돌본다' 는 뜻을 더 확실하게 나타냈습니다. 따라서 사직(社稷)은 「곡식을 돌보는 토지신에게 제사 지낸다」는 뜻입니다. 따라서 종묘(宗廟) 사직(社稷)이라는 말은 농경사회이기 때문에 생겨난 것입니다. 그리고 직신(稷神) 및 사직신(社稷神)은 국가의 근본이었던 농경을 보살펴주는 신적 존재라는 뜻입니다.

원래 직(稷)이었던 햇님을 고양(高陽)임금이 직신(稷神)으로 받든 이후부터 사직신의 개념이 생긴 것입니다. 조상숭배 사상이 농본(農本) 사회에 접목된 것입니다. (稷)을 「직」이라 읽는 것은 「직하다(지키다)」의 「직」을 따른 것입니다.

○. 예(禮)
예법, 예의 등으로 쓰이는 글자입니다. 왼쪽의 시(示)는 「제사상 차리다」의 뜻입니다. 오른쪽의 풍(豊)은 제기(祭器)인 두(豆) 위에 산적꽂이가 푸짐하게 높여있는 것을 그린 것입니다. 따라서 「풍」이란 독음은 푸짐하다 의 「푸」에서 비롯된 것입니다.
우리겨레 붙이들은 오랜 옛날부터 조상에게 올리는 제사를 제일 풍성하게 했습니다. 그리고 '과일은 저쪽에 고기는 이쪽에 밥과 국은 가운데 맨 앞에' 등등으로 격식에 따라 차립니다. 그런 다음 '술은 몇 번 올려야 하며 절은 몇 번씩 한다' 등으로 진행했습니다. 행동하나하나에 지극한 정성과 숭모의 정을 담아서 말입니다. 따라서 바로 이것이 예법(禮法)의 시작이 되었습니다.

○. 복(福)
「행복하세요, 복 많이 받으세요」로 쓰이는 복(福)입니다. 제사 지낼 시(示)와 부풀어지다의 부(畐)로 구성되었습니다. 그 뜻을 묶어보면 제사지내면 부풀어짐 즉 부(畐) 있다는 말입니다. 우리들은 제사 때 '제사 잘 지내면 복 받는다'는 말을 많이 합니다. 아마 여러분들도 한번쯤은 들어 봤을 것입니다. 따라서 복(福)은 이것을 그린 것입니다. 우리들은 이렇게 하면 「부」가 있고 저렇게 하면 「부」가 없다는 말을 많이 합니다. 그래서 대부분의 사람들은 「부」를 부자

부(富)인줄 압니다. 그러나 우리말「부」는 부풀어지는 운동을 나타낸 것으로 이 말을 그림으로 그려낸 것이 부(畐)입니다.

글자의 뜻 역시「씨 뿌려진 공간인 밭(田)에서 소득이 크게 한덩이로 나왔다(있다)」입니다. 이러므로 집(宀)과 합하여 부자 부(富)를 이룹니다.「집안(宀)에 씨 뿌려 얻는 소득이 크게 한덩이로 있다」는 뜻입니다.
그리고 크게 한덩이로 부풀어져 있는 상태인 부(畐)와 나눈다, 가른다 의 뜻을 지닌 도(刀:刂)와 합하여 부(副)자를 만듭니다. 즉 부(副)는「크게 한덩이 되어있는 것을 잘라내고 가른다」는 뜻입니다. 그러므로 해부(解副), 부검(副檢:시신을 해부하여 검사함) 등으로 말 됩니다.

시(示)자는「제사 지내다, 제사상 차리다」등의 뜻이 있음을 몇몇 글자로 예를 들었습니다.

四. 씨앗(種子)을 상형한 글자

밭 갈고 씨 뿌려 수확을 거두는 것이 주된 경제활동이라면 제일 중요한 것이「씨앗」입니다. 아무리 밭이 크고 좋아도 씨앗이 없으면 아무 소용없으니까요. 그래서 농경사회에선 씨앗을 아주 소중히 여겼습니다. 옛날 할머니들은 선반위에 단지를 놓고 그 속에 씨앗을 간직했습니다. 부루단지라 부르는 것입니다.

그리고 오곡(다섯곡식)의 씨앗을 혼인 물품으로 했는데 지금도 남아 있는 풍속입니다. 따라서 모양을 그려 뜻을 나타내는 상형표의(象形表意)의 중국문자에는 반드시 이 씨앗을 나타내는 글자가 있어야 합니다. 그러나 옥편을 아무리 뒤져봐도 종자(種子)는 있지만 씨앗을 그린 독자 적인 글자는 없습니다.

종(種)은「벼 화(禾)+중(重)」의 구조로「밭(田)에 씨 뿌려, 밭에 뿌려진 씨앗이 이삭이 달린 곡식(禾)으로 된다」는 뜻입니다. 그러므로 씨앗만을 그린 것이 아닙니다. 그러나 분명히 있었습니다. 발견을 못했을 뿐이지요.

고대금문(金文)엔 껍질 속에 들어있는 씨앗이 다음과 같이 그려져 있었습니다. 왼쪽의 그림은 상대(商代)금문집속에 있는 것으로 껍질 속에 있는 씨앗을 그린 것입니다. 씨를 그리려면 그 모양을 그려야 합니다. 따라서 하나의 점 및 둥그런 모양이 될 수밖에 없는 것입니다. 그리고 그렇게 그린 다음엔「씨」라는 독음(읽는 소리)을 붙여야 합니다.

오랜 세월동안 찾아 헤매다가 십(十)의 본음이 「씨」라는 것을 알았고 ♦ 자가 (十)으로 변해진 것을 알았습니다.

♦ 자는 껍질 속에 씨앗이 있는 위 그림과 같으면서도 달랐습니다. • 은 같지만 위에서 아래로 뻗쳐진 그림(│)이 달랐습니다. 그렇다면 위에서 아래로 그어진 그림(│) 은 무엇을 뜻할까?

오랫동안 생각하다가 그 뜻을 깨달았습니다. ♦ 자는 뿌려지는(내려지는) 씨앗(•) 이란 뜻이었습니다. 또 ♦ 는 「씨(•) 뿌린다, 내린다(│)」의 말을 그린 것입니다. 그래서 다음의 그림이 쉽게 해석 됐습니다.

오늘날의 씨(氏)자입니다. 엎드린 모습의 사람에게서 내려지는 씨앗(♦)이란 뜻입니다. 또 씨내리는 사람으로 남성을 뜻하는 것입니다.

고대금문에 있는 글자입니다. 내려지는 씨앗(♦)을 두 개의 손( )이 받아들이고 있는 모양입니다. 따라서 씨받다, 씨받이 라는 말을 형상화했음을 쉽게 알 수 있습니다.

○. 토(土)

옛글자는 ♦ 자였습니다. 「씨 뿌릴 수 있는(♦) 땅(━), 씨 내릴 수(♦) 있는 땅(━)」의 뜻입니다. 이것은 한국어 「터」를 그린 것입니다.

텃밭, 터전, 터 잡다 로 쓰이는 「터」말입니다. 이 「터」를 한족(漢族)들은 「투」로 발음하는데 이를 우리들은 「토」로 받아들여 읽고 있습니다.

○. 생(生)

「태어나다, 나오다」 등의 뜻이 있으며 일반적으로 날 생(生)으로 읽습니다. 이 글자의 고체(古体)는 「땅에 뿌려진 씨」 또는 「씨 뿌려진 땅(⊥)에서 자라나오는 생명의 모습」을 그린 ⊻ 자입니다.

바로 한국어 「생기다」를 그려낸 것입니다. 따라서 생겨날 생(生)으로 읽을 수도 있습니다.

○. 산(産)

「낳다, 생산하다」의 뜻으로 쓰입니다. 옛글자는 다음과 같습니다. 글자 맨 위에 있는 것은 사람(大)입니다. (厂)자는 「모든 것, 그 범위 안에 있는 것」이란 뜻을 나타냅니다. 그리고 생(生:⊻)자로 구성되어 있습니다. 하나하나의 뜻을 물어보면 「사람에 의해 씨 뿌려져 생겨나는 모든 것」이란 뜻입니다.

그런데 어떤 책엔 맨 위 사람부분인 大 자가 卄 자로 되어 있습니다. 이는 잘못 변해진 것으로 해석에 오류를 가져오게 할 수 있습니다.

○. 과(果)

「열매, 감히하다, 과연」 등의 뜻을 지닌 이글자의 옛 모습은 다음과 같습니다. 그림 맨 위쪽은 ⊕ 이고 그 아래에 나무 목(木)의 고체(古体)인 ⽊ 이 있는 구조입니다.

이에 대한 지금까지의 해석은 이렇습니다. '나무(木:⽊)위에 실과(實果)가 열려있는 모양을 본뜬 글자로 ⊕ 자는 둥근 실과에 줄이 있는 것을 가르킨다.' 그러나 줄이져 있는 둥근 실과를 그렸다면 ⊞ 및 ⊜ 로 그려야 상형(象形)의 구체성이 맞다 하겠습니다. 그렇지만 ⊕ 의 모양은 분명 씨, 십(十 + ○)의 구조입니다.

따라서 ⊕ 자는 앞장 농(農)자 설명에서와 같이「씨알」로 해석해야 됩니다. 바로 단순한 상형문자가 아니고「상형+회의」로 이뤄진 글자인 것입니다. 이 글자는 조자(造字) 당시뿐만 아니라 그 이후 어느 시기까지「씨알」혹은「알」로 읽혀졌습니다.
즉 한국어「알」로 읽혀지던 것이 받침 발음이 잘 안되는 한족(漢族)의 발음습관에 따라「아」로 읽혀졌고 이것이 과(guo)로 변음 되어 오늘날에 이르게 되었습니다.

다비된 어느 스님의 시신에서「사리(舍利) 12알」이 나온 것을「사리(舍利) 12과(⊕+果)」로 표기하는데 여기서도「과(果)는 알」이였음을 알 수 있습니다. 한국어「알」은 낱알, 씨알, 사과한알 등으로 말하기도 합니다. 그렇지만「알몸, 알거지」등에서 알 수 있듯이 아무것도 걸친 것 없는 상태를 뜻하기도 합니다. 그리고「알다, 알리다」등의 첫말로 쓰입니다. 따라서 한국어「알」로 읽어야만 해석되는 다음의 글자들이 있습니다.

○. 과(稞)
곡식 화(禾)+ 과(果)의 구조입니다. 껍데기 없는「알곡식」으로 쓰이는 글자인데 과(果)를「알」로 읽어야만 알곡식(禾+果)이란 뜻이 성립됩니다. 그렇지 않고 과(果)를 실과로 읽게 되면「알곡식」이란 뜻은 찾을 수 없습니다.

○. 과(踝)
 발(足)＋과(果)의 구조입니다. 이 글자는 발목위에 복사뼈를 가르킵니다. 이 뼈는 그 모양이「알」처럼 둥글고 불룩합니다. 따라서「발(足)에 있는 알(果)」같은 뼈로 읽으면 곧바로 뜻이 통합니다.

○. 나(裸)
 옷(衤)＋과(果)의 구조입니다. 과(果)를 실과로 읽게 되면 알몸이다, 옷을 벗은 알몸 이란 뜻은 알 수가 없습니다. 그러나 과(果)를「알」로 받아들이면 옷(衤)을 벗은 알(果)몸 상태라는 뜻을 알 수 있습니다.

○. 과(課)
 일과(日課), 부과(賦課) 등으로 쓰입니다. 이 글자 역시 과를「알」로 받아들이면 말(言)로서 알리다(果)는 뜻을 나낸 형성문자임을 알 수 있습니다. 그리고 여기에서「해야 할 일, 구실, 맡기다」등의 뜻으로 늘어난 것임을 이해할 수 있습니다.

○. 밭(田)
 씨 뿌려진 상태(十:♦)를 싸고 있는 공간(口) 즉 씨 뿌려진 (♦) 공간(口)을 나타냈습니다. 이를 어떤이는 밭(田)의 경계를 나타낸 글자로 해석했습니다. 아마도 중국, 일본, 한국의 모든 해석자들도 그럴 것입니다.

○. 마을 리(里)
 씨 뿌려진 공간인 밭(田)이 있고 그 아래에 씨 뿌릴 수 있는 땅(土:토, 터)가 있는 구조입니다. 씨 뿌릴 수 있는 터(土)와

씨 뿌려진 공간이 있으면 사람이 터 잡고 살고 있다는 뜻이 됩니다. 따라서「사람이 사는 마을」의 뜻이 됩니다.

○. 터 기(基)
기초, 기반, 기본 의 뜻으로 쓰입니다. 기(其)는 키(⊌)를 그린 것으로 옛날엔「귀」또는「기」로 말했습니다.
경상도 방언 중에 귀다(기다)라는 말이 있습니다. 긴가민가(그런가, 아닌가)로 쓰이는「기다」말입니다.「이기다(긔다)」는 그렇다, 맞다, 그것이다(그기다:경상도 방언)의 뜻입니다.
따라서 기(其:⊌)그림으로「맞다, 그것이다, 그렇다」라는 우리말을 나타냈습니다. 이 역시 동음가차의 방법입니다.
그러므로「그것이다+씨 뿌릴 수 있는 땅(土)」으로 읽게 되면「씨 뿌릴 수 있는 땅이다」는 말을 그린 것임을 알 수 있습니다.
씨 뿌릴 수 있는 땅은 농경사회에선 제일 근본이 되는 것입니다. 그러므로「기반, 기초, 기본」으로 말 되어진 것입니다.

○. 지(地)
땅의 뜻으로 쓰입니다. 씨 뿌릴 수 있는 땅(土)과 이기 야(也)의 구조입니다. 야(也)는 큰 뱀인 이무기를 그린 ⓨ 였습니다. 그래서 연못 지(池)를 '뱀이 가득한 물에서 연못의 뜻이 나왔다'로 해석하기도 합니다. 그러나 이 역시 이무기의 줄인말「이기」를 빌어 (~이다) 의 뜻을 나타냈습니다.
즉 이기(이무기)의 그림으로 경상도 방언 이기다(이것이다)를 나타낸 것입니다.
따라서 지(地)는 '고대에 뱀과 용이 사는 불모의 늪지를 나타냈고 이런 자형에서 모든「땅」의 뜻이 나왔다'-자원자해로 배우는 한자88p 의 해석이 아주 유치함을 알 수 있습니다. 따라서 지(地)는 「씨 뿌릴 수 있는 땅이다」는 뜻이고 여기서 「땅」의 의미를 지니게 된 것입니다.

○. 묘(苗)
씨 뿌려진 공간인 밭(田)에서 무언가 나오는 모양을 그린 것입니다. 이 글자는 「바깥으로 나오다」로 읽을 수 있습니다. 이런 경우는 밭(田)의 소리를 빌린 것입니다. 즉 밭은 바깥의 옛말로 (밭)을 그려 (바깥)이란 말을 나타냅니다. 이 역시 동음가차의 제자방법입니다.
묘(描), 묘사(描寫)로 쓰이며 밖으로 나타나게 한다는 뜻입니다. 손을 거듭 쓰는 모양을 그린(扌)자와 묘(苗)의 합체입니다. 손을 써서 바깥(밭)으로 나오게(艹)하다 는 뜻입니다. 밭(田)을 바깥(外)을 나타내는 음부(音符)로 썼음을 증명할 많은 글자들이 있는데 뒷장에서 설명하도록 하겠습니다.

○. 대화씨(大禾氏)

왼쪽 그림은 1959년 중국호남성 남녕항에서 출토된 청동기에 새겨져 있었습니다. 이 그림 문자는 대화씨라 불리어졌던 햇님(희화씨:羲和氏)을 나타낸 것입니다.
따라서 희화(羲和)라는 명칭은 해(日:羲)와 대화(大禾)의 화(禾)가 합쳐진 것입니다. 즉 햇님(日)이었던 그가 화(禾:和)라고도 불려짐에 따라 희화(羲和)가 되었다는 것입니다. 그리고 화(禾)자는 해(年)라는 또 하나의 뜻을 지니게 되는데 이 역시 희(羲)는 화(禾)이기 때문입니다.
해(日)의 옛말인 희(羲)는 지금도 일본에 살아 있습니다. 아사히(아침해)라는 말로 말입니다. 문자로는 조일(朝日)입니다.

○. 언덕 부(阜:阝)
4~5천여 년 전의 중국땅 곳곳은 물에 침수되어 있었습니다. 그래서 사람들은 평지보다 높은 지대인 언덕에 터를 잡고 모여 살았습니다. 따라서 언덕을 그린 언덕 부(阝)자엔 두 가지 뜻이 있습니다.
첫째는「사람이 모여 사는 곳인 언덕」을 나타냈습니다. 둘째는 언덕엔 사람들이 모여 살았기에「모여 있다」는 뜻을 나타냈습니다. 그러므로 언덕이 들어간 글자의 해석에 있어서도 위 두 가지 뜻을 적용시켜야 정확할 것입니다.

○. 양(陽)
언덕(阝)에 태양(日)이 비치고 있는 모양으로「밝, 볕」등의 뜻을 나타냈습니다.

○. 음(陰)
언덕(阝)에 그림자가 드리워진 모양으로「어둡다, 컴컴하다」의 뜻을 나타냈습니다. 따라서 음달(陰達)은 그늘진 땅을 말하며 양달(陽達)은 볕드는 밝은 땅을 말합니다.

○. 아(阿)
언덕(阝)과 가(可)의 합체입니다.「가」의 소리가「아」로 변했는데「아」라는 이름을 지닌 언덕 즉「아사달」을 말합니다.
허신의 설문해자엔 阿曰曲阜(아왈곡부)로 되어 있는데 고조선의 도읍인 아사달은 산동성 곡부(曲阜)로 추정됩니다.

○. 진(陣)
언덕(阝)과 차(車)의 합체입니다. 여기선 언덕(阝)을「모여 있다」로 해석해야 합니다. 이렇게 하면「차(車)가 모여 있다(阝)」가 됩니다. 옛날엔 말이 끄는 전차(戰車)를 모아서 대적하는 진(陣)을 쳤습니다. 이런 전쟁방식 때문에 생겨난 글자입니다.

車 자는 바퀴달린 수레를 말하는데 큰 것은「차」라 읽으며 작은 것은「거」로 읽습니다. 자전거, 인력거(人力車), 전차(戰車), 마차(馬車)로 말입니다.

○. 원(院)

「언덕(阝)+원(完)」의 구조입니다. 언덕은「모여 있다」의 뜻입니다. 원(完)은「제구실 할 수 있는 집」을 말합니다. 즉 집(宀)안에 크고 작은 두 사람(元)이 있는 구조입니다. 이 크고 작은 두 사람은 남, 녀를 뜻하며 남녀가 함께 있는 집이어야만 집으로서의 제 구실을 할 수 있다 는 뜻입니다. 완전할 완(完)의 뜻이기도 합니다.

따라서 원(阝+完)은「제구실 할 수 있는 집이 모여 있음」을 말합니다. 그러므로 여러 개의 건물로 되어진 병원, 학원 등으로 말 되어 쓰입니다. 그런데 요즘은 코딱지만한 곳에도「…원(院)」으로 간판 붙이고 있습니다.

○. 육(陸)

바다와 상대되는 뭍을 나타내는 글자입니다. 모여 있다(阝)+씨 뿌릴 수 있는 땅(土)+씨 뿌릴 수 있는 땅(土)의 구조입니다.「씨 뿌릴 수 있는 터(土)가 연이어 계속 모여 있는 것이 바로 뭍(땅)이다」는 뜻입니다.

○. 대(隊)

무리, 떼 등의 뜻입니다. 모여 있다(阝)와 돼지 시(豕) 머리에 八자가 있는 구조입니다.
기존의 해석은 다음과 같습니다. 이를 '갑문자에서 대(隊)는 언덕에서 사람이 거꾸로 떨어지는 것을 나타냈으나 소전(小篆)에서는 산언덕에 돼지가 무리지어 다니는 것을 나타냈다. 이런 자형에서「무리」의 뜻이 나왔다'
 -자원자해로 익히는 한자472p

돼지 시(豕)가 있고 언덕(阝)이 있으므로 그럴듯한 해석으로 보입니다. 하지만 이런 식의 해석은 중국 연구자들의 견해를 이어받은 유치한 것입니다. 아마도 중국, 일본, 한국의 내로라하는 문자전문가들은 죽었다 깨어나도 정확한 풀이는 못할 것입니다.

이의 해석은 뒷장 동음가차편에서 설명하겠습니다.

五. 신농(神農)시대와 단군(檀君)설화 비교

 필자가 서술한 역사와 우리 단군설화와의 일치점을 비교하면 다음과 같습니다.

1. 한웅은 한울님, 하날님으로 불려졌던 신농씨에 비정된다.

2. 신시(神市)는 「신(神)의 시장」이란 뜻으로 그 당시에 神자가 들어간 이름을 지닌 사람은 신농씨가 유일하다. 따라서 신시(神市)는 신농씨가 세운 시장이다.

3. 같은 구멍에 살던(同穴而居:동혈이거) 곰과 호랑이는 황제족 중에 웅족(雄族)과 호족(虎族)이다.

4. 곰, 호랑이를 토템으로 한 이들이 신시(神市)에 찾아와 신계(神界)의 백성이 되고자 한 것은 신농(神農)의 농경사회에 동참하려 함이다.

5. 곰은 통과의례를 마쳤으나 호랑이는 실패하여 예전의 생활방식(수렵, 채집, 목축)으로 되돌아감을 의미한다.

6. 환웅과 웅녀(熊女)의 혼인은 밝족과 황제족간에 체결된 혼인동맹이다.

7. 환웅과 웅녀 사이에 태어난 단군왕검은 헌원과 현녀(玄女)사이에 태어난 상아(常娥)와 햇님(羲和氏) 사이에 태어난 구슬임금(珠高陽:주고양)이다.

8. 고양씨(高陽氏:전욱)가 햇님을 사직신으로 받들어 모셨다. 이에 따라 종묘사직(宗廟社稷)의 개념이 생겼다.

9. 아사달(아침의 땅)은 산동곡부(曲阜)에 비정된다.
   (阿曰曲阜:아왈곡부 - 설문해자)

10. 단군설화에 나오는 운사(雲師), 우사(雨師), 곰(熊), 호랑이(虎) 등의 그림이 산동 가상현 무씨(武氏) 사당에 세겨져 전해지고 있다.

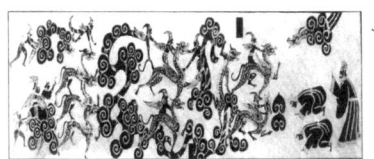 

☯ 중국 산동성 가상현의 남쪽 28리 자운산 아래에 있는 무씨사당(武氏祠堂) 석실의 벽에 설치되어 있는 화상석(畵像石)의 일부입니다.

二. 새(鳥) 임금 소호 금천씨
(小昊金天氏)

작은 밝으로 불리우던 소호금천씨는 금천씨 가문의 첫째아들로 신농씨의 둘째딸과 혼인했습니다. 원래는 신농씨의 큰 딸인 감을아씨와 정혼한 사이였습니다. 그러나 곰나라(有熊國:유웅국)와의 전쟁을 멈추기 위해 혼인동맹을 체결하게 됨에 따라 혼약이 깨어졌습니다. 즉 곰나라의 헌원과 신농씨의 첫째 딸인 감을아씨가 혼인하게 되었기 때문입니다.

　소호씨는 하야한 장인의 뒤를 이어 밝달의 수장이 되었습니다. 원칙적으론 신농씨의 큰딸과 혼인한 헌원이 신농의 뒤를 이어야 했습니다. 그렇지만 헌원은 풍습과 문화 그리고 언어마저 통하지 않는 뒤떨어진 이 민족이었습니다. 그러므로 장인의 뒤를 이어받을 권리를 스스로 포기했습니다. 다만 헌원 자신과 현녀(玄女)사이에 아들이 생기면 그 아들이 밝족의 수장 가문에 장가를 들어 왕위를 잇기로 했습니다. 만일 아들이 없으면 외손자가 그리하기로 한다는 조건을 달았습니다.

　밝달의 임금(단군:檀君)이 된 소호금천씨는 모든 관직을 새(鳥)이름을 빌렸습니다. 예를 들면 검은새(玄鳥:현조)는 춘분(春分)을, 붉은새(丹鳥:단조)는 입추(立秋)를, 다섯비둘기는 교육, 군사, 민사, 형벌, 산업 등을 맡았습니다. 이는 금천씨의 토템이 새(鳥)였기 때문입니다. 따라서 새중의 새(鳥中之鳥)인 봉(鳳)새는 모든 것을 총괄하는 임금을 뜻했습니다. 봉황새를 임금의 표상으로 하는 전통은 여기서 비롯되어 지금의 우리 대통령을 상징하는 문양으로까지 되어졌습니다.

　그런데 새(鳥)를 관작(官爵)으로 하게 된 것은 금천가문의 토템이기도 하지만 그보다 더 특별한 언어적 뜻이 있어서입니다. 즉 대부분의 새(鳥)들은 머리위에 벼슬을 지니고 있습니다. 그런데 새의「벼슬」은 관작을 뜻하는 한국어「벼슬」

과 같은 소리입니다. 그러므로 새(鳥)의 벼슬을 그림으로서 사람의 소임인 벼슬(官爵:관작)을 나타낼 수 있습니다.

 왼쪽그림은 갑골문(甲骨文)으로 새의 머리위에 솟아오른 벼슬에 초점을 둔 것으로 오늘날의 벼슬 작(爵)입니다. 이렇게 조류의 벼슬을 빌어 벼슬(官爵)을 나타내게 되자 왕가(王家)와 집권층들은 술잔마저 새(鳥)모양으로 만들어 썼습니다. 그런데 이런 한국어에 따른 동음가차에 의한 조자법(造字法)을 알 수 없었던 사람들은 다음과 같이 해석했습니다.
'자원: 벼슬작(爵)은 참새 모양으로 만든 술잔을 본뜬 글자(象形) 자해: 金文字에서 작(爵)은 술잔의 다리가 참새 모양인 것을 본떴다. 소전자(小篆字)에서는 신전에서 작위를 줄 때 술잔을 하사하는 모양을 본떴다. 이런 자형에서 벼슬의 뜻이 나왔다.' -자원자해로 익히는 한자286p

위 해석은 새 모양의 술잔이 존재한다는 것과 작(爵)의 뜻이「벼슬」이라는 점을 묶어서 해석한 것입니다. 따라서 왜 새 모양의 술잔을 만들었을까? 그리고 왜 그런 술잔을「작」이라 말할까? 하는 점을 생각해보지 않았습니다. 또 중국역사엔 신선에서 작위를 준 일은 없습니다. 따라서 엉터리 해석이라 아니할 수 없습니다.

소호씨가 제위(帝位)에 오른 몇 년째 되던 해에 달나라(곰나라)에서 태어난 고양씨(高陽氏)를 사위로 맞았습니다. 고양씨는 헌원과 현녀(玄女:감을아씨)사이에 태어난 상아(常娥)와 신농씨의 아들인 희화씨 사이에서 태어났습니다.
헌원의 딸 상아(常娥)는 외삼촌과 결혼하여 구슬(珠)아기

즉 고양씨를 낳은 것입니다. 요즘의 풍속으로 보면 황당하겠지만「삼촌 및 외삼촌과 결혼」그리고「사촌끼리의 결혼」은 신라 때는 물론이고 고려 초기까지 있었던 풍속입니다. 여하튼 소호씨는 자신의 딸 기(旗)와 결혼한 구슬(珠:주)에게 아래와 같은 그림이 새겨져있는 술그릇을 만들어 주었습니다.

가제집고록 18책5 있는 금문(金文)입니다. 저자인 오대징은 '두 손(𠂇:又)으로 배(舟)를 받드는 모양 부기(夊己)로 해석했습니다. 그러나 현대중국의 특출한 금문(金文)연구가인 낙빈기 선생은 '부기(夊己)는 소호 금천씨의 서명이다.'로 해석했습니다.

그리고 오대징의 해석인 배(舟)를 술잔, 배 주(舟)로 해석하여 술잔을 주고받는 것을 나타냈다고 했습니다. 위 두 사람은 (舟)자를 배(舟) 및 잔 배(杯)를 나타낸 것으로 봤습니다. 하지만 배(舟) 및 술잔의 모습과는 전연 닮지 않았습니다. 초기문자는 그 모양을 비교적 잘 나타나도록 그리는 것이 특징입니다. 따라서 위 (舟)자는 배(舟:杯)가 아니라 사다리를 상형(象形)한 것으로 봐야합니다.

따라서「하나의 직책이 계속 이어지도록 넘겨준다」는 뜻입니다. 즉 사다리는「연결되게 한다, 끊임없이 이어지게 하는 것」이란 역할적인 뜻으로 해석해야하고 두 손(𠂇:又)은 주고받는 행위를 나타낸 것입니다. 참고로 받을 수(受)를 보면 위쪽에 있는 큰손(𠂇)이 아래쪽에 있는 손(又)에게 무엇을 내려주는 모양을 나타내고 있습니다. 두 손 가운데 있는 (一)자는「아래로 작용하는 운동을 나타냈으며 포괄적이다」는 뜻을 지니고 있습니다.

좀 더 확인하기위해 다음의 여러 글자들을 살펴봅시다.

우리선조들은 조상에게 올리는 제사를 아주 중요시했습니다. 그래서 제사를 잘 지내면 조상신이 응하여 복(福)을 주며 제사가 이어지지 않고 끊어지면 앙화(殃禍)가 온다고 믿었습니다. 이는 복(福)자와 화(禍)자를 풀어보면 쉽게 알 수 있습니다.

즉 복(福)자는「제사지낼 시(示)+부풀어날 부(畐)」의 합체입니다. 따라서「제사 지내면 부풀어짐(畐:부)이 있다」는 말을 그린 것이 복(福)자입니다. 우리들 어른들은 아이들에게 '제사 잘 지내면 복 받는단다.' 하고 제사 때 말합니다. 아마 여러분도 들어본 말일 것입니다.

그렇다면 이 복(福)자와 상반된 뜻을 지닌 화(禍)자를 보기로 하겠습니다.

왼쪽은 화(禍)의 고체(古体)입니다. 제사 시(示)가 있는 오른 쪽 글자는 사다리가 끊어진 모양(뷰)과 말하다(ㅂ)로 되어 있습니다. 뜻을 묶어보면「제사(示)가 이어지지 못했음을 말한다」입니다. 또「제사(示)를 통한 이어짐이 없음을 말한다」입니다.

즉 제사는 어떠한 어려움 속에서도 치러야 되는 중요한 의식인데 이것이 치르지 못했다면 반드시 좋지 못한 어려움이 있다는 것을 말하는 것입니다.

○. 지날 과(過)

「지내왔다, 건너다, 지나갔다」등의 뜻으로 쓰입니다. 옛글자는 다음과 같습니다. 왼쪽의 (彳)은 길의 뜻입니다. 오른쪽의 (뷰)는 두 개의 사다리를 그려낸 것입니다. 그 아래 글자 (止)자는 오늘날의 지(止)로서 간다는 뜻입니다. 그리고 (ㅂ)자는 오늘날의 구(口)입니다. 따라서「건너고 건너(㕣) 가는(止) 길(彳)을 말한다(⻌)」는 것이 과(過)입니다.

왼쪽의 글자역시 과(過)의 옛글자입니다. 오른쪽(𠃑)자는「건너다」는 뜻을 나타냈습니다. 배주(舟)와는 전연 닮지 않았습니다. 그런데 소호씨가 구슬(珠:주)에게 넘겨준 직책은 무엇일까요?
낙빈기 선생은 '제사를 맡아보는 직위를 내렸다'로 해석했습니다. 그러나 윗사람인 왕이 아랫사람에게 직책을 내릴 때는 책봉(冊封)한다는 책(冊:㸚)자가 들어가야 합니다. 그러나 이 명문엔 책(㸚)자가 없고 부기(父己)라는 글자만 있습니다.

그런데 부(父:父)는 아비부(父)의 옛글자로 그 뜻은 씨(♦)를 잡고 있다. 씨(╱)를 지니고 있다는 말을 그린 것입니다. 즉 (╱)자는 (♦)자의 변체로「씨내린다」「내려지는 씨」의 뜻이고「씨내리고 있는 사람」또는「씨내릴 수 있는 사람」을 나타낸 씨(氏:氏)와 상통되는 글자라 생각합니다.

우리들의 언어에서 보면 여자 쪽에선 남편 집을「시댁」남편형제를「시누이」등으로 말합니다. 그리고 자신이 있게끔 씨 뿌려진 고을을 시골(씨골:古)이라 합니다.
따라서 이런 언어의 형상화가 부(父:父)고 씨(氏:氏)라는 말입니다. 그리고 기(己)는「몸」자기(自己)의 뜻으로 쓰이지만 글자가 지니고 있는 뜻은「바로 이어진 상태」를 나타냅니다. 초기문자를 보면 기(己)와 거꾸로 된 모양을 지닌 글자(𠃑)가 있습니다. 이는 거꾸로 이어지다 거꾸로 진행된 운동 상태를 나타낸 것 같습니다.

따라서 부기(夂己)는 「씨(丿)를 지니고 똑바로 이어지도록 한다」는 말을 그린 것입니다. 즉 부기(夂己)는 가족 간에 소통되는 칭호로 구슬(珠)을 사위로 삼아 한 가족이 되었고 이에 따라 「자신의 가족적 직위를 이어받을 수 있다」는 증표로 위 명문을 새긴 것이라 생각합니다.
(己)자를 살펴보기로 하겠습니다.

○. 자기 기(己)
자기(自己)로 쓰며 「몸(身)」을 뜻합니다. 한글 (ㄹ)자와 그 모양이 똑같습니다. 이 글자에 대한 기존의 해석은 다음과 같습니다. '기(己)는 실이 구부러진 모양을 본뜬 상형문자다.' '사람의 척추모양을 본떴다.' 그러나 이 글자는 상형문자가 아니고 천도(天道)의 올바른 진행운동을 나타낸 기호(記號)문자이며 지사(指事)문자입니다.

우리선조들은 왼쪽(左:좌)에서 오른쪽(右:우)으로의 진행운동을 바르고 옳은 것이라 생각했습니다. 즉 '천도(天道)는 자연(自然)의 도(道)이다. 따라서 생명운동의 원천인 태양은 동쪽(왼쪽)에서 떠올라 서쪽(오른쪽)으로 진행한다.' 그러므로 인간 삶의 방식역시 여기에 따라 움직여야만 한다고 생각했습니다. 그래서 순천자흥(順天者興)이고 역천자망(逆天者亡)이라고까지 말했습니다.

따라서 오른쪽으로의 진행운동을 당연한 것, 옳은 것, 높이 받들여야 될 것으로 여겼습니다. 어릴 적에 왼손으로 숟가락질을 하면 어른들이 '애야! 그럼 안 된다. 밥은 오른손으로 먹어야지' 하며 야단친 것도 이런 연유 때문입니다. 오른쪽을 나타낸 우(右)자는 「오른손(ナ)+ 말하다(口)」의 구조로 「오른쪽 손을 말하는 것」입니다.

이 글자에「숭상(崇尙)하다」의 뜻이 있는 것도「오른」은「옳은」것이고「바른 것이다」는 뜻 때문입니다. 그러면 오른쪽으로의 진행 및 오른쪽의 운동을 나타내려면 어떤 그림을 그려야 할까요?

이것은 아주 간단하고 자연스럽습니다. 바로 왼쪽에서 오른쪽으로 손 가는대로 선(線)하나를 그리고 끝나는 그곳에서 아래쪽으로 선 하나를 그리면 됩니다. 바로 우리 한글의 낫 놓고 (ㄱ)자도 모른다는 그 (ㄱ)자 모양입니다.

그러면 (ㄱ)자의 모양으로 시작된 글자들을 살펴봅시다.

① 가(可)
「옳다, 허락하다, 좋다」의 뜻입니다. 오른쪽의 진행(ㄱ)을 말한다(口) 는 뜻입니다.

② 사(司)
「벼슬(官司), 맡다(主也)」의 뜻으로 쓰입니다. 오른쪽으로의 진행이 계속 이어짐(ㄱ)을 말한다(口)는 뜻입니다. 옛날엔 관리와 관(官)이 민(民)을 이끌어갔습니다. 그래서 이끌어가는 관리는 항상 옳아야 되고 정당(正當)해야 했습니다. 따라서 사마(司馬), 사헌(司憲), 사회(司會) 등의 직책을 뜻하는 말이 되었습니다.

※그렇다면 (ㄱ)과 반대적인 모양을 지닌 글자(厂)는 반대적이고 거꾸로의 진행을 나타내는 글자를 이뤄야만 이치에 맞다고 하겠습니다.

① 반(反)
「거꾸로, 뒤집어엎다, 반대하다」의 뜻으로 쓰입니다. 거꾸

로의 진행을 그린(厂)자와 오른손(又)의 합체입니다.
오른손(又)을 거꾸로, 반대로 하다(厂)는 말을 나타냈습니다. 그렇다면 우리편 및 뜻과 행동을 같이하는 부류는 어떻게 나타냈을까요? 이것은 옛날이나 지금이나 똑같습니다. 많은 사람들이 모여 중대한 결정을 하려합니다. 사회자(司會者)가 말했습니다.
'지금 이 안건이 옳다고 생각하시는 사람은 오른손을 들어주십시오.' 그 안건에 동참하려는 사람들은 모두 오른손을 들었습니다.
이런 상황을 그림으로 간단히 그리면 바로 우(友:ナ+又)자가 됩니다.「벗, 친구」의 뜻으로 쓰고 있지만 본뜻은「우리 편, 뜻을 같이 하는 사람」입니다. 따라서 友를「우」라 읽는 것은 우리「우」에서 따온 것입니다.

② 피(皮)
「가죽, 껍질」의 뜻으로 쓰고 있는데 아직도 털(手)이 붙어있는 가죽을 피(皮)라 합니다. 그리고 마름질이 잘되어 지저분한 털(手)이 하나도 붙어있지 않은 가죽을 혁(革)이라 합니다. 따라서 혁명(革命)이란 말은 잘못되고 지저분한 것을 깨끗하게 하는 역사적 당위성(當爲性)을 지닌 행위란 뜻입니다.
피(皮)는 거꾸로의 진행을 나타낸 (厂)자와 손(又)위에 선(線)하나가 세로로 서있는 구조입니다. 손(又)을 써서(攵)껍질을「결」대로 벗겨내는 모양을 그린 것입니다.
벗겨내는 행위를 자연적이지 않은 즉 바르지 않은 행위로 본 것입니다. 즉 동물의 가죽은 살(肉)위에 붙어 하나의 흐름(결)을 이루고 있습니다. 이런 흐름은 동물뿐 아니라 큰 바위나 돌(石)에도 있습니다. 그러므로 돌(石)을 깨트릴 때에도 이「결」을 따라 하게 되면 쉽게 됩니다. 이런 행위를 나타낸 글자가 파(破)입니다. 돌(石)을 결대로 벗겨낸다(皮)는 것입니다. 그런데 피(皮)가 들어간 물결 파(波)자는 어떻게 되어 진 것일까요?

중국문자 속에 한국어가 들어있음을 알 수 없었던 사람들은「물(氵)+가죽, 껍질(皮)」이 어떻게「물결」로 읽힐 수 있지?? 하였습니다.

그러나 한국어 껍질은 가죽(갖,갑) 및 결(살결)로 말합니다. 그러므로「물(氵)+결(皮)」로 읽게 되면 곧바로 물결 파(波)가 된답니다.

③ 가(假)

「빌리다, 거짓」의 뜻으로 쓰고 있습니다. 옛글자는 다음과 같습니다. 왼쪽의 갑골문은 (厂)자와 위에 있는 큰손(彐)과 아래에 있는 받는 손(又) 그리고 그 사이에 작은 선 두 개(二)로 구성되어 있습니다.

위에 있는 손(彐)이 어떤 것(二)을 아래에 있는 손에게 주고 있는 형상인데 여기에「거꾸로의 진행」「온당치 않은 진행」을 뜻하는 (厂)자가 더해져있습니다. 즉 주는 사람(彐) 입장에선 바르고 온당하지 않게 주는 것입니다. 바로「거꾸로(꿔) 준다」는 한국어를 그린 것입니다.

받는 사람(又)입장에선「꿔(거꾸로) 받는다(꿔온다)」는 말입니다. 이렇게 꿔주고 받는 행위는 임시로 빌리는 것이고 진짜가 아니고 거짓인 것입니다. 그래서 거짓의 뜻이 따르게 된 것입니다. 이때까지 (己)자의 뜻을 살펴봤습니다.

그렇다면 (己)자의 뜻과 반대적인 글자(ㄣ) 역시 존재하지 않을까요?

그렇습니다. 지금의 문자에선 찾아볼 수 없으나 상대(商代) 및 그 이전인 오제시기(五帝時期)의 금문(金文)엔 나와 있습니다. (가제집고록 18)

새로 세웠다는 뜻을 나타낸(▽)자와(𠃌)이 있습니다. 그 위의 글자는 오늘날의 아(我)자입니다. 지금까지 아무도 무슨 뜻인지 풀지 못했습니다. 금문신고(金文新考)의 저자인 낙빈기 선생은 '소호씨에 의해 새로 만들어진 금속화폐에 새겨져있는 것으로 (▽𠃌)은 소호 씨의 씨표(氏標)다.'로 해석했습니다. 그러나 명문의 뜻은「우리(我)는 새로 세워(▽) 졌으나 거꾸로(𠃌) 이어간다」로 해석됩니다. 그러나 어떤 역사적 사건을 말한 것인지는 알 수 없습니다.

※이젠 기(己)자가 들어간 몇몇 글자를 살펴보겠습니다.

① 배(配)
「짝(배필), 짝지을, 보내다, 나누다」의 뜻으로 쓰이고 있습니다. 배급(配給) 배달(配達)의 말에서「똑바르게 이어지다」는 기(己)의 뜻을 알 수 있습니다.

② 비(妃)
「왕비」의 뜻으로 쓰고 있습니다.「바르게 이어진 여자」및「바르게 이어지도록(己) 하는 여자(女)」라는 뜻입니다. 왕비의 사회적 역할을 나타낸 것입니다.

③ 개(改)
「고치다」는 뜻으로 쓰고 있습니다.「바르게 이어지다(己)」+「…로 여긴다(攵:복)」의 구조입니다.「바르게 이어지도록 하는 것과 같다(여긴다)」는 말을 나타냈습니다.

하나의 사물이 고장 나서 제 역할을 못하게 될 때는 이것을 똑바로 이어지도록(운동하도록) 하는 행위가 잘못된 것을 고치는 것이고 손보는 것입니다. 따라서 개(改)는 잘되는 것을 바꾸어 잘못되게 하는 것이 아니라 잘 안 되고 있는 것을 잘 되도록 하는 것입니다.

④ 기(忌)
「꺼린다, 삼간다」의 뜻입니다. 바르게 이어지도록 하는 마음(心)이란 뜻입니다. 세상에는 똑바른 길로 못 가게 유혹하는 것이 아주 많습니다. 따라서 기(忌)는「제 본분과 제 역할을 다하기 위해 삼갈 것은 삼가고 꺼릴 것은 꺼리는 마음이다」는 뜻입니다.

금천씨족은 산동지역 밝족(陽族)의 종가(宗家)로 쇠(金)부리는 기술이 남달랐습니다. 그런 탓으로 쇠금(金)자가 들어간 금천씨(金天氏)가 된 것입니다. 그들은 구리(銅:동)를 똥쇠(同+金=銅)라 했습니다. 구리의 본 색깔이 누른 똥색이므로 해서 생긴 이름입니다. 즉 똥을 同으로 나타냈습니다. 이조(李朝)때 선비들은 부정한 것을 보면 '동취(銅臭)가 심해 못 봐 주겠군' 했습니다.「바로 똥(同) 구린(구리:銅) 내(臭:취)」를 말하는데 이런 문자 활용의 표현은 한국어 언중이 아니면 절대 할 수 없는 것이랍니다.
  황동(黃銅)을 더 강인한 청동(靑銅)으로 만들려면 다른 쇠를 섞어 합금(合金)을 해야 합니다. 주석(錫)이 그런 역할을 했으므로 錫을「섞는 쇠 석」으로 말했습니다. 또 주석(錫)은 쇠를 변하게 하는 역할을 하므로「쇠(金)+바꿀 역(易)」의 구조인 석(錫)이 된 것입니다.
  그러면 은(銀)은 어떻게 불렀을까요? 계림유사란 책에 보면 은왈한세(銀曰漢歲)로 되어있습니다. 이는 은(銀)을 일러 「한(하얀) 쇠(세:歲)로 말했다」는 것입니다.

 은(銀)은 쇠금(金)과 간(艮)의 구조입니다. 그런데 지금 간(艮)으로 읽히고 있는 艮은 본래의 소리가 「한」이었습니다. 한(恨)이란 글자에서 본음을 찾을 수 있는데 이 역시 (ㅎ)소리가 (ㄱ·ㅋ)의 소리로 변해진 것입니다. 따라서 한(하얀:艮)쇠(金)로 은(銀)을 나타낸 것은 한국어에 따른 조자법입니다. 참고로 납 연(鉛)자를 풀어봅시다.
「쇠 금(金)+㕣」의 구조인데 (几)자는 무슨 뜻일까요? (几)자는 「늘어나다, 당겨지다」의 뜻을 나타냅니다. 따라서 「늘어나는, 당겨지는(几) 쇠(金)를 말한다(口)」는 것이 연(鉛)자 입니다.

 새 중의 새(鳥中之鳥:조중지조)인 봉(鳳)의 옛글자를 찾아보면 다음과 같이 그려져 있습니다.
 그러나 이 그림은 단지 봉새(鳳)만을 그린 것이 아닙니다. 새머리 쪽에 거꾸로 서있는 세모꼴이 있고 가로획이 있습니다. 거꾸로 세워진 세모(▽)는 「세로(새로) 세웠다(立)」는 한국어를 동음가차의 방법으로 그려낸 것입니다. 따라서 위 그림은 「새로이 봉새(鳳)로 세워섰나」는 섯입니다. 바로 소호 금천씨가 새(鳥)중의 새(鳥)인 봉새(鳳) 즉 왕(王)으로 세워졌음을 나타내는 기록인 것입니다.

 새로 세워진 여자 즉 첩(妾)을 그려낸 고대문자와 비교해보면 잘 알 수 있을 것입니다. 왼쪽 그림은 가슴이 큰 사람(女)의 머리 쪽에 새로 세워졌음을 나타내는 (▽)자가 있습니다. 즉 (▽)자가 설립(立)으로 변해졌습니다. 봉새(鳳)를 그린 그림(🦅)은 나중에 간략하게 (几)자로 변해졌습니다. 바로 鳳자는 (几)와 새 조(鳥)로 되어 있는데 (几)은 봉을 나타냈고 조(鳥)는 새를 말합니다. 따라서 鳳은「봉새 봉」으로 읽을 수밖에 없는 것입니다. 그런데 바람 풍(風)을 보면 봉(几)과 벌레 충(虫)으로 되어있습니다.

동음가차에 따른 조자법으로 볼 때 봉(几)으로「바람」을 나타냈으며 벌레 충(虫)은「분다」라는 말을 나타낸 음부(音符)로 보여집니다.

여기서 필자는 바람을「봉」으로 말했습니다. 즉 바람의 옛말은 부다(바람)에서 비롯된 붕이었고 이를 소리가 같은 봉(鳳)을 빌어 나타냈습니다.

「모이다 → 몽(땅)어리다 → 엉(기다)여다 → 영(그다)」으로 변해진 것처럼「부다 → 붕(봉) → 바라 → 바람」으로 변화되어 오늘에 이른 것으로 보여집니다. 그러므로 바람 벽 위쪽에 낸 작은 창을「바라지」또는「봉창」으로 말했습니다.

○. 풍(風)
「바람, 바람 불다」의 뜻으로 쓰이고 있는 이 글자꼴은 주대(周代)부터였습니다. 그런데 이 글자에 대한 기존의 해석은 이렇습니다. '바람이 불면 기후가 변하여 뭇벌레가 생동하는 것을 나타낸 글자. 이 자형에서 바람의 뜻이 나왔다.'
 -자원자해로 익히는 한자

봉(鳳)자를 간략하게 그린 (几)자 속에 벌레 충(虫)이 있는 것 때문에 비롯된 상상에 따른 해석입니다. 그러나 벌레(虫)의「벌」은「불」과 비슷하여「불다」의 옛말「불」을 나타낸 음부(音符)라 생각됩니다. 즉「바람 봉(几)+ 벌레(虫)」의 구조로「바람(几) 불다(벌)」및「부는(불) 바람(几)」이란 말을 그려낸 것입니다. 벌레(虫)를 빌어「불」소리를 나타낸 예는 다음과 같습니다.

① 강(强)
「강하다」의 뜻으로 약(弱)의 반대적 뜻입니다.「활(弓)+ 말하다(口)+ 벌레(虫)」의 구조로「활(弓)이 벌어(几) 졌음을 말 한다(口)」입니다. 즉 벌(几)어진(벌린) 활(弓)은 강하다는 말입니다.

② 홍(虹)
「무지개」를 말합니다. 길게 맞닿아(工)+ 벌(虫)어진 것이란 말로 무지개의 모양을 나타낸 것입니다.

③ 융(融)
「융통하다, 불길이 위로 오르다」는 뜻입니다.「솥 격(鬲)+ 벌레(虫)」의 구조입니다. 불 위에 얹힌 솥 옆에서 바람을 불(블)어 넣어 주면 불길이 위로 오르고 이에 따라 솥 속의 음식은 익게 됩니다.

이런 것을 솥 격(鬲)+ 벌레(虫:불다)의 구조로 나타낸 것으로 보여십니다. 따라서 風은「부는 바람, 바람 물다」및「바람」의 뜻이 있습니다. 그런데 우리 이족(夷族:東夷)과 같은 문자를 사용하는 한족(漢族)은 서양 사람처럼 (ㅂ)의 소리를 (ㅍ)의 소리로 발음합니다. 알파벳으로 나타내면 (B)의 소리를 (P)소리로 발음한다는 것입니다.

따라서 그들은 고대 한국어 붕(봉:바람의 옛말)을 펑(feng)으로 발음했는데 이를 우리들은「풍」으로 받아들였습니다.
이런 소리의 변화는 하나의 문자를 발음습관이 다른 두 민족이 공유함에 따라 파생된 것입니다. 즉 중국 땅의 종권(宗權)을 한족(漢族)이 잡게 되면 한족의 발음에 영향을 받게 된다는 것입니다. 그렇지만 근본 되는 머리소리(頭音:두음)는 좀체 변하지 않습니다.

예컨대 '씨 뿌릴 수 있는 땅(土)'을 한국어로는「터」라 하는데 이를 한족(漢族)은 투(tu)로 발음했고 이를 되받아 오늘날의 우리는「토」로 발음합니다.

그렇지만 근본 되는 머리소리 (ㅌ)은 변하지 않았습니다. 옷 의(衣), 밥 반(飯), 개 견(犬), 말 마(馬), 도야지 돈(豚) 등등으로 헤아릴 수 없을 정도로 엄청 많은 예가 있습니다.

이런 현상을 두고 생각이 짧은 어느 국어선생은 '한자 (兒)에서「아이」라는 말이 생겼고 (父)에서「아부지」가 생겼으며 (飯)에서「밥」이란 말이 생겼다.'로 말하기도 했습니다. 그리고 신라말기의 최치원 선생이 쓴 낙랑비서에 있는 국유현묘지도왈풍류(國有玄妙之道曰風流)를 다음과 같이 해석하고 있습니다.

'나라에 현묘한 도가 있으니「풍류」라 일컫는다.' 그래서 대부분의 사람들은 풍류도(風流道)가 있었다고 알고 있습니다. 그러나 이 옮김은 잘못된 것입니다. 즉 '風流'를 지금의 발음 그대로「풍류」로 읽은 것이 잘못된 것이란 말입니다.

해동역사 조선방언편에 (星曰培留)라는 말이 있습니다. 이를 '별(星)을 일러 배류(培留)로 했다.'로 읽는 것처럼 말입니다. 따라서 風流는「ㅂ(風)+ㄹ(流)」즉「불」및「밝」으로 읽고「밝음의 도가 있었다」로 해석해야합니다.

「불그네」로 불리우던 박혁거세(朴赫居世)할아버지가 세운 신라 뿐 아니라 그 이전 오랜 옛날부터 우리겨레들은 밝음을 숭상하여 밝은 색인 흰 색옷을 입고 광명이세(光明理世)를 부르짖고 살았습니다. 따라서 밝은 지혜를 얻기 위한 수련행위로 이뤄진 것이 신선도(神仙道)이며 여기서 고구려의 조의선인, 백제의 수사, 신라의 화랑도 등이 이뤄진 것입니다.

소호금천씨는 임금이 된지 7년 만에 하야하게 됩니다. 여기엔 자신의 외손자인 전욱고양씨를 한시바삐 왕위에 올리려는 헌원의 계책이 있었습니다. 하지만 중국역사서엔 '구려의 난 때문에 하야했다'로 되어있습니다. 그리고 '소호는 서방(西方)의 금덕(金德)을 지녔기 때문에 금천(金天)이란 이름을 지니게 되었다.'로 말합니다. 그러나 이는 애매모호한 것으로 사실과 다릅니다.

금천(金天)이란 뜻은 쇠(金) 시대(天)라는 뜻이고 이때부터 본격적인 청동기 시대가 비롯되었음을 말하고 있습니다. 즉 쇠 부리는 직을 지녔기 때문에 쇠(金)가 성씨가 된 것입니다. 이 금천씨의 후손들은 나중에 상(商)나라를 이끌어 나가는 두 개의 중심축으로 자리잡게 되고 그 맥은 진(秦)으로까지 이어져 남다른 철기제작의 솜씨를 보여주게 됩니다.

一. 동음가차(同音假借)의 조자법(造字法)

1. ▽ 의 뜻과 글자들

갑골문과 금문(金文)등의 고대문자를 연구하던 중 (▽) 및 (▼)의 글자를 접하게 되었습니다. 무슨 뜻인지 알 수 없었습니다. 그래서 (▽) 및 (▼)자가 들어간 글자들을 모아놓고 이리저리 뜻을 더듬어봤습니다. 그러나 아무리 봐도 무슨 뜻인지 알 수 없었습니다. 무려 석 달 동안 머리를 이리 굴리고 저리 굴렸습니다. 그러던 어느 날 섬광 같은 빛줄기 하나가 번쩍 했습니다. 그 빛은 동음가차(同音假借)였습니다. 이에 따르자 (▽) 및 (▼)으로 된 글자들의 뜻이 풀렸고 그 외 여러 글자들도 술술 풀렸습니다. 이때의 심정은 오랜 고행 끝에 한소식 얻은 수행자의 기쁨에 비견되었습니다.

그러면 동음가차에 대해 하나하나 점차적으로 살펴보기로 하겠습니다. 아라비아 숫자「8282」는 우리말「빨리빨리」와 그 소리가 비슷합니다. 따라서 여러분의 핸드폰에「58·8282」라는 문자가 찍혔다면 여자 친구 및 여동생이 있는 분은 금방 무슨 뜻인지 알아챌 수 있습니다.
이런 동음가차의 방법으로 다음의 문제를 풀어봅시다.

① 　　　　　　Ⓐ 외롭다
② 　　　　　　Ⓑ 세우다(立)
③ 　　　　　　Ⓒ 새롭다(新)
④ 　　　　　　Ⓓ 끝맺다(了)
⑤ 　　　　　　Ⓔ 살붙이
⑥ ▽　　　　　Ⓕ 뉘(누이)

서로 뜻과 말이 통하는 것끼리 연결하기입니다. 이 문제는 이 세상 에서 오직 한국어를 능숙하게 할 줄 아는 사람만이 풀 수 있습니다. 해답은 아래에 있습니다.

①번 그림은 날짐승인 새(鳥)를 그린 것입니다.「새롭다」의 새(新)를 나타내므로 ⓒ와 통합니다.
②번 그림은 화살그림으로 살(肉)을 나타내므로「살붙이」 ⓔ와 통합니다.
③번은 넝쿨에 달린 외를 그린 것으로 오늘날의 과(瓜)자입니다. 외는「외롭다, 홀로이다」를 뜻하므로 ⓐ와 통합니다.
④번 그림은 누에 그림으로「누」혹은「뉘」로 불려집니다. 뉘는「누이」의 준말로 ⓕ와 연결됩니다.
⑤번 그림은 (━) 자 끝에 맺음(━●)이 되어 있는 것으로 「끝+맺음」을 나타냅니다. ⓓ와 연결됩니다. (予)자가 오늘날의 료(了)로 변해졌습니다.
⑥(▽)은 그 모양 그대로 세로로 세우다 는 말을 그린 것입니다. 따라서 오늘날의「설립(立)」으로 발전됩니다.

①②③④⑤에 대한 설명은 뒤로 미루고 여기선 ⑥번인 ▽자에 대한 설명과 논증을 하도록 하겠습니다. (▽)자가 들어감으로서 이뤄진 글자는 설립(立)과 새 신(新)이 있는데 두 개의 뜻을 동시에 적용시켜야 되는 글자도 있습니다.

① 첩(妾)

원래의 글자는 앉아있는 젖가슴이 큰사람(여자) 머리쪽에 거꾸로 된 세모꼴이 있고 가로선(─)이 세모꼴 하부에 있는 형태입니다. 한국·중국·일본의 문자해석자들은 (▽)자를 죄를 지은 사람의 얼굴에 묵형을

가하는 수영바늘로 봤습니다. 중국문자는 한국어 언중에 의해 이뤄졌고 발전되었음을 몰랐기 때문입니다.
그래서 다음과 같이 해석했습니다. '갑골문(甲骨文)에서 妾은 고대에 죄를 지어 남의 몸종이 된 여자를 나타냈고, 이런 여자를 데리고 살았기에 생긴 글자다.' -자원자해로 익히는 한자108p
이제 (▽)자를 새로 세운(세로로 세운)의 뜻으로 해서 해석해보면「새로 세운(立:▽) 여자(女)」가 됩니다. 이는 본실 부인이 있는 사람이 새로이 부인을 받아들임을 말하는 것입니다.

② 장(章)

「표하다, 글(文章)」등의 뜻으로 쓰이나 본뜻은「나타내다」입니다. 옛글자는 다음과 같습니다. 왼쪽의 금문은 세울 립(立)의 옛글자인 (▽)자와 (中)자로 이뤄져있습니다. (申)자는 밭(田)의 변체로 밭(바깥)으로 라는 말을 나타낸 것입니다. 밭(田)글자에서 아래위로 튀어나온 선이 그것을 말해주고 있습니다.
말미암을 유(由)와 비교할 수 있습니다. 유(由)는 씨 뿌려진 땅(田)에서 무엇이 올라나오듯 그렇게 비롯된다는 말을 그린 것입니다. 따라서 (中)자는 펼친 신(申)의 옛글자입니다. 이에 따라 해석하면 장(章)은「바깥(밭)으로 펼쳐 내세우다(立)」는 언어의 형상화입니다. 그러므로 인장(印章) 훈장(勳章) 문장(文章) 등으로 말 되는 것입니다.

③ 경(競)

「다투다, 경쟁하다」의 뜻입니다. 옛글자는 아래와 같습니다. 입(口:Ħ)을 크게 벌리고 있는 두 사람 머리 쪽에「내세우다」는 뜻을 지닌 (▽)자가 있는 그림입니다. 말하고자 하는 바를 읽어보면 「두 사람이 서로 입을 크게 벌리고 자신의 말만을 내세운다」입니다. 즉 두 사람이 서로가 옳다며 다투고 있는 것입니다.

④ 변(辨)

「분별하다, 판단하다, 구별하다」는 뜻으로 쓰입니다. 옛글자를 보면 좀 더 쉽게 뜻을 알 수 있습니다. 왼쪽은 「새로 세우다, 내세우다」의 뜻을 지닌 거꾸로 세운 삼각형(▽)이 있는 그 사이에 칼(刂:刀)이 있는 구조입니다. 그런데 장(章:𩫏)과 첩(妾:𡥐)자에 있는 거꾸로 세워진 삼각형과는 약간 다른 형태입니다. 즉 장, 첩의 글자에 있는 거꾸로 선 삼각형(▽)엔 가로선(─)이 하나밖에 없습니다. 그러나 이 변 (辡)자의 거꾸로 선 세모꼴엔 가로선이 2개(▼)나 있습니다. 이것은 「거듭」이란 뜻을 나타낸 것입니다. 움직이는 발그림(止)에 거듭을 뜻하는 그림(二)을 그려 달린 주(走)를 만든 것처럼 말입니다. 따라서 거듭 내세우는 두 개(辡) 중에서 어떤 것인지를 가름(刀: 刂:刀)한다는 말입니다.

⑤ 변(辯)

「말 잘하다, 논쟁하다, 변명하다」로 쓰입니다. 위 변(辨)자와는 중앙에 있는 글자만 다릅니다. 즉 앞 글자엔 「가름하다, 가르다」는 뜻을 지닌 칼(刀:刂)이 있으나 이 글자엔 말씀 언(言)이 있습니다. 따라서 「거듭 내세우는 많은(여러 개) 말」이란 뜻입니다. 여기에서 「말 잘 하다, 말 많다, 논쟁하다」의 뜻이 따른 것입니다.

칼(刀:刂)은 그 작용이 「나누다, 가르다, 벌어지게 하다」입니다. 따라서 원래는 「갈라지게 하다」의 「갈」이었습니다.

이것이 후일에 경음화 되어 「칼」이 된 것입니다. 흔히 「갈치」가 맞다, 「칼치」가 맞다로 논쟁함이 많습니다만 똑같은 말입니다. 칼 도(刀)의 옛글자는 하나에서 두 개로 갈라진 모양을 나타낸 (ᄁ)자입니다.

⑥ 쇠금(金)

이 글자의 고체는 (金)였고 이것이 (金→ 金→ 金)으로 변했습니다. 쇠(金)라는 뜻을 (金)으로 나타내게 된 것은 (▽)자가 지닌 세모에서 따온 「세」라는 소리 때문입니다.

즉 그 당시엔 「세, 새, 쇄, 쇠」를 구별 없이 같은 소리로 썼습니다. 그뿐 아니라 「가-거」「미-메」「배-비」 등의 소리를 같은 뜻으로 썼습니다. 그래서 「감다」를 「검다」로 말했으며 할미를 할메(매), 할배를 할비로 부르기도 했습니다. 그리고 「머리」와 「마리」 역시 같은 뜻으로 썼습니다. 「머리」를 중국문자로 옮기면 두(頭)가 되는데 (소) 나 (말) 「두마리」를 「이두(二頭)」로 나타내고 있습니다. 또 쌀을 미(米)라 부르는데 경상도 지방에선 「메」로 말하며 쌀밥을 멧밥이라 하고 있습니다.

그래서 새(鳥)그림으로 새(新)의 뜻을 나타냈고 세로·세모의 「세」로 쇠(金)와 새(新)를 나타냈습니다. 그러므로 (▽)자가 쇠(金)임금 소호씨의 씨칭이 된 것입니다.

별(星)중에 금성(金星)이 있습니다. 이 별은 새벽녘 동쪽 하늘에 보일 때는 계명성(啓明星), 저녁 서쪽 하늘에 보일 때는 장경성(長庚星)으로 말하기도 합니다. 그러나 순수한 우리말로는 샛별(새별)이라 합니다. 바로 새와 쇠(金)를 동음으로 쓴 것입니다. 그리고 신라(新羅)의 옛 이름인 서라벌(서벌)의 「서」는 셋,넷(三,四)을 「서너」로 말하듯이 「세」와 같은 말입니다. 그리고 세(서)와 새(新), 쇠(金) 역시 같은 소리입니다. 그러므로 서라벌이 신라(新羅:새벌)가 된 것이며 그 땅의 성(城)을 금성(金城)이라 부르게 된 것입니다.

⑦ 재(在)

「있다, 살다(居)」의 뜻으로 쓰입니다. 이 글자의 갑골문은 거꾸로 세운 세모 한가운데를 꿰뚫고 있는 선 하나가 있는 (↓)자입니다. (▽)자는「세웠다」의 뜻이고 가운데를 관통하고 있는 선(│)은「꽂았다, 박았다」는 뜻을 말합니다. 따라서「꽂아 세웠다, 세워 박았다」는 말로서 입주정거(立柱定居)의 뜻을 나타냈습니다.

⑧ 벽(辟)

「피하다, 물리치다」의 뜻입니다. 옛글자는 다음과 같습니다. 등을 지고(돌아서) 있는 사람 뒤쪽에 거듭 세우다 는 뜻을 나타낸 (辛)자가 있는 구조입니다. 그림이 말하고 있는 바는「돌려세우다」「돌려 세우길 거듭하다」입니다. 이 말은 가까이 못 오게 쫓는다는 뜻과 같습니다.

○비(譬):「돌려세우다(辟) + 말씀언(言)」의 구조입니다. '바로 말 하지 않고 빙 돌려 말한다' 는 뜻입니다. 비유(譬諭) 한다 로 쓰고 있습니다.
○피(避):「피한다」로 쓰입니다.「간다(辶)+ 가까이 못오게 하다(辟)」의 구조입니다. 나쁜 것이나 더러운 것 및 싫어하는 것이「가까이 못 오도록 저리간다」는 뜻입니다.
○벽(壁):「돌려세우다(가까이 오지 못하게 하다:辟)와 흙(土)」의 합체입니다. 따라서 가까이 다가오지 못하도록

하는 흙(土) 즉「담벽」을 말하고 있습니다.
○비(臂): 우리 몸의 팔을 그려 낸 것입니다. 돌려 세우다 (辟)와 몸의 살 부분을 뜻하는 월(月)로 구성되어 있습니다. 따라서 그 뜻은 돌릴 수 있는(辟) 살덩이(月) 로 빙빙 돌릴 수 있는 팔의 역할작용을 그려낸 것입니다.

⑨ 아이 동(童)

「갓난아기가 아니고 네다섯 살에서 열 살 정도 사이의 아이」를 말합니다. 옛글자는 다음과 같습니다. 왼쪽 갑골문은 사람(大) 머리 쪽엔 (▽)자가 있고 몸 중앙엔 둥근 원이 그려져 있으며 발(足)쪽엔 묶을 속(束)의 원체자가 있습니다.

왼쪽의 전서는 눈(◎)위에 립(立)의 고체인 (▽)자가 있고 그 아래엔 묶을 속(束)이 흙(土:⊥)위에 있는 구조입니다.

이를 설문(說文)엔 '남자가 죄를 지으면 노예가 되는데 이를 동(童)이라 하고 여자인 경우엔 첩(妾)이라 한다.'라고 되어 있습니다.
두 글자 머리 쪽에 모두 (▽)자가 있는데 이를 묵형을 가하는 수영바늘로 받아들임에 따라 생겨난 엄청난 오류입니다. (▽)자가 묵형을 가하는 수영바늘이라면 (▽)자로 이뤄진 모든 글자에도 수영바늘의 뜻이 적용되어야 하나 전연 그렇지 않습니다.
농경이 주업이었던 옛날엔 한창 뽈뽈거리는 아이를 밭(田) 옆에 있는 나무(木)나 바위(岩)등에 길게 묶어놓았습니다.

그래야 아이의 안전을 살필 수 있고 농사일에 방해받지 않기 때문이었습니다. 근세까지 우리농촌에서 흔히 볼 수 있었던 풍경입니다. 따라서 동(童)은「씨 뿌리는 땅(田) 옆에 묶어서 세워놓고(▽) 본다(◉)」는 뜻을 그려낸 글자입니다.

⑩ 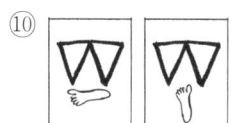 이 두 그림은 가제집고록 18책에 기재 되어 있고 금문 총집에도 기록되어있는 고대 금문입니다. 이를 현대의 중국 금문 대가
ⓐ   ⓑ (大家)인 낙빈기선생은 다음과 같이 해석했습니다. '(W)은 날(刀)이 두 개인 호미(鉏)를 나타냈고 발자국 그림은 족(族)을 나타낸 것으로 주(珠)라고 읽을 수 있는 음부(音符)다.'
낙빈기(1917~1994)선생은 잃어버린 우리 조상의 옛 역사를 밝히는 하나의 단서를 제공한 고마운 분입니다.

※글쓴이가 이때까지와는 전연 동떨어진 시각 즉
[중국문자는 양족(陽族:羊族)으로 불리우던 한국인의 조상에게서 이뤄졌다] 로 중국문자를 연구하게 된 것도 낙 선생이 제공한 단초에 의해서 였습니다.

그러나 한국어를 모르는 그였기에 위 해석과 같은 오류가 생길 수 밖에 없었습니다. (W)자는 날(刀)이 두 개인 호미(鉏)가 아니고 앞에서 살펴본 새로이 세웠다는 뜻을 지닌 (▽)자의 거듭된 꼴로서 그 풀이는「또 다시 새로 세웠다」입니다. 한국어 세우다(立:▽)는「위치하게 하다, 짓거나 만들다」는 뜻이 있습니다. 그러므로「또 다시 새로 세웠다 (W)」는「새로이 만들었다」는 뜻으로「고치다, 개량하다」는 의미입니다.
따라서 그림 ⓐ는 '고쳐(W) 갔다(⌒)'이고 그림 ⓑ는 '고

쳐(W)왔다(👣)' 는 말을 나타낸 것입니다.

⑪ 갱(更)
「다시 갱, 고칠 경」으로 읽히는 글자로 아래와 같이 발전했습니다.

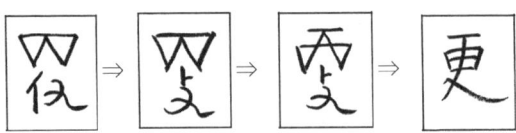

(W)아래에 있는 (攴) 및 (攵)자는 오늘날의 칠 복(攴,攵)으로 「친다(여긴다)」로 읽어야 함을 앞 장에서 설명했습니다.
따라서 위 글자는 또다시 새로 세움 즉 고치는 것으로 여긴다(친다:攴:攵) 는 뜻입니다. 즉 갱(更)은「고치는 것으로 여긴다」는 말입니다.

⑫ 편(便)
「편리하다」의 뜻으로 쓰입니다. 고체는 다음과 같습니다. 사람 등쪽에 갱(更:変)이 있는 구조입니다. 고쳐진 것을 등에 지고 있다는 뜻으로「편리하고 간편함」을 말하고 있습니다.

⑬ 적(適)

「편안하다, 가다, 마침」등의 뜻이 있습니다. 고체는 다음과 같습니다.「고치다, 개량하다(W)」위에 새로 세우다(⟱)가 덧붙여져 있는 구조인데 여기에 들어온 발(足)하나가 있습니다. 뜻을 묶어보면「새롭게 고쳐 세운 곳으로 왔다」「새롭게 고쳐 세워왔다」입니다. 여기에서「편안하다, 적당하다, 마침」등의 뜻이 따르게 된 것입니다.

⑭ 병(病)

「병든 자, 아픈 자가 들어 눕는 침상을 뜻하는(疒)와 병(丙)」의 합체입니다. 병(丙)은 고치다(W)의 변형입니다.

뜻을 더듬어보면 「침상에 누워 고쳐야 할 것」이 바로 병(病: 疒+丙) 이라는 말입니다.

⑮ 상(商)

「장사하다, 나라이름, 헤아리다」의 뜻으로 쓰입니다.
아래와 같이 변화되었습니다.

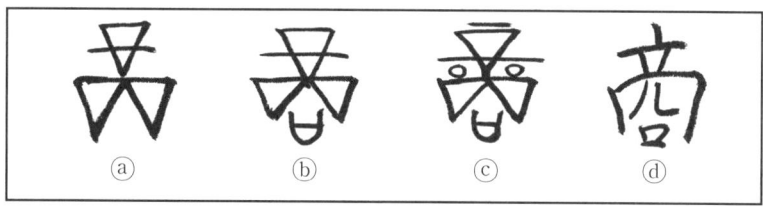

ⓐ그림은 「고쳐서 새로 세웠다.」
ⓑ그림은 「고쳐서 새로 세운 고을」을 나타냈습니다.

이 글자에는 여러 고난 속에서 문물을 개량하여 새로이 발돋움한 상족(商族)의 역사가 들어있습니다.
상나라 편에서 자세히 설명하겠습니다.
상(商)자에 「장사하다」의 뜻이 있는 것은 상나라 사람들이 장사를 잘했기 때문이었습니다. 즉 상인(商人)이라 하면 장사하는 사람을 뜻하게 됨에 따라 장사의 뜻이 따르게 된 것입니다.

2. 베를 풀어(㳄:巾)「베풀다」는 말을 나타냈다

 한국어「베풀다」는「꺼집어내어 차려놓다, 혜택가게 하다, 무슨 일을 펴서 열다」는 뜻입니다. 그래서「덕을 베풀다(布德), 교를 베풀다(布敎), 은혜를 베풀다, 잔치를 베풀다」등 으로 씁니다. 따라서 이 말은 남들에게 무언가를 주는 것을 말합니다. 하지만 개인 한사람에게만 무엇을 주는 것과는 구별되는 말입니다. 그러므로 모양을 그려(象形:상형)문자로 나타내긴 참으로 어렵습니다. 그래서「베를 풀어놓은 모양」을 그려「베풀다」는 말을 나타냈습니다.

 바로 동음가차의 방법입니다. 예나 지금이나 길게 짜여진 베는 둥근 막대에 감아놓았습니다. 그리고는 그것을 한통, 두통으로 말했습니다. 이렇게 감겨져있던 베를 풀었음을 나타낸 그림이 오늘날 우리들이 읽고 있는 건(巾)자입니다.

 다시 말하면 건(巾)은「풀어진 베」를 그려낸 것으로 옛날엔 (㳄)및 (糸)으로 나타냈습니다.

따라서 건(巾)이 들어가 되어진 글자들을 수건 건(巾)으로 읽지 말고「베풀다(巾)」로 받아들여 해석해 봅시다.

① 포(布)
「베, 옷감」을 나타냅니다. 그런데 어째서 가르침(敎:교)을 베풀다(布敎:포교), 덕을 베풀다(布德:포덕)로 쓰고 있을까요? 글자의 뜻 그대로하면「베+가르침」이고「베+덕」인데 말입니다.

그래서 한자 전문 선생에게 왜 그랬느냐고 물어봤습니다.
 대답은 '글쎄요?' 였습니다. 그러나 건(巾)을「베풀다」로

받아들이면 아주 쉽게 해석됩니다. 바로 포(布)는 「오른손(ナ)+ 베풀다(巾)」의 구조이므로 「손을 써서 베풀었다」로 읽을 수 있습니다. 따라서 포교(布敎) 포덕(布德)의 뜻 역시 한국어의 옮김임을 쉽게 알 수 있습니다.

② 석(席)
「자리」의 뜻입니다. 임시로 쳐놓은 천막(广)속에 자리를 나타낸 글자 (廿)와 건(巾)이 있는 구조입니다. 따라서 뜻을 모아보면 「집안에 베풀어진 자리」 및 「집안에 자리를 베풀었다」는 말이 됩니다.

③ 잡(帀)
「두루, 널리, 두루다(周)」의 뜻입니다. 건(巾)자 위의 가로선(一)은 「크게, 넓게」의 뜻이며 건(巾)은 「베풀다」입니다. 따라서 잡(帀)의 본뜻은 「크게 베풀다」는 뜻이고 여기서 두루(널리)라는 뜻이 나왔음을 쉽게 알 수 있습니다.

④ 수(帥)
「거느리다, 장수(將帥)」의 뜻입니다. 「뒤쫓는다(𠂤)+ 베풀다(巾)」의 구조입니다. 따라서 「베풀어 뒤따르게 한다」 또 「베풀어 뒤따르게 하는 사람」이란 뜻입니다.

⑤ 사(師)
「스승, 군사」의 뜻입니다. 어떤 해설서엔 다음과 같이 되어있습니다. '소전체에서 사(師)는 많은 사람이 둘러싸여 있는 것을 나타냈다. 이런 자형에서 「많다」의 뜻이 나왔으나 전승되어 스승의 뜻으로 쓰인다.'
그러나 이 글자 그 어디에도 많은 사람이 둘러싸여있는 모양은 보이지 않습니다. 따라서 근거 없는 이상한 해석이 아닐 수 없습니다.

이 글자는 「뒤따른다, 뒤따르게 한다」는 뜻을 지닌 글자(自)와 「널리 베푼다(巾)」의 구조입니다. 따라서 「널리 베풀어 뒤따르게 하는 것(사람)」으로 읽을 수 있습니다.

바로 이끌어주고 가르쳐주는 스승의 역할과 뜻을 잘 나타내고 있습니다. 이 글자(師)의 중국독음은 시(shi)인데 우리말 스승의 「스」가 변해진 것입니다. 즉 師는 스승 「스」로 읽었던 글자라는 말입니다.

⑥ 제(帝)

「임금」의 뜻입니다. 「서다, 세우다의 뜻인 립(立)과 시장 시(市)」의 합체입니다. 따라서 시장을 세웠다. 시장을 세운 사람의 뜻입니다.

장(帳) 폭(幅) 막(幕)의 글자들은 스스로 풀어보세요.

3. 칼(刀:刂)의 옛말은 갈

왼쪽 그림은 칼 도(刀)의 옛글자입니다. 이것을 이 때까지는 칼의 모양을 그린 것으로 받아들였습니다. 그러나 지금까지 출토된 돌칼과 청동검 그 어느 것도 위 그림처럼 두 갈래로 갈라진 것은 없습니다.

즉 위 그림이 칼의 모양을 그린것이라면 위 그림처럼 생긴 칼이 있어야 하지만 그때나 지금이나 두 갈래로 갈라진 칼은 없다는 것입니다. 따라서 위 그림은 칼의 상형체가 아니고「하나에서 둘로 갈라지게 하는 칼의 역할작용」을 그린 것입니다. 하나의 선에서 둘로 갈라진 그림이 그것을 말해주고 있습니다.

그리고 위 글자에서 알 수 있는 것은 지금의 우리들이 쓰고 있는 칼(刀)이란 소리는「갈」이 경음화된 것이라는 사실입니다. 즉 위 글자가 생겨날 그 당시엔「칼(刀)」을「갈」로 말했는데 잘라서 갈라지게 하는 그 역할작용 때문이었습니다. 그러다가 임진왜란 그 무렵에「갈→칼」로 경음화 된 것입니다. 그러므로「갈치」와「칼치」는 똑같은 뜻을 지닌 말입니다. 따라서 도(刀:刂)의 해석 역시 칼의 뜻과 그 역할작용인「가르다, 벌리다, 나누다」등의 말을 적용시켜야 징확한 해석이 됩니다.

다음의 글자로 증명됩니다.

① 분(分)
「나누다, 가르다」의 뜻입니다. 빠개진 모양을 그린 팔(八)과 갈라지다는 말을 나타낸 도(刀)의 합체입니다. 따라서「빠개지고(八) 갈라졌다(나눴다)」로 읽을 수 있습니다.

② 별(別)

「나누어지다, 다르다, 따로」라는 뜻으로 쓰이고 있습니다. 이 글자를 구성하고 있는 왼쪽의 글자(另)를 지금까지는 뼈(骨)를 나타낸 것으로 해석했습니다. 그러나 (另)자는 「口+刀」의 구조로 「한덩어리(口)에서 나눠졌다(刀)」는 말을 나타냈습니다.

그리고 여기에 또 칼(刂)이 붙어(另+刂)「한덩이에서 갈라지고 또 갈려졌다」는 분리의 뜻을 나타냈습니다. 그러므로 「갈라지다, 나눠지다」가 본래 뜻이고 다르다와 따로는 본체에서 갈라져 나와 변형된 상태를 뜻하게 된 것입니다.

이런데도 중국 역사책에 '고구려는 부여의 별종(別種)'이라 되어있는 것을 「고구려는 부여와도 다른 종족이다.」로 해석하고 있습니다. 특히 근래의 중국측 학자들이 더 그렇습니다. 이는 고구려 역사를 한족(漢族)의 역사권으로 만들기 위한 하나의 억지 해석입니다.

하지만 아주 유치한 수준의 해석이라 아니할 수 없습니다. 따라서 '고구려는 부여의 별종(別種)을 고구려는 부여에서 갈라져 나온 것'으로 읽어야 정확할 것입니다.

③ 렬(列)

「벌리다, 나누다, 펴다」의 뜻으로 쓰입니다. 지금까지는 '앙상한 뼈 알(歹)의 음과 뜻에 칼(刀)을 결합한 문자'로 해석되고 있습니다. 그러나 뼈 알(歹)은 한국어 「뼈추리다」를 나타낸 것입니다. 그러므로 렬(列:歹+刂)은 「추려서(歹) 벌려놓았다(刂)」로 읽어야 합니다.

우리가 흔히 쓰고 있는 말 「뼈추린다」는 죽음을 의미합니다. 아마도 전쟁터에 널브러져있는 썩은 시신 속에서 하나

하나 뼈를 추려낸 것에서 비롯되었던지 아니면 초장(草葬) 제도에 따라 생겨난 말인 것 같습니다. 이러므로 알(歹)자가 들어가 이뤄진 순(殉) 사(死) 요(殀) 몰(歿) 앙(殃)등의 나쁜 뜻을 지닌 글자가 이뤄진 것입니다.

그런데 한국어「뼈추리다」는 말은「빼(뼈)추리다」와 같은 말로서 '많은 것 중에서 골라낸 특별한 것'의 뜻이 있습니다. 바로「특수(特殊)하다」로 쓰이는 수(殊)가 그것입니다. 즉 수(殊)자에「죽이다, 다르다, 뛰어나다」등의 서로 관련 없는 여러 뜻이 있는 까닭입니다.

④ 한(閒)

「한가하다, 겨를, 틈(사이)」등의 뜻입니다. 옛글자는 다음과 같습니다. 글자의 왼쪽은 문의 반쪽을 그린(戶) 글자와 달월(月)입니다. 그리고 가운데 글자는 손(⺕)과 갈라지게 하다는 뜻을 나타낸 칼(갈:刀)로 되어 있습니다.

그 뜻을 모아보면「문(門) 사이를 갈라지게 하여(⺕) 달빛(月)이 들어오도록 한다」입니다. 즉 한국어「틈있다, 틈났다, 틈냈다」를 그린 것입니다. 바쁜 일과 중에서「틈(사이)」를 냈으므로「휴가, 한가하다」의 뜻도 들어있습니다.

한(閑)자 역시「한가하다, 고요하다(바쁘지 않다)」의 뜻이 있으나 근본적인 차이가 있습니다. 한(閑)은 대문(門) 앞에 나무(木)가 있는 모양입니다. 이는 사람의 왕래가 없어 나무나 풀이 자라있는 것을 나타냈습니다. 바로 쑥대밭이 됐다는 말과 같습니다.

이러므로「막다(防)」의 뜻도 있습니다.

⑤ 칙(則)

「법칙, 규칙, 곧, 즉」으로 쓰입니다. 재물(財物)을 나타내는 패(貝)와 나누다, 가르다는 말을 그린 칼(刂)의 합체입니다. 따라서 「재물을 나눈다」는 말입니다.

그런데 어째서 「재물을 나눔」이 「규칙, 법칙」의 뜻이 되었을까요? 재물을 나눔에 있어서는 하나의 규칙이 있어야 공정성을 유지할 수 있습니다. 이러므로 규칙 및 법칙의 뜻이 따르게 된 것입니다.

「규칙, 규율」등을 나타낸 법(法)자는 「물(氵)+ 갈 거(去)」의 구조입니다. 그러므로 물이 흘러가면 되돌이킬 수 없는 것처럼 법(法) 역시 함부로 집행하면 되돌이킬 수 없음을 나타낸 것이 법(法)이란 글자의 뜻으로 해석하고 있습니다. 그러나 한국어 갈(去)은 「가다」의 뜻과 「뒤엎다, 바꾸다」는 뜻이 있습니다. 따라서 법(法:氵+去)은 「물(氵)갈이(去)」라는 말을 나타냈습니다. 물은 오래되면 썩게 되는 것처럼 모든 일에도 바꿔줌이 필요하게 됩니다. 하지만 기분 내키는데로 아무런 규칙 없이 함부로 바꿔서도 안됩니다. 그러므로 「물갈이」함에도 일정한 규칙과 법도가 있어야 하는데 이것을 나타낸 것입니다.

⑥ 리(利)

「이롭다(더함이 있다), 이자(利子), 이식(利息)」의 뜻으로 쓰입니다. 「곡식(禾)+ 자르다, 가르다(刂)」의 구조로 '곡식을 자르는 것이 이롭다'는 뜻일까요?

이 글자역시 한국어를 모르면 절대로 이해 할 수 없습니다. 즉 한국어 「가르다(刀)」는 「벌린다(刂)」와 같은 말입니다. 가죽(거죽)을 「갖」, 살결을 「결」로 말하는 것처럼 말입니다.

따라서 「곡식(禾)이 벌린다(刂)」로 읽게 되면 「곡식(禾)이 늘어난다(벌리다)」는 뜻과 이자(利子), 이식(利息)의 뜻마저 쉽게 이해됩니다. 그리고 자르다, 갈라내다는 뜻으로 쓰인 우리 옛말은 「도마」입니다. 이러므로 칼(갈)을 그린 刀자를 「도」라 부르는 것입니다.

즉 우리 부엌에서 물건을 올려놓고 자를 때 쓰는 도구를 「도마」라 합니다. 그리고 적에게 잡힐 것 같으면 꼬리를 잘라버리고 도망치는 뱀을 도마뱀이라 합니다.

一. 구슬임금(珠高揚)때의 문자와 그 해석

혼인동맹으로 헌원과 결혼해 서쪽 곰나라(有熊國)로 간 감을아씨(玄女)는 그곳사람들에게 누에치기와 실을 뽑아 베짜는 법을 가르쳤습니다. 중국도가(道家)서책엔 감을아씨를 구천현녀(玄女)라 기록했습니다. 그러나 역사책엔 루조(嫘祖) 또는 뇌조(雷祖)로 되어있습니다.

 루(嫘)는 실(糸)을 밖(田)으로 뽑아내는 여자(女)라는 뜻입니다. 그리고 현녀(玄女)의 현(玄)역시 실을 감는다는 뜻으로 고체는 𠄌 자입니다. 즉 𠄌 자는 실을 감아놓은 모양으로 한국어「감다」를 나타냈습니다. 그런데 한국어「감다」는 검다(黑)와 같은 말입니다. 이러므로 대다수의 문자 전문가마저도 현(玄)을「검다(黑:흑)」의 뜻으로만 받아들이고 있습니다. 하지만 한국어「감다」는

①「검다(黑)」로 쓸 뿐아니라 「…을 감는다」의 뜻으로도 쓰며「눈(目)을 감다」로도 쓰고 있습니다. 따라서 다음과 같은 글자들이 만들어지게 되니 모두 말(한국어)을 따라 이뤄진 것입니다.

② 현(絃)자는「실(糸)+ 감을 현(玄)」의 구조로 실감을 현(絃)입니다. 그러므로 실감아 놓은 악기를「현악기(絃樂器)」라 하는 것입니다.

③ 현(眩)자 역시「눈(目)+ 감을 현(玄)」의 구조로 눈감을 현(眩)입니다.「어지럽다, 아찔하다, 잘못보고 있는 상태」등의 뜻으로 쓰이고 있습니다. 우리속담에「눈 감아라 해놓고 코 베어간다」는 말이 있는데 이처럼 눈을 감게 되면 뭐가 뭔지 정확히 볼 수 없고 어지럽고 아찔한 것입니다.

④ 현(弦)자는 활(弓:궁)에 감아놓은(玄:현) 것을 말합니다. 바로 활에 감아 놓은「시위」를 나타낸 것입니다.

　여하튼 실 뽑는 여자들의 시조로 불리운 현녀는 고국에 있는 남동생 희화씨를 너무너무 그리워했습니다. 그래서 한시바삐 혼인동맹 당시의 약속이 실현되길 빌고 또 빌었습니다. 드디어 헌원과의 사이에서 태어난 딸 상아(常娥)와 박달의 햇님(희화)사이에 혼인이 이뤄졌습니다.
　장가 온 희화씨는 오랫동안 누님과 같이 있으면서 아들하나를 낳았습니다. 기쁘기 그지없는 현녀는 구슬(珠)이란 이름을 지어주었습니다. 햇님과 달나라의 상아가 결혼했고 그 사이에 구슬아기가 태어났다는 전설은 이렇게 생겨난 것입니다. 곰나라 아니 달나라의 임금인 헌원 역시 무척 기뻐했습니다. 자신의 외손자인 구슬아기가 해(日陽)나라의 임금이 될 수 있었기 때문입니다.

　15세가 된 구슬(珠:주)은 아비인 희화씨와 함께 해(日)나라로 왔습니다. 혼인동맹시의 약속에 따라 임금자리에 있는 소호 금천씨의 딸에게 장가를 들었습니다. 소호씨는 자신의 딸 기(旗)를 너무 예뻐했습니다. 그에 따라 사위역시 예쁘게 봤습니다.
　구슬(珠)이 20여세가 되자 소호씨는 그에게 제사를 맡아보는 소임을 내렸습니다. 제사를 총괄하는 직책은 아주 중요한 것이었습니다. 제사는 가문의 조상을 받드는 것이기도 하지만 국제(國祭)이기도 했으며 바로 다음임금으로 내정됐다는 확인이기도 했습니다. 구슬이 요직에 앉게 되자 그때의 공공(共工)이 다음과 같은 그림이 새겨진 솥을 만들어 주었습니다.

「서청고감3권」에 기재된 것입니다. 근대 중국의 금문학자인 낙빈기는 주고양(珠高陽)으로 읽었습니다. 그리고는 오제(五帝)시기 두 번째 임금인「제전욱」의 본이름으로 해석했습니다. 즉 맨 위를 구슬 주(珠)로 그 다음글자 ᾷ 를 고(高)로 읽었으며 아래쪽 Υ 자를 양(羊)으로 읽은 것입니다. 그러나 다음과 같이 수정되어야 합니다.

 맨 위 ● 자는 구슬(珠)을 상형한 것이 분명합니다. 그리고 ᾷ 자는 △ 밑에 또 △ 이 있고 그 아래에 두 개의 기둥이 받치고 있는 구조입니다. 이것은 우리말「괴다」를 형상화한 것입니다.

 즉 경상도 말 공구다(괴다)는 물체 밑에 물체를 넣어 높게 올리는 것을 말하는데 이 말을 ᾷ 의 그림으로 나타냈다는 말입니다. 그리고 맨 밑의 Υ 자는 단순한 양(羊)자가 아니라「양(Υ)+ 살붙이(↓ : ↓)」의 구조로 양족(陽族:羊族)을 나타냈습니다. 즉 Υ 자는 양(羊)의 살붙이(↓) 입니다. 피붙이(血族) 살붙이(肉親)로 말하는 그 살붙이(←) 말입니다. 그런데 낙빈기 선생은 지금의 문장 읽는 방법대로 위에서 아래의 순으로 읽었습니다. 그러나 문자 발생 초기인 그때는 글자 읽는 방법이 딱 정해지지 않았습니다. 그래서 어떤 때는 위에서 아래로 또 어떤 때는 오른쪽에서 왼쪽으로 그리고 또 어떤 때는 아래에서 위로 읽어야만 말하고자 하는 바를 정확히 파악할 수 있었습니다. 그러나 받들려지는 사람 및 사물은 위쪽에 반대로 받드는 사람 및 사물은 아래쪽에 위치하도록 문자를 만들었습니다.

 이것은 통용되고 있는 상하적 질서를 따른 것입니다. 이런 질서는 동, 서양이 차이가 있습니다. 즉 동양사람(한, 중, 일)들은 원인을 중요시 하고 서양 사람들은 결과를 더 중시

합니다. 그러므로 우리는 부모를 자식보다 더 받들었고 조상을 나타내는 성(姓)을 먼저 쓰고 자신의 이름은 뒤에 씁니다. 그러나 서양인들은 자식을 더 아끼고 받들며 자신의 이름 뒤에 성(姓)을 씁니다.
따라서 다음의 글자로 예를 들겠습니다.

 왼쪽의 글자는 술그릇이 위에 있고 두 개의 손은 아래쪽에 위치하고 있습니다. 이것을 위에서부터 읽게 되면 그 뜻을 바로 알기 어렵습니다. 그러나 밑에서 읽게 되면「두 손으로 받드는 술그릇」이란 말이 됩니다.

 왼쪽그림은 날생(生:⽣)과 눈(◉:目)으로 구성되어 있습니다. 날 생(⽣)은 한알의 씨앗(♦)이 땅에 뿌려져 하나의 나무로 생겨났음을 말하고 있습니다. 그리고 눈(◉:目)은「본다」는 뜻입니다. 그 뜻을 묶어보면 한알의 씨앗(♦)이 땅에 뿌려져 하나의 나무로 자라나온(⽣) 것을 살핀다(◉)는 말입니다. 즉「생(生)+눈(◉:目)」으로 이뤄진 글자(⽣)를 위에서 아래로 해석한 것입니다.
 이 글자는 나중에 성(省)자로 변하게 되어 성묘(省墓), 귀성(歸省)으로 쓰이게 됩니다.
 따라서 위 고양씨의 명문역시 아래에서 위로 더듬어 가야만 그 뜻이 똑바로 나타납니다.「바로 양족(Y)에게서 높이 받들려진(糸) 구슬(●:珠)이 됩니다. 또 구슬(●:珠)은 양족(Y)에게 높이 받들려(糸) 졌다」는 말이 됩니다.
 장인이자 자신이 장가든 가문의 큰아비(大父:대부)이기도 한 소호씨가 제위에 있은지 7년 만에 하야(下野)하게 되자 구슬(珠)은 곧바로 임금이 되었습니다.

고양임금은 먼저 자신의 아비인 희화씨를 직관(稷官)에 책봉했습니다. 그러다가 희화씨가 죽자 사직신(社稷神)으로 모셨습니다.

희화씨가 사직신이 되어 기림을 받게 된 이일은 다음과 같은 글자를 이뤄지게 했습니다. 왼쪽글자는 오늘날의 해돋을 간(倝)으로 변했습니다. 그러나 倝자의 아래쪽 ㅛ 자는 떠받치는 손(ㅛ)을 그렸습니다. 그리고 해(日:☉) 위쪽에 있는 글자(ㅛ)는 나무 목(木)의 변체로 나왔다는 뜻을 지니고 있습니다.

　그 뜻을 묶어보면「해(日)가 떠받들어져 나왔다」또는「해(日)가 떠올랐다」는 말이 됩니다.

　오른쪽 글자 㐋 는 사람을 그린 (人)자와 이어 받았다는 뜻을 나타낸 사다리(㐌)로 구성되어 이어받은 사람이란 말이 됩니다. 이젠 모두의 뜻을 묶어보면「왕위를 이어받은 사람(㐋)이 햇님(日:☉)을 받들어(ㅛ) 냈다(ㅛ)」는 말이 됩니다.

　총명한데다 영특한 부인의 내조까지 받게 된 고양임금은 훌륭한 정사를 폈고 그에 따라 나라는 점점 발전되어갔습니다. 그러나 헌원이 죽고 호족(虎族)의 어른인 주호(朱虎)마저 저세상사람이 된 달나라(月國:有熊國)는 극심한 혼란과 가난에 찌들었습니다. 나라를 이끌 마땅한 후계자가 없었기 때문입니다.

　드디어 장로들이 모여 국난타개의 의논을 했습니다. 여러 의견이 분분했습니다. 그러나 별 뾰족한 수는 없었습니다. 결국 제일 막강한 영향력을 지닌 상아(常娥)가 결론을 주도했습니다. 자신의 아들인 고양씨가 다스리고 있는 해(日)나라에 귀부하기로 했습니다.

이런 역사적 사건으로 다음의 글자가 생겼습니다. 글자의 오른쪽 부분은 사람을 그린 (人)자와 달(月)로 되어있습니다. 따라서 왼쪽글자인 倝 자와 그 뜻을 묶어보면 「달사람(月人)이 해(日)를 떠받들었다」는 말이 됩니다.

그런데 희화씨를 사직신으로 떠받든 글자 朝 와 달(月)나라 사람이 햇님(日) 및 해나라를 떠받든 글자 朝 모두를 「아침 조」로 읽는 사람이 많습니다. 하지만 「아침 조」는 「해돋을 간(卓:倝)」+「…와 같다는 뜻을 지닌 붕(月)」의 합체인 朝 자가 본래의 글자입니다.

따라서 朝 는 「해 돋아 오르는 것과 같다」는 말을 그린 것입니다. 이렇게 별개의 뜻을 지닌 글자들이 세월이 감에 따라 모두 아침 조(朝)로 읽히게 된 것입니다.

고양씨에 의해 떠받들려진 햇님(日)은 집(广)에 모셔져 두고 두고 기림을 받게 되는데 종묘(宗廟)의 묘(廟)자가 생기게 된 까닭이기도 합니다. 중국의 옛날 사전인 '이아'엔 「조(朝)는 아짐(阿朕:娥朕)이다.」로 되어있습니다. 바로 한국어 아침(朝)이 그 당시 이전부터 중국 땅에서 쓰여졌음을 나타낸 것입니다. 고양씨가 임금이 됐다는 것은 소호금천씨 가문의 대부(大父)가 됐음을 뜻하기도 합니다.

이는 큰사위에게 장인의 지위를 물려주는 그때의 사회제도 때문이었습니다. 따라서 가문사람들에게 직책과 직위를 내릴 때와 어떤 일을 알리고자 할때는 부(父:父)자와 자신의 씨표(氏標)인 ● 자를 서명으로 했습니다.

다음과 같은 금문이 있습니다.

「가제집고록21책10」에 기재된 것으로 이때까지는 상작부정(相作父丁)으로 해석되어왔습니다. 그러나 낙빈기 선생은 상작부주(相作父珠)로 읽었습니다. 그리고 고양씨가 자신의 아들 축융에게 상(相)이란 벼슬을 내려준 기록이라 말했습니다.

그러나 위 명문역시 위에서 아래로 읽어보면「한 알의 씨알(●)이 생겨난 그것(자초지종)을 살펴보라(◉)고 만들었다(作:𠂎) 아비(父)인 주(● :珠)」밑에 있는 부주(𠂎●)는 서명입니다.

낙선생은 명문중의 첫 글자인 𡴂 자를 오늘날의 상(相)으로 읽었습니다. 이렇게 되면 상작(𡴂𠂎:相作)이 됩니다. 바로「상(相:𡴂)이 만든(作:𠂎)」이란 말이 되어 앞뒤가 맞지 않습니다.

즉 고양씨가 아들인 축융에게 상(相)이란 벼슬을 내려준 기록과는 뜻이 맞지 않다는 말입니다. 한국어를 모르는 중국인이기에 빗어진 어쩔 수 없는 오류라 하겠습니다.

구슬을 상형한 그림 ● 자는 나중에 珠로 대체됩니다. 그런데 구슬(珠)을 읽는다면「구슬 구」로 되어져야 한국어에 따른 조자법(造字法)이라 할 수 있겠습니다. 하지만 珠를 우리들은「구슬 주」로 읽고 있습니다. 이것은 우리들의 (ㄱ)음을 한족들은 (ㅈ)음으로 읽고 발음합니다. 그런 것을 우리들은 한족의 발음을 쫓아「주」로 읽고 있습니다.
독음(讀音)의 역수입이라 할 수 있겠습니다.

고양임금의 비(妃)는 기(旗)라는 이름과 칭(稱)이란 이름을 지니고 있었습니다. 그녀는 태어날 때부터 몹시 영특하여 남이 못 보는 것을 봤고 미래에 생길 일까지 떨어지게 예언했습니다. 뿐 아니라 조상신 및 여러 신들과도 소통하는 능력이 있었습니다. 요즘으로 말하면 아주 뛰어난 무당이었습니다. 그녀는 남편인 고양씨가 제사를 지낼 때마다 돼지머리를 놓고 축원을 하며 굿을 했습니다. 따라서 이렇게 영특한 부인의 내조로 인해 고양임금의 자리는 더더욱 튼실해졌습니다. 바로 막강한 권력을 쥐게 된 것이지요.

이렇게 되자 사람들은 너나 할 것이 고양임금의 환심을 사려했습니다. 공공(共工)의 직에 있던 고신(高辛)씨의 아들인 지(摯)는 쇠그릇에 다음과 같은 글자를 새겨 올렸습니다.

가제집고록 18책에 수록되어있습니다. 낙빈기 선생은 다음과 같이 해석했습니다. '고양씨 즉 주(珠:●) 족속(←)의 외가(外家:日:白)사람인 지(摯)가 만든(上:作) 부계(矣※)를 받들어 모시는 증표그릇이다.'

한국어를 모르는 중국 사람으로서 대단한 해석을 했습니다. 즉 ◁← 자를 주(珠:●)의 살붙이(←)로 읽고 오늘날의 백(白)자인 日 자를 바깥(外)으로 읽은 것을 말합니다. 살붙이라는 말을 동음가차의 조자법으로 나타내면 ← 가 됩니다.

즉 ← 그림은 두 부분으로 나눠읽을 수 있고 뭉뚱그려 하나로 읽을 수 있습니다. 즉 살(←)과 촉(←)의 합체로 하여 「살붙이(←)」로 읽을 수 있고 살(화살 살)로도 읽을 수 있다는 말입니다.

이럼에 따라 ← 자는 시(矢)의 본래글자로 겨레 족(族: ※)자를 만들 수 있는 것입니다. 그리고 살(화살살:←)은 우리말 살(肉:육)과 살다(삶)와 같은 소리입니다.

따라서 동음가차를 이용해 다음과 같은 글자를 만들었습니다.

조(弔)의 옛글자입니다.「서럽다, 죽은 사람을 찾아본다」의 뜻이 있습니다. 사람(人)과 사람 몸에 감겨져있던 살(￪)이 몸을 벗어난 그림으로 되어있습니다. 바로 사람의 살(삶)이 떠났다. 는 말이 됩니다.
「살」로 읽혀지며 살(肉:生)의 뜻으로 쓰인 시(矢:←)는 나중에 육(肉)에게 그 자리를 넘겨주게 됩니다.

육(肉)은 (月)로도 그려졌습니다. 이에 따라 '오래다(古:고)+ 살(月:肉)'의 구조인 호(胡)자를 이룹니다. 이 글자는 오랑캐 호(胡)로 쓰이고 있지만 본뜻은「오래(古) 살(月)다」입니다.

살붙이인「자손, 맏아들」의 뜻으로 쓰이고 있는 주(胄)와 윤(胤)자에 있는 月(肉)역시 살붙이라는 뜻을 지니고 있습니다.
이렇게 한국어「살」로 읽힐 수 있는 글자로「살붙이, 살다」등의 뜻으로 해석할 수 있다면 미(米)자 역시 한국어 살(쌀)로 읽을 수 있는 글자입니다. 그러므로 이 미(米:쌀)자를 이용하여 살(쌀)로 되어진「살다, 살피다」등의 뜻을 나타내는 글자를 만들 수 있습니다.

「차례, 회수」능의 뜻으로 쓰이는 번(番)자는 살 미(米)가 머리 쪽에 비스듬히 그어진 선 하나를 지닌 채(釆) 밭(田)위에 앉아있습니다. 밭(田)은 바깥의 옛말입니다. 즉 밭(田)그림으로 바깥을 나타냈습니다. 그리고 (釆)자는「살(米)+ 피다(/)」로 읽을 수 있는 글자입니다. 이제 그 뜻을 묶어보면 번(番)은「바깥(田)을 살(米)피는(/) 것」이란 말이 됩니다.
따라서 번(番)은 바깥을 살피며 지키는 일이 본뜻임을 알 수 있습니다. 이 번(番)은 남들이 모두 쉴 때 그들을 지키기 위해 눈을 크게 뜨고 긴장해야 합니다. 그러므로 차례를 정하여 순서대로 했습니다. 따라서 순번(順番), 번호(番號)등의 뜻이 되었습니다.

　이렇게 바깥(田)을 살피는(番)일에다 집(宀)을 더하면「살피다, 자세하다, 밝히다」등의 뜻을 지닌 심(審)자를 이룹니다. 그리고 엮어간다는 뜻을 지닌 실사(糸)를 더하면 바깥을 살펴서(番)엮어간다는 뜻을 지닌 번(繙)자를 만듭니다. 옥편엔 이 글자의 뜻을「푼다」로 해놓았습니다만 번역(繙譯)이란 말뜻을 생각해보면「푼다」의 뜻 역시 성립될 수 있음을 알 수 있습니다.
　그리고 또 번(番)은 울타리, 지키다 등의 뜻을 지닌 번(藩)자를 이룹니다. 번국(藩國) 번신(藩臣)으로 쓰이고 있는데 모두 바깥(田)을 살핀다는 뜻을 지닌 번(番)에서 비롯됐음을 알 수 있습니다.
　그리고 이웃, 가깝게 지낸다는 뜻을 지닌 린(隣)자 역시 살미(米)자가 들어있습니다. 각각의 글자가 지닌 의미를 모아 보면「모여(阝) 살면서(米:살) 왔다갔다(舛) 한다」는 말을 그려냈음을 알 수 있습니다.

　그런데 살피다(釆)는 뜻에서 살(쌀:米)은 그렇다 치고「피다」라는 말을 나타낸 그림(丿)은 어떤 까닭으로 그렇게 풀이하는가? 하는 의문을 지닐 수 있습니다.
　이때까지 수없이 살펴봤지만 중국문자는 상형(象形)을 기반으로 했으나 글자 한자 한자 속에는 모두 그 당시 쓰였던 언어가 들어있습니다. 터 위에 씨앗을 뿌리면(𡈼:土) 새싹이 나오고(𡉏) 제법 큰 나무(木:木)가 되어지고 이어서 결실인 이삭이 피게(禾) 됩니다. 따라서 곡식 화(禾)자는「나무(木)가 자라 이삭이 피었습니다」라는 말을 그린 것입니다. 그런데 나무(木)의 옛말은 「남」이었습니다. 이것을 동음가차의 방법으로 하면 「남」은 「나오다」의 완료형입니다.

그러므로 남(木)은 「나옴」이다 는 말을 나타내는 역할을 할 수 있습니다. 따라서 화(禾)자는 「피어(丿) 나옴(木)」으로 읽을 수 있습니다. 이러므로 톡 터져 나온 것(日)에서 피어나는(禾) 향기 향(香)자를 이룰 수 있는 것입니다.

잘 아시다시피 향기라는 것을 그림으로 그리려면 아주 어렵습니다. 그러나 위처럼 동음가차에 따르면 쉽게 그 뜻을 전달할 수 있습니다. 화(禾)를 「피어나다」로 읽어야 해석되는 품, 름(稟) 진(穦) 름(凜) 등의 글자가 있습니다.

우리한글을 보면 (ㄱ)에서 시작되어 (ㅎ)으로 그 운동을 완료합니다. 즉 (ㄱ)으로 시작된 운동이 (ㅎ)으로 끝납니다. 따라서 시작하는 (ㄱ)은 1수가 되고 운동의 완료점인 (ㅎ)은 10수와 100 및 1000에 비유할 수 있습니다.

색깔로 보면 (ㄱ)은 검다(黑)는 말을 이루고 (ㅎ)은 희다는 말을 이룹니다. 그런데 검은색은 빛을 제일 많이 받아들이고 흰색은 제일 적게 받아들입니다. 그리고 검다(黑)는 어둠과 없음(無)을 뜻하고 희다(白)는 밝음과 완성을 뜻합니다. 그러므로 하니님, 하늘, 할아버지, 한밭(大田) 등의 말을 이룹니다.

이런 「하얗게, 밝음」을 불의 심지 모양(白)으로 그렸는데 오늘날의 백(白)자입니다. 이 白자는 원래 「밝다」의 박(밝)으로 읽혔습니다. 그런데 박(밝)은 밖(바깥)과 같은 소리입니다. 그래서 白자로 밖(바깥)을 나타냈고 이 글자 옆이나 아래쪽에 사람을 나타내는 글자가 있을 땐 바깥(白)사람으로 읽을 수 있습니다. 예컨대 사람 인(人)이 박(白)과 만나 백(伯)이 됩니다.

이 백(伯)은 요즘엔 맏, 우두머리, 큰아버지 등의 뜻으로 쓰이고 있으나 옛날그때엔 외가(外家)사람을 뜻했습니다. 즉 외(外)자 역시 바깥을 뜻하나 그 당시엔 없었던 글자였습니다. 그래서 외가(外家)사람의 외(外:밖)를 박(白:백)으로 나타낸 것입니다.

따라서 가제집고록18책에 수록되어있는 위 명문(銘文)중의 새(🐦)그림과 그 아래의 손(丮)그림은 새를 잡고 있는 사람을 뜻하고 그 사람은 주(珠)의 「외가(外家) 사람이다」는 말입니다. 명문(銘文)중의 새를 잡고 있는 그림은 오늘날의 지(摯)자로 소호금천씨의 증손자며 제곡 고신씨의 아들을 나타냅니다. 나중에 고신임금의 뒤를 이어 왕위에 오르나 요(堯)에게 그 자리를 뺏기게 됩니다. 이 그림 다음의 글자 ⊬ 는 오늘날의 작(作)으로 「만들다」는 뜻입니다.

그리고 낙선생이 부계(父癸:丮✕)로 읽은 계(✕)는 오늘날의 무(巫)자로 본음(本音)은 「굿」입니다. 이 「굿」을 한족은 구이(gui)로 발음했고 그것을 흉내낸 우리들은 「계」로 받아들여 발음했습니다.

즉 상(商)나라 때까진 무(巫)자는 존재하지 않았으며 「신(神)과 소통한다, 굿한다, 제사지낸다」의 뜻은 ✕ 자로 나타냈습니다. 명문 맨 마지막글자는 오늘날의 이(彝)자로 옥편엔 「술그릇, 떳떳하다, 법(法)」의 뜻으로 되어있습니다. 그러나 원래는 높고 귀한사람에게 밥이나 술을 담아 올리는 그릇 및 행위를 나타낸 글자입니다.

그 당시에는 쌀(米)이 아주 귀했습니다. 그래서 높고 귀한 특별한 사람에게만 쌀밥을 올렸는데 이(彝)라는 그릇에 담아 올렸습니다. 이런 연유로 지금까지도 '이밥에 고기국 한그릇 먹어 봤으면…' 하고 배고픈 이북 사람들은 말하고 있는 것입니다.

一. 마고(메구)할미와 돼지(豕)의 뜻

 고양(高羊)임금의 부인은 아주 영험한 무당인데 그녀에 대한 기록이 다음과 같은 글자로 남아있습니다. 「군고록」에 기재 되어있습니다.

낙빈기 선생은 이것을 모계(母癸)라 읽었습니다. 그리고 '머리카락 세 개중의 하나는 루조(嫘祖)할머니 그리고 또 하나는 고모님인 상아(常娥)를 나타냈다. 그리고 나머지 하나는 그들을 이어받은 여자 즉 칭(稱:고양의 부인)을 그린 것이다.' 로 해석했습니다.

그러나 위 해석은 너무 자신이 주장하는 역사사건에 끼워 맞추려 한 것으로 보입니다. 상형문자는 구체성을 지니고 있습니다. 따라서 그림이 말하는 바를 그대로 읽어보면 머리 푼 여자가 꿇어앉아 두 손(㪍)을 머리위로 올리고 있습니다. 그리고 그 옆엔 신(神)과 소통한다는 뜻을 지닌 ※ 자가 있습니다. 따라서 「가문의 큰어머니가 경건한 태도로 굿을 하거나 무속행위를 하고 있다」는 말입니다.

위 그림은 마고(麻姑), 모계(母系) 또는 「모구」로 읽혀졌습니다. 이런 연유로 마고할미의 전설이 생겨났고 상(商)나라 땐 「마고」를 매구(每癸)로 말했습니다. 바로 경성도 지방에서 영적 능력 있는 사람을 일러 「매구」 같다 또는 「매구할미 같다」로 말하는 어원(語源)이기도 합니다.

그런데 무당이 주관하는 굿이나 산신제(山神祭)등에는 꼭 돼지머리가 상위에 올려지는데 어떤 연유 때문일까요?
「돝」으로 불리운 돼지는 부(富)와 큰 것을 상징하는 아주 중요한 가축(家畜)이었습니다. 그래서 선조들은 돝(돼지)의 모양을 간략하게 豕(시)로 그렸습니다. 그러나 키워서 식용으로 쓰이는 돝(돼지)은 「살(月:肉)+시(豕)」의 구조인 돈(豚)으로 나타냈습니다. 그런데 한국어 「돋」은 돋보기, 돋우다 등의 말에서 알 수 있듯이 「크다」는 뜻이 있으며 돝(돼지)과 같은 소리입니다. 그러므로 이 역시 벼슬(닭벼슬)로 벼슬(官爵)을 나타내는 동음가차의 조자법처럼 할 수 있습니다. 즉 시(豕)로 그려진 글자는 「모두 크다」로 읽어야 하는데 다음과 같은 것들입니다.

① 가(家)
「집(宀)+돝(豕:시)」의 구조입니다. 지금까지 문자연구자들은 집(宀)안에 돝(돼지:豕)가 있는 가(家)자로 집이란 뜻을 나타냈을까? 하고 생각했습니다. 즉 집은 그 모양을 상형한 (宀:∩)자가 있는데 왜? 또 가(家)자를 만들었을까? 하고 의문스러워했다는 말입니다. 그래서 제 나름의 해석을 하게 되었는데 다음과 같습니다.
'돝(돼지:豕)을 잡아 제사지내는 집을 나타낸 것이 가(家)이다.' '집 아랫쪽에 똥돼지를 키운 우리민족의 생활상이 반영된 글자다.' 등등이었습니다. 그러나 제사지내는 집은 집(宀)안에 제사지낼 시(示)가 있는 종(宗)자로 확실하게 나타나있습니다. 그리고 제사의 희생물은 주로 양(羊)이 쓰였고 이후에 소(牛)와 돼지가 쓰였습니다.
이는 소와 양으로 이뤄진 희생할 희(犧)자가 증명하고 있습니다. 그리고 집 아래에 돼지를 키우는 민족은 우리만이 아닙니다. 그러므로 위의 해석들은 설득력이 약합니다.

그러면 필자의 주장대로 시(豕)를 「모두」 「크다」로 읽고 그것을 적용해 봅시다. 「집(宀)+돝(돋:크다:豕)」이므로 가

(家)는 모든 것이 갖춰진 큰집이란 뜻이 됩니다. 즉 여러 개의 옥(屋)이나 호(戶) 실(室)로 이뤄진 큰집, 또는 일족이 모여 사는 큰집을 가(家)로 나타냈다는 말입니다. 이러므로 한 분야에서 크게 성취한 사람을 일러「철학가, 법가(法家), 문학가」등으로 말하는 것입니다.

② 호(豪)
높을 고(古:高)와 돋(돋:豕)의 합체입니다. 따라서「높고 크다」는 뜻입니다. 이러므로 높고 큰 뜻을 지닌 사람을 호걸이라 하며 높고 큰 기운을 호기(豪氣)로 말합니다.

③ 몽(蒙)
「어리석다, 알 수 없다, 덮다, 입다」의 뜻으로 쓰입니다. 맨 윗글자(艹)는 나오다(나옴:남)를 뜻합니다. 그리고「포괄적이다, 한곳에」라는 뜻을 지닌 글자(冖) 속에 하나 일(一)과 모두 크다는 뜻을 지닌 시(豕)가 있습니다. 그 뜻을 연결해보면「모두가 큰 한덩이로 나타났다」는 말입니다.
사물은 제각각의 모습으로 나타나야 분간할 수 있습니다. 그러나 모든 것이 하나의 큰 덩어리가 되어 나타나면 그들 속에 들어있는 것들을 제대로 파악할 수 없습니다. 이런 상태를 우리들은 몽몽하다(분간 할 수 없다)로 말합니다. 따라서 몽몽함은 어리석은 것이 됩니다. 이러므로 동몽(童蒙)이란 말이 생겨났습니다. 어린아이이기 때문에 어리석어 사물을 파악하지 못한다는 뜻입니다.
우리말 어리석다는「어리다」에서 비롯된 것으로 한뿌리입니다. 이러므로 어린아이를 그린 매(呆:�)자가「어리석다」의 뜻을 지니고 있는 것입니다.

④ 수(遂)
「나아가다, 이루다, 모두하다」의 뜻으로 수행(遂行), 미수(未遂), 완수(完遂)등의 말을 이룹니다. 모두(豕) 함께(八) 나아간다(辶)는 뜻입니다.

⑤ 극(劇)
「심하다, 극적(劇的)이다」는 뜻으로 쓰이고 있습니다. 그래서 극약(劇藥)처방, 연극(演劇) 등으로 말 되었습니다. 호랑이(虎)를 나타낸 (虍)자와 시(豕) 그리고 칼도(刂)로 구성되어있습니다.
그래서 '호랑이(虎)와 돼지(豕)가 칼(刂)을 들고 서로 싸우는 모양을 나타냈고 여기서 심하다는 뜻이 나왔다.'로 해석했습니다. 한국, 중국, 일본의 소위 문자 전문가들의 해석인데 참으로 웃기는 말씀입니다.
모두가 중국문자는 한국어 언중에 의해 이뤄졌음을 알지 못했기에 빗어진 오류입니다.
호랑이(虎)는 무섭고 두려운 존재로「두렵다, 무섭다, 걱정된다」등의 뜻으로 쓰입니다. 즉 눈(目)은 우리 몸의 보는 기관을 뜻하지만「본다」는 역할로 해석해야 하는 것처럼 말입니다. 따라서 호(虎)가 들어간 학(虐:사납다), 우(虞:근심하다), 건(虔:삼가다, 뺏다) 등의 글자를 살펴보면 잘 알 수 있을 것입니다.
따라서 시(豕)는「크다」는 말을 나타냈고 칼도(刀:刂)는「벌린다」라는 말을 나타냈습니다. 모두의 뜻을 모아보면 극(劇)은「두렵도록(虎) 크게(豕) 벌린다(刂:刀)」는 말을 그린 것입니다.
그런데 우리말「벌린다」는 하나의 물체를「가른다」는 뜻도 있고「돈이 잘 벌린다」에서처럼「불어난다, 늘어난다」

는 뜻도 있습니다. 그러므로 칼 도(刀:刂)가 들어간 글자의 해석에도 위 뜻을 적용시켜야 정확하게 풀 수가 있습니다. 예컨대 벼 화(禾)와 칼 도(刀:刂)로 이뤄진 이(利)자가 있습니다. 이 글자를 대부분의 문자 해석서에는 '낫으로 벼를 베어 수확하는 자형에서「이롭다」의 뜻이 나왔다.'로 하고 있습니다.

그러나 칼도(刂:刀)를「벌린다(늘어난다)」로 해석하여 적용시키면 利 자는 곡식(禾)이 벌린다, 늘어난다(刂) 는 말을 그린 것임을 쉽게 알 수 있습니다. 이러므로 이자(利子), 이식(利息)등의 말이 이뤄진 것이며 이익(利益)의 뜻을 그대로 알 수 있습니다.

⑥ 단(彖)

돼지머리를 나타내는 계(彑)자와 시(豕)로 구성되어 있습니다. 즉「모두 크다」의 뜻을 나타낸 시(豕)위에 머리가 앉아있는 구조입니다. 바로 모두 큰 것 중에서 그 핵심이 되는 머리만을 나타냈다는 뜻입니다. 필자가 옥편에도 잘 안 나타나는 이 글자를 처음으로 접한 것은 주역(周易)에서 였습니다. 일찍이 공자는 주나라 때의 역(易)해석인 주역(周易)에 십익(十翼)이란 해설을 달았습니다. 단전(彖傳) 상전(象傳) 문언(文言) 설괘(說卦) 등등으로 모두 10편입니다. 그런데 제가 본 책에는 단전(彖傳)을 '괘사(卦辭)를 부연한 것이다.' 는 설명뿐이었습니다. 그래서 옥편을 뒤져봤으나 역시 시원한 답을 얻지 못했습니다. 그러다가 한국어에 따른 동음가차의 조자법(造字法)을 깨닫게 되자 의문이 싹 풀렸습니다. 뿐만 아니라 옛글자 전(篆)으로 되어있으며 소전(小篆) 대전(大篆:周代의 문자체)으로 쓰이는 글자의 뜻마저 풀렸습니다.

전(篆)은 글자 맨 위에「나왔다」「나옴」이란 말을 그려낸 (++)자가 있고 머리 계(彑)가 있으며 맨 아래에 돼지 시(豕)가 있는 구조입니다. 또 단(彖)자 머리에 나옴(나타남)을 뜻하는 (++)자가 붙어있는 글자입니다.

따라서 모두 큰 것 중에(豕) 그것을 대표하는 머리(++)만 나타냈다(나옴:++)는 말입니다. 즉 하나의 사물을 그림으로 나타내고자 할 때 모든 것을 다 그리지 않고, 그것을 대표하는 부분(彑)만을 나타나도록 그린다는 말이 전(篆)인 것입니다.

⑦ 대(隊)

「무리, 떼」의 뜻으로 쓰입니다. 이 글자에 대한 해석을 다음과 같이 하고 있었습니다.

'隊자는 언덕(阝)에서 굴러 떨어지는 사람의 모습을 본뜬 것으로「떨어지다」가 본뜻인데 (무리)를 뜻하는 것으로 많이 쓰이자 그 본뜻은 추(墜)자를 만들어 나타냈다.'

　-2002년 7월 2일자 모 신문에 실린 모대학 중문과 전모 선생의 해석입니다.

그러나「모여 있다」는 뜻을 나타낸 글자(阝)와「한곳 및 포괄적이다」는 뜻을 지닌 돈(돈:豕)으로 구성되어 있습니다. 따라서 그 뜻을 묶어보면「모두 크게(豕) 한곳에(一)모여 있다」는 말이 되어「무리, 떼」의 뜻을 확실하게 나타내고 있습니다.

고양임금은 아들 둘을 두었습니다. 첫아들은 축융(祝融) 또는 성축이라 했습니다. 이 사람은 중국 호남성에 있는 형산의 산신(山神)이 됐다고 전해지며 불(火)신으로 여겨지기도 합니다. 둘째아들은 여(旅) 또는 예(禮)라는 이름으로 불렸는데 제사(祭祀)지내는 직책을 맡았기 때문이었습니다. 즉 예(禮)는 제사지내는 절차였습니다. 이 두 아들은 비교적 젊은 나이에 요절했습니다. 그래서 갓난애기를 양자(養子)로 들였습니다. 고양씨는 손자 같은 이 아들에게 물고기(魚:어)를 청동기에 새겨주었습니다. 바로 씨표(氏標)였습니다.

그래서 사람들은 고기(魚:어)인 그를 「고무」 또는 곰으로 불렀습니다. 즉 그 당시엔 어(魚)를 고무(古木)라 했습니다. 이는 해동역사 28권 조선국어편에도 기록되어 있는데 어왈 고무(魚曰古木)로 되어있습니다.

어린 고무(古木:魚)가 장성하여 고양가문을 이어감에 따라 사람들은 그를 곤(鮌)이라 불렀습니다. 바로 「고기 어(魚)+이을 계(系)」의 구조로 되어진 글자입니다. 그런데 그 당시 「고무」 또는 곰으로 불리우던 물고기(魚)가 어째서 「어」라는 소리로 읽히게 되었을까요? 그리고 어(魚)자로 이뤄진 로(魯)자엔 왜 「어리석다」는 뜻이 붙게 됐을까요?

이 문제 역시 한국어를 모르면 풀리지 않습니다. 즉 어린자식으로 불리어진 곤씨가 물고기(魚) 씨표를 지니게 되자 「어리다」는 뜻이 씨표인 어(魚)에 전이 되었고 독음(讀音)마저 「이」가 된 깃입니다.

주역(周易) 산수몽괘(山水蒙卦)를 보면 동몽(童蒙)이란 말이 나옵니다. 이는 앞장에서 잠깐 서술했듯이 어린이 이기에 어리석다는 뜻입니다. 한국어 「어리다」는 아직도 응결된 상태 즉 얼은(어른)상태가 아님을 말합니다. 즉 세상경험 없고 아직도 어른(얼은)상태에 이르지 못했으므로 매사에 어두울 수 밖에 없습니다. 이런 한국어의 진행과 동몽(童蒙)은 정확하게 일치됩니다.

계(系)의 옛글자는 𢆶 (𢆶+ㅣ)입니다. 𢆶 자의 머리 쪽에 있는 ㅣ자는 실(系)의 머리를 나타냈고 𢆶 자는 엮어짐을 말합니다. 따라서 𢆶(系)자는 하나의 실마리에서 비롯되어 엮어진 것을 나타냅니다. 이 글자가 지닌 모양대로 실을 엮어 가면「실엮기」라는 말이 됩니다.

무, 배추 등을 오랫동안 두고두고 먹기 위해 짚으로 엮어놓는 일도 이런「실엮기」에 해당됩니다. 우리들은 이렇게 엮여져 있는 것을「씨레기」라고 합니다. 바로「실엮기」의 변음인데「쓰레기」와 비슷하므로 오해하기 쉽습니다. 시(씨)레기로 끓인 죽을「시(씨)레기 죽」이라 합니다.

노(魯)자는 물고기 그림(魚) 밑에「말하다, 일컫는다」의 뜻을 나타낸 왈(曰)자가 붙어있습니다. 따라서 그 뜻은「물고기(어)를 말한다」입니다. 그러나 물고기 어(魚)는「어린」이란 말을 나타낸 것으로 우리말「어리석다」와 같은 뜻을 지니고 있습니다. 그러므로 노(魯)는 어리석음(魚)을 일컫는다(曰)는 말을 그려낸 것입니다.

이 노(魯)자는 나중에 산동(山東)에 있는 나라이름을 뜻하게 됩니다. 바로 공자(孔子)가 태어났고 누에치기의 본고장이었던 곡부(曲阜)가 있던 나라말입니다. 따라서 만이활하(蠻夷猾夏) 즉「오랑캐 이(夷)가 하(夏)나라를 침범한다」는 말을 꾸며낸 공자역시 이족(夷族)이었습니다.

二. 집(家)

 우리들은 기거하는 건물을 집이라 말합니다. 문자로는 가(家)입니다. 하지만 이 가(家)자는 「집(宀)＋돼지시(豕)」의 구조로 좀 더 특별한 뜻이 있습니다. 따라서 우리들이 기거하는 일반적 집은 초가집 형태를 그린 ∩ 자와 좀 더 큰 건물을 그린 宀 자 그리고 임시로 거처하는 천막을 친 건물을 그린 广 자로 그려졌습니다. 이중 제일 많이 쓰이는 글자가 宀 자입니다. 옥편엔 갓머리 변으로 분류되어있습니다.

○. 혈(穴)

「구멍」을 말합니다. 옛글자는 다음과 같습니다.
집(宀:∩)천장에 「구멍」이 나있는 모양을 그렸습니다.

○. 공(空)

「비었다」의 뜻으로 쓰이며 옛글자는 다음과 같습니다. 천장에 구멍이 나있는 집 그림(穴)에 아래위가 길게 맞닿은 모양을 그려낸 공(工)이 있는 글자입니다. 구멍(穴)이 아래위로 크게 통하도록(工) 나있다 는 뜻입니다.

○. 종(宗)
집(宀)안에 제사지낼 시(示)가 있는 구조입니다. 따라서 곧바로 제사 지내는 집이란 뜻을 알 수 있습니다. 이러므로 제사지내는 집은 종가(宗家)라 하며 제사지내는 자손을 종손(宗孫)이라 합니다. 그런데 옥편엔 마루 종(宗)으로 되어 있습니다. 그리고 「으뜸」「사당」의 뜻도 있습니다.

옛날부터 우리겨레는 조상께 올리는 제사를 아주 중요하게 생각했습니다. 그래서 지도자들은 제사지내는 일과 사람들을 이끌고 다스리는 일을 겸했습니다. 우리말에 「마루치」가 있습니다. 이는 제사지내는 사람(宗人)을 뜻하는데 고구려 때의 「막리지」가 바로 「마루치」입니다.

즉 「마루치」를 중국문자를 빌어 나타내면 (莫離支)인데 이를 지금의 우리 독음(讀音)으로 읽게 되면 「막리지」입니다. 그러나 이 역시 문자의 본음(本音)으로 읽으면 「마리(루)치」가 됩니다. 이렇게 잘못 해석된 예 하나를 들겠습니다.

거란족이 세운 요나라가 있었습니다. 요를 세운 시조(始祖)는 「耶律阿保幾」로 역사책에 나와 있습니다. 이를 한국의 역사 및 국어 학자들은 「야율아보기」로 읽습니다. 그러나 保는 바오(봐:bao)로 발음하며 幾는 지(ji)로 발음합니다. 그러므로 아보기는 아버지(父)라는 한국어를 글자의 음(音)을 빌어 나타낸 것입니다. 거란족 역시 우리처럼 父(부)를 아바지(아버지)로 말했다니 그럴 수가 있느냐? 는 질문을 할 수 있겠습니다.

하지만 거란족뿐만 아니라 만주, 티벳 역시 父를 「아바」 母를 「어마, 에미」로 말합니다. 아바마마, 어마마마로 말하는 「아바」 「어마」로 말입니다. 그리고 아메리카 대륙에 살고 있는 인디안족 중에 「아파치」라는 부족이 있었습니다. 이 「아파치」 역시 「아바지」의 변음이고 부(父)를 뜻한답니다. 즉 우리의 「ㅂ」 음(音)을 중국한족과 서양인들은 「ㅍ」 음으로 발음합니다. 박찬호를 「팍찬호」로 발음한다는 말입니다. 따라서 「아바지」를 「아파치」로 발음한 것입니다.

중국의 역사는 이족(夷族)과 한족(漢族)간에 벌어진 종주권

(宗主權) 다툼이라 해도 과언이 아닐 것입니다. 즉 누가 중국 땅에 주체(主体)가 되어 하늘에 제사지낼 수 있는 권리가 있는가 하는 다툼이란 것입니다. 하늘에 제사지낼 수 있는 권리는 오직 한울님(天子:천자)에게만 있었습니다. 이것을 봉선(封禪)이라 합니다. 진(秦)이 망하고 유교를 국교로한 한족의 한(漢)이 들어섰습니다.

초창기엔 유라시아 초원지대와 몽골지역에 큰 세력을 형성하고 있던 한(韓)족에게 큰 시달림을 받아 몇 번의 굴욕을 받기도 했습니다.

한고조 유방의 손자인 유철이 임금이 되자 한족(韓族)과 싸워 크게 이겼습니다. 자신감이 생긴 유철은 비밀리에 태산(泰山)에 올라 봉선(封禪) 의식을 거행했습니다. 중국 땅의 정권을 쥐었다곤 하나 아직도 이족의 망진(亡秦)세력과 도사리고 있는 이족(夷族)을 의식해서 였습니다. 이 사람이 바로 한무제(漢武帝)입니다.

필자가 한족(韓族)이라 말한 종족은 중국 역사책엔「흉노」로 기록되어있습니다. 그러나 서양역사엔 훈족(Huns)으로 되어있습니다. 우리말「한」을 서양사람들은「훈」으로 발음하기 때문입니다. 이 한(Hun)은 게르만 족과 어울리기도 했고 지금의 헝가리(항가리) 땅에 보금자리를 잡기도 했습니다. 따라서「항가리」역시「한가리」의 변음이라 생각됩니다.
그리고「한가리」는「한에서 갈려나간 것」이란 뜻으로 생각됩니다. 이들 훈족은 로마로까지 진격하여 서양인들을 공포에 떨게 했으며 세계역사를 바꾸기도 했습니다.

서양의 몇몇 역사학자들은 이 훈족을 지금의 한국 땅에 뿌리를 두고 유라시아 초원으로 진출한 것으로 말하고 있습니다.

그러나 우리 역사 학자들 그 어느 누구도 이에 대한 연구가 없습니다.
참으로 답답한 일입니다.
- 미국 Discovery방송에서 제작하여 1999년 12월에 열 번 방송된 내용 일부

○. 용(容)
容은 얼굴 용으로 읽히고 있으나 본래의 뜻은「받아들이다」입니다. 집(宀)+ 곡(谷)의 구조입니다. 곡(谷)은 계곡의 모양을 본뜬 상형문자로 알고 있습니다. 그러나「(八)자는 들어가는 운동을 나타냈고 입 구(口)는 말한다」는 뜻입니다. 따라서「곡(谷)은 어디에 들어감을 말한다」는 언어의 형상화입니다. 물론 계곡역시 안으로 들어간 지형을 뜻하므로「계곡」의 뜻도 있습니다.
물(氵)+ 곡(谷)은 욕(浴)자가 되어 물(氵)에 들어가는 행위를 나타냅니다. 따라서 용(容)은 집안(宀)으로 들어감을 말합니다. 그러나 집의 입장에서 보면 들어오는 것(谷)을 받아들임이 됩니다. 이러므로 허용(許容), 용납(容納), 용서(容恕) 등의 말이 될 수 있는 것입니다.
얼굴을 뜻하는 문자는 안(顔)과 면(面)이 있습니다. 안(顔)은「언(彦)+ 머리혈(頁)」의 구조입니다. 언(彦)은「선비」의 뜻으로 쓰이고 있는데「사람(文)을 두드러지게 나타낸다(彡)」입니다. 그리고「두드러지게(彡) 나타난 사람(文)」으로 해석됩니다. 따라서 안(顔)은「사람을 두드러지게 나타내게 하는(彦) 머리 부분(頁)」이란 말을 그려낸 것입니다.
면(面)은 밖으로 나타나 보이는 부분의 뜻입니다. 따라서 얼굴뿐 아니라「한 인간이 나타내 보이는 행동」의 뜻도 있습니다. 그러므로 남과 만난다(對面)의 뜻으로 쓰이며 지면

(地面), 가면(假面)의 뜻으로도 쓰입니다. 그러나 얼굴 용(容)은 상대적으로 남이 나를 어떻게 보느냐! 내가 저 사람을 어떻게 받아들이는가! 하는 상대적인 뜻이 있습니다.
따라서 용모(容貌)라는 말은 남들이 받아들이는 모습과 내가 받아들이는 남의 모습을 말합니다. 즉 사람들은 모두가 제 잘난 맛에 삽니다. 그리고 자신이 아주 잘생겼다고 생각합니다. 그러나 이것은 자신의 생각일 뿐 남들의 평가와는 다를 수 있는 것입니다.

○. 안(安)
「편안하다, 즉 위험하지 않다」의 뜻입니다. 집안에 여자가 있는 구조로 주로 바깥(밭)에서 활동하는 남자(男子)와 상대되는 글자입니다. 따라서 安의 독음「안」은 한국어 안팎의「안」에서 비롯된 것입니다.
경상도 방언으론 남자를 나매(남애)라 하는데 문자로 쓰면 (男兒)입니다. 그리고 자신의 부인을 안사람이라 말하며 문자로 쓰면 內子(내자)입니다. 여기에 비춰볼 때 아내(妻)는 안애(安兒)의 변음으로 생각됩니다. 그리고 나이 많은 어른이 며느리를 일러「안아가」라 하는데 이 역시 안아(安兒)와 같은 말입니다.

○. 완(完)
「집(宀)+두 사람(元)」의 구조입니다. 결점이 없고 잘되어진 상태를 말합니다. 그래서 완전(完全) 완성(完成) 완결(完結)등으로 말 되어 쓰입니다. 그런데 집안(宀)에 두 사람(元)이 있는 것이 어째서 결점 없이 잘 되어진 상태를 뜻할까요?
먼저 완(元)자의 뜻부터 더듬어봅시다.「두 이(二)+사람

(儿)」의 구조가 원(元)입니다. 즉 남자여자 두 사람이 같이 있어야만 애기가 생겨나고 이에 따라 한가정이 이뤄집니다. 덧붙인다면 남녀 두 사람의 결합은 인간 삶의 근원이 된다는 말입니다.

그래서 이 글자는 근원(根元) 원소(元素)등의 말을 이룹니다. 따라서 완(完)은「집안에 남녀 두 사람(二人)이 있어야만 가정사 및 모든 것이 잘 되어 진다」는 뜻입니다.

○. 관(官)

법을 집행하는 관청과 그 직책(벼슬)을 뜻합니다.「집(宀) + 㠯」의 구조입니다. 㠯 자는「뒤따르게 하다, 뒤따르다」는 뜻을 나타낸 것으로 自 자와 같은 글자입니다. 그러므로 소전(小篆)엔 자로 되어있습니다.

민주주의(民主主義)를 신봉하는 지금의 세상은 민심(民心)을 따르고 반영하는 역할을 수행하는 것이 관(官)입니다. 그러나 이 글자가 생겨날 그 당시엔 관(官)은 민(民)을 이끌어가는 역할을 했습니다. 이러므로 관(官)은 귀(貴)가 되어 사주팔자(四柱八字)를 추리하는 운명학에서까지 관즉귀(官則貴)라 말하고 있습니다.

즉 그 당시엔 관(官)은 위(上)에 있고 민(民)은 아래(下)에 있는 사회구조였습니다. 그러므로 백성을 이끌어 뒤따르게 하는 곳을 관청이라하며 그런 직책에 있는 사람을 관리(官吏)라 한 것입니다.

○. 객(客)

손님의 뜻으로 쓰이고 있지만 본뜻은 다음과 같습니다.「집(宀)+ 각(各)」의 구조이므로 먼저 각(各)에 대한 풀이부터 해야 합니다.

각(各)은 밖으로 길게 뻗어나간 발그림(夂)과 마을 및 하나의 공간을 뜻하는 그림(口:ㅂ)으로 구성되어 있습니다. 따라서 이 뜻은 「하나의 공간에서 밖으로 나갔다, 하나의 공간(口)에서 떨어져나갔다(갈라져 나갔다)」입니다. 그러므로 다음과 같은 글자들을 이루게 됩니다.

○. 락(洛)
「물(氵)+ 각(各)」의 구조로 본류에서 떨어져나간 물을 나타냅니다. 그러므로 락수(洛水)라는 강은 본류에서 갈려져 나간 것임을 나타냅니다.

역학(易學)엔 하도(河圖)가 있고 낙서(洛書)가 있습니다. 하도(河圖)는 자연수 10이 사방과 중앙에 자리 잡고 있는 그림입니다. 이에 비해서 낙서(洛書)는 9수로 구성되어있습니다. 그러므로 하도(河圖)를 체(体)라 하고 낙서(洛書)를 용(用)이라 합니다. 짝수인 10수를 지닌 하도는 음에 속하고 9수를 지닌 낙서는 양에 속합니다.

즉 음(陰)을 여성으로 하고 양(陽)을 남성으로 보는데 음(陰)인 여성이 양(陽)인 남성보다 1수가 더 많은 10수를 지니고 있습니다.

이것을 우리 인체에 적용하면 체(体)가 되는 여성은 자궁(子宮)이라는 구멍(穴) 하나를 더 지니고 있습니다. 그러므로 여성이 체(体)가 되고 남성은 용(用)이 됩니다. 따라서 남존여비사상은 자연의 질서에 어긋난 것입니다.

○. 락(絡)
「연락하다, 이어지다」 등의 뜻으로 쓰입니다. 「실사(糸)+ 각(各)」의 구조입니다. 실사(糸)는 실을 나타내기도 하지만 엮어졌음을 뜻하기도 합니다. 따라서 락(絡)은 떨어져 나간 것을 이어준다(엮어준다)는 뜻입니다. 그러므로 경락(經絡), 연락(連絡) 등으로 쓰고 있습니다.

○. 격(格)
「나옴(木)+떨어져(갈려) 있음(各)」의 구조입니다. 따라서 「본체에서 떨어져 나와 있음」이 본뜻입니다. 이르다(이름하다), 뻗다 등의 뜻은 여기서 나왔습니다. 갈라져 나온 것이 지니고 있는 개성을 말합니다.

○. 로(路)
길의 뜻으로 쓰입니다. 고을(口)로 오는 발(止)과 각(各)으로 구성되어 있습니다. 따라서 오고(足) 가는(各) 행위와 길(道)을 나타냅니다.
이상의 예에서 보듯 각(各)은 본체에서 갈려나간 상태(떨어져 나간 상태)를 나타냅니다. 그러므로 그 독음(讀音) 「각」은 「갈라지다」의 「가」에서 비롯된 것임을 알 수 있습니다. 따라서 객(客)은 집(宀)을 떠난 사람을 나타낸 것입니다. 좀 더 설명하면 집을 떠난 떠돌이를 객(客)이라 할 수 있습니다. 이런 객(客)을 받아들이는 사람의 입장에서 보면 래객(來客)이 되고 결국엔 손님으로까지 의미 변화를 한 것으로 생각됩니다.

○. 빈(賓)

「손님」의 뜻으로 쓰입니다. 왼쪽의 그림은 빈(賓)의 갑골문입니다. 돈을 뜻하는 조개껍질(貝)과 집안으로 들어온 발그림(止)으로 되어있습니다. 이 뜻은 「귀중한 것을 들고 집으로 찾아온 사람」을 뜻합니다.

○. 실(室)

「집과 방」을 뜻합니다. 집(宀)안에 화살이 와 닿은 모양의 글자입니다. 옛글자는 왼쪽의 그림입니다.「살(肉)닿는 집 또는 살(肉) 붙이는 집」이란 뜻입니다. 화살그림으로 살(肉)을 나타냈습니다. 이 글자 역시 동음가차(同音假借)의 조자법으로 이뤄진 것입니다.

○. 해(害)

「방해하다, 해롭다」등의 나쁜 뜻이 있는 글자입니다. 집(宀)안에 여러 개가 한 묶음으로 뭉쳐있는 모양(圭)과 말하다는 뜻을 나타낸 구(口)로 구성되어 있습니다. 집안에 있는 물건은 모두 제자리에 있어야 합니다. 즉 집에서 쓰는 용구들은 모두 자기자리가 있습니다.

요즘의 가정을 예로 들어 말하면 비누와 수건은 세면대가 있는 곳에 있어야 합니다. 그리고 숟갈과 밥그릇은 식탁 가까이에 있어야하고 신발은 문 입구 신발장에 있어야 생활에 편리 합니다. 그러나「모든 물건들이 한곳에 뭉쳐져 있으면」불편할 수밖에 없고 생활에 해롭기까지 합니다. 이런 것을 해(害)자로 나타낸 것입니다. 다음의 글자를 보면 좀 더 잘 이해될 것입니다.

○. 할(割)

「베다, 나누다」등으로 쓰이는 글자입니다. 앞에서 본 해(害)에「나누다, 가르다」의 뜻을 지닌 칼도(刂)가 붙어있는 구조입니다. 따라서「한덩이로 뭉쳐있는 상태(害)의 것을 잘라낸다」는 뜻입니다. 그러므로 할인(割引) 분할(分割) 등으로 쓰고 있는 것입니다.

○. 숙(宿)

「머물다, 묵다」의 뜻으로 쓰입니다. 왼쪽 갑골문은 집안에 사람이 이부자리를 펴놓고 누워있는 그림입니다. 바로 사람이「머물며 묵고 있다, 자고 있다」는 뜻을 나타냈습니다. 그래서 숙박(宿泊)하다, 여인숙(旅人宿:여행자가 머무는 집) 등으로 쓰입니다. 하지만 이 글자가 묵을 숙(宿)으로 읽히게 됨에 따라「오래되다」는 뜻까지 붙게 되었습니다. 바로 오래된 병을 숙환(宿患)이라 하고 오래전부터의 적을 숙적(宿敵)이라 하는 것입니다. 이 글자는 나중에 다시 한 번 더 살펴보도록 하겠습니다.

三. 밭(田)으로 바깥(外)을 나타냈다.

 곡식을 키우기 위해 일궈진 땅, 즉 씨(♦)를 받아들여 품고 있는 땅을 우리선조들은 전(田)자로 그려냈습니다. 이 전(田)자는 만들어진 이후 어느 시기까지는 「밭」이란 소리로 읽혀졌습니다. 그리고 전(田)자뿐 아니라 과(果) 화(火) 고(古) 등의 글자역시 알(果) 타다(火) 골(古)등의 한국어로 읽혀졌습니다.
 여기서는 전(田)자가 「밭」으로 읽혀졌고 그에 따라 여러 글자가 성립되어 졌음을 밝히도록 하겠습니다. 즉 전(田)자가 한국어 「밭」으로 읽혀져야만 성립될 수 있고 그 뜻이 풀리는 문자들을 살펴보자는 말입니다. 한국어 「밭」은 밭다리(바깥다리), 밭주인(바깥주인)이란 말에서 알 수 있듯이 바깥(外)의 옛말입니다. 그리고 받들다의 「받」과 같은 소리(同音:동음)입니다. 그러므로 동음가차의 조자법에 따라 다음과 같은 글자들이 생겨나게 되었습니다.

○. 략(略)
「간략하다, 대강」등의 뜻이 있습니다. 간략하다, 대강이란 말은 전체기 이니고 모든 것이 아니며 전체의 일부분이란 뜻입니다. 「밭(田)+떨어져나감을 뜻하는 각(各)」의 구조입니다. 따라서 「밭(바깥:田)으로 떨어져 나간 상태(各)」라는 뜻을 알 수 있습니다. 즉 전체에서 바깥으로 떨어져나간 부분을 말합니다.

○. 유(由)
「까닭, 말미암을」의 뜻으로 쓰고 있습니다. 그러나 자유

(自由)라는 말에서 알 수 있듯이 유(由)에는「밖으로 나옴」이란 뜻이 있습니다. 즉 자유(自由)는 갇혀서 있거나 속박된 상태에서「스스로(自) 밖으로 나옴(由)」을 뜻합니다.

밭(田)에서 밖으로 튀어나온 하나의 선(由)이「밭(바깥:田)으로 나옴」이란 뜻을 나타내고 있습니다. 펼칠 신(申)과 비교할 수 있습니다.
신(申)자의 구조는 밭(田)의 상하로 하나의 선이 나오고 있는 형태입니다. 유(由)가 위로의 진행운동을 나타낸다면 신(申)은 상하로 관통운동을 뜻하고 있습니다.
밭(바깥:田)으로 나옴을 뜻하는 유(由)에 (氵)자가 붙게 되면 기름 유(油)가 됩니다. 옛날엔 기름을 콩이나 깨 등의 곡물을 볶아서 짜내던지 동물의 지방층에서 빼냈습니다.

○. 묘(苗)
「싹, 모종, 자손」의 뜻으로 쓰입니다. 밭(田)에서 싹(艹)이 나온 모습이며 밭(바깥)으로 나옴(艹)으로 읽을 수 있습니다. 이럼으로 다음의 글자를 이룰 수 있습니다.

○. 묘(描)
「그려낸다, 그린다」로 쓰이고 있습니다.「손쓰다(扌)+ 묘(苗)」의 구조로「손을 써서(扌)바깥으로 나타나게 한다(苗)」는 뜻입니다. 여기서 그려낸다. 그린다의 뜻이 따르게 된 것입니다.

○. 획(畫)
「긋다, 그림(그리다), 꾀하다」의 뜻으로 쓰입니다. 글자의 위쪽 (聿)자는 손(⺕)으로 붓을 잡고 있는 모양을 그린 것입니다. 그리고 그 아래에 있는 전(田)은 한국어 밭(바깥)을 나타냅니다. 맨 아래쪽에 있는 가로선은 길게 그었다는 뜻입니다. 모두의 뜻을 묶어보면 「손으로 붓을 잡고(聿) 바깥(밭:田)으로 길게 그었다」 입니다.

○. 수(蒐)

「찾는다, 모으다, 숨다」 등의 뜻으로 쓰이고 있습니다. 수집(蒐集:찾아서 모으다)으로 쓰이고 있습니다. 옛글자는 다음과 같습니다. 왼쪽의 글자를 이때까지는 '머리에 탈을 쓰고 풀을 꽂은 여자 무당이 춤추는 모습으로 여기서 찾다, 숨다 의 뜻이 나옴' 으로 해석했습니다.

그림의 모양으로 봐서는 그럴듯해 보입니다. 하지만 위 해석은 한국어를 모르는 해석자의 한계이기도 합니다. 따라서 맨 위 글자 YY 는 풀을 그린 것이나 「나옴」 「나타나게 하다」 의 뜻입니다. 그리고 그 아래 밭(田)은 바깥(外)을 나타냅니다. 그리고 아래쪽으로 향하고 있는 두 개의 손은 무엇인가 모를 물건을 향하고 있습니다.

뜻을 모아보면 아래쪽에 있는 무언가를 두 손으로 더듬듯이 찾아 바깥(田)으로 나오게 한다(YY) 는 말이 됩니다.
「바로 숨어있는 것, 보이지 않는 것을 밖으로 찾아낸다」 는 뜻입니다.

○. 남(男)

우리 한국인들은 여자를 안사람, 남자를 바깥사람으로 말합니다. 따라서 바깥사람을 문자로 만들면 「밭(바깥)을 의미하는(田)에 사람 인(人)」 의 구조인 男 자가 됩니다. 바로 밭(田)의 소리와 사람의 뜻을 더한 동음가차에 따른 조자법입니다. 남자를 뜻하는 🖻 자는 상(商)나라때에 이르러「밭(田)+쟁기(✐)」의 구조인 🖻 자로 대체되었습니다. 그러다가「밭(田)+힘 력(力)」의 구조로 바뀌어 오늘날에 이른 것으로 생각됩니다.

그런데 밭(田) 아랫쪽에 사람이 있는 🖻 자가 🖻 자로 바뀌게 된 것은 밭(田)옆에 앉아있는 사람을 그린 🖻 자와 혼동될 수 있어서입니다. 즉 밭(田)옆에 쪼그리고 앉아있는 사람을 그린 글자(🖻)는 직(稷)의 옛 글자로 밭농사를 돌봐주던 직신(稷神)의 뜻을 지닌 글자였습니다.

오제시기엔 신농씨의 맏아들인 햇님(大禾:羲和)이 직신으로 받들려졌고 주나라땐 후직(后稷)이 사직신(社稷神)으로 모셔졌습니다.

「바깥사람(🖻:男)」과 상대적인 뜻은「안사람」이 될 것인데 이를 문자로 만들면 다음과 같습니다. 안과 밖의 경계는 집(宀)이 되므로「집(宀)+여(女)」의 구조인 안(安)이 되겠습니다. 독음「안」역시 우리말 안팎의「안」이 될 수밖에 없겠지요. 따라서 안(安)자는 집안에 있는 여자를 나타내는 글자이며 그리고 아내(妻:처)를 뜻하는 글자였습니다.「아내」는「안애(內兒)」의 변음으로 퉁구스어 안아가(anaka:妻)와 비교되며 나매(남애:경상도 방언)와 상대되는 말이기도 합니다.

필자가 어렸을 땐 며느리를 향해 시어미 되는 사람이 '「안아가」있느냐'하고 부르는 말을 많이 들었습니다.

아내를 뜻하는 문자는 처(妻)인데 현재의 연구가들은 다음의 세글자를 처(妻)의 옛글자로 알고 있습니다.

왼쪽글자는 처(妻)를 뜻하는 갑골문으로 말하고 있습니다. 그러나 그림의 뜻을 읽어보면「여자가 머리를 풀었다」입니다. 우리 풍속엔 머리를 풀거나 올린다는 것은 큰 의미가 있습니다. 남자는 떠꺼머리 총각으로 있다가 결혼을 하면 상투를 틀었습니다. 여자는 결혼을 하면 머리를 올려 쪽을 지었습니다. 그리고 남녀 모두 지극히 슬픈 일을 당했을 땐 머리를 풀고 곡을 했습니다.

이 글자는 앞장에서 한번 살펴본 것으로 머리를 올리고 지어미가 됐다는 것을 나타냈습니다.

이 글자역시 앞장에서 살펴봤습니다. 남자가 여자의 머리를 올려주었음을 나타냈습니다. 오늘날의 처(妻)자입니다.

○. 이(異)

「다르다」는 뜻으로 쓰입니다. 왼쪽의 그림이 이(異)의 옛글자입니다.

이 글자역시 엉터리들은 '얼굴에 탈을 쓴 모양…'으로 풀이합니다. 그러나 이 그림은 사람이 두 손을 위로 향해 있고 그 위엔 밭(田)이 있는 구조입니다. 즉 밭(田)을 들고 있습니다. 그런데 한국어 밭은 바깥의 옛말이기도 하지만 받드다의「받」과 같은 소리입니다. 그래서 밭을 그린 글자(田)로「받드다」는 뜻을 나타내게 됩니다.

따라서 위 그림은「받들린다」「받들리는 사람」을 나타냈습니다. 그렇다면 받들리는 사람 및 받들림이 어째서 다르다는 뜻을 지니게 될까요?

대부분의 사람들은 평범한 속인(俗人)입니다. 그러므로 남다른 재주가 있거나 특이한 능력이 있게 되면 당연히 사람들에게 받들리게 됩니다. 오늘날의「예능, 체능계의 스타(star)」처럼 말입니다.

따라서 이(異)자는 평범한 상태가 아닌「남다른 사람」을 말하며 여기서「남다르다」의 뜻이 나왔습니다.

○. 비(卑)

「천하다, 신분이 낮다, 주인을 받드는 종(從)」의 뜻으로 쓰입니다. 남존여비(男尊女卑)로 말하는 그 비(卑)입니다. 옛글자는 다음과 같은 그림입니다. 왼쪽의 갑골문은 위쪽에 밭(田)이 있고 그 아래쪽엔 위로 향하고 있는 손(手:ㄓ)이 있는 구조입니다.

읽어보면「손(手)으로 받(밭:田)드다, 손으로 받들어 올린다」는 뜻을 알 수 있습니다. 이처럼 남 밑에서 남을 받드며 사는 종(從)중에 여자를 비(卑)라 했습니다.

이는 천존지비(天尊地卑)에서 비롯된 남존여비(男尊女卑) 사상 때문이라 생각됩니다. 이와 상대되는 남자 종은 복(僕)이라 불렀습니다.

四. 친다. 라는 한국어를 아십니까?

'친다' 하면 제일먼저 떠오르는 것이 「두들겨 때리는 행위」일 것입니다. 다음으론 「진(陳)치다, 그물치다」로 쓰이는 「설치하다」는 뜻이 되겠습니다.

또 없을까요? 아~!! 「새끼치다, 돼지치다, 소치다」로 쓰이므로 「키우다」는 뜻이 있겠군요. 에또~ 그리고 「그렇다 치자」로 쓰이므로 「…라 여긴다」는 뜻도 있겠습니다.

그렇습니다. 「타다」 라는 말이 여러 가지 뜻을 지니고 있는 것처럼 「친다」 라는 말 역시 그렇습니다. 그렇다면 「친다」 라는 말을 그림으로 그린다면 어떻게 그리면 많은 사람들이 알 수 있을까요?

두들겨 때리는 행위가 제일먼저 생각나는 것처럼 몽둥이를 들고 있는 그림을 그리면 되지 않을까요? 그렇습니다.

우리의 선조들 역시 지금의 우리와 똑같이 생각했습니다. 그래서 손에 몽둥이나 채찍을 들고 있는 그림(ㅊ:攴:攵)으로 「친다」 라는 말을 나타냈습니다. 필자의 말이 맞는지 다음의 글자들로 확인하기로 합시다.

○. 목(牧)

「기르다」는 뜻으로 쓰이며 목축(牧畜) 목장(牧場)으로 말되어 쓰고 있습니다. 「소(牛)+ 칠 복(攵)」의 구조입니다. 바로 소(牛)에 회초리를 손에 들고 「친다」는 뜻을 나타낸 복(攵)자가 더해진 것입니다. 그래서 '소(牛)에게 채찍질하며 초원으로 몰고 가는 것을 상형했다.…'로 해석했습니다. 그러나 그러지 말고 「소(牛) 친다(攵)」로 읽게 되면 곧바

- 178 -

로「소(牛) 키우다, 친다(攵)」는 말을 그린 것이 목(牧)자임을 알 수 있습니다.
갑골문집을 보면「양(羊)+ 친다(攴:攵)」의 구조인 𢼸 자가 보입니다. 이것은 글자 그대로「양(羊:羊) 친다(攴:攵)」는 말입니다. 그 당시엔 소치다(牧) 양치다(𢼸)로 구별하여 썼습니다. 그러다가「가축을 기르다」의 뜻을 목(牧)으로 전용하게 된 것으로 보입니다.

○. 고(故)
「옛, 고향, …한 연유로」의 뜻입니다.「오랠,옛 고(古)+ 친다(攵:攴)」의 구조입니다. 고(古)는「씨(◆:十)+ 골(口:ㅂ)」의 구조로 자신이 생겨나도록 씨 뿌려진 곳(씨골)을 나타냈습니다.
그리고 친다(攵)는「…로 여긴다」는 말을 나타낸 것입니다. 따라서 고(故=古+攵)는「씨골로 여긴다」는 말입니다.「여긴다」는 말은「… 와 같다」는 뜻입니다.
그러므로 고(故)는「씨골(古)과 같다」「씨골(古)이다」는 뜻입니다. 하여 고향(故鄕)이란 말을 이루게 됩니다.

○. 방(放)
「쟁기를 그린 방(方)+ 친다(攵)」의 구조이고 방(方)은 손에 잡고 있던 쟁기를「놓은」모양을 그린 것입니다. 따라서 방(放)은「놓은 것(方)으로 여긴다」「놓은 것과 같다」는 뜻입니다.
그런데 한국어「놓다」는 손에서 놓다(분리), 물건을 놓다, 불을 놓다(放火), 덫을 놓다(설치하다) 등의 여러 뜻이 있습니다. 이러므로 방출(放出:놓아보내다) 방임(放任:놓아두고 간섭치 않다) 방포(放砲:포를 쏘다) 등으로 쓸 수 있습니다.

○. 경(敬)

「존경하다, 경건히」등으로 쓰입니다. 「구(苟)+친다(攵)」의 구조입니다. 구(苟)는 「나오다(艹)+구부리다(句)」의 구조로 「몸을 구부리고 허리를 굽힌 채로 나왔다」는 뜻입니다. 큰 공을 세운사람들은 어깨를 펴고 허리를 편채 당당하게 나타납니다. 그러나 죄를 지었거나 죽지 못해 살고 있는 비참한 형편의 사람들은 남들 앞에 고개를 숙이고 허리와 다리를 굽힌 채 나타납니다. 이런 상태의 경우를 구명도생(苟命徒生)으로 말합니다.

또 훌륭하거나 큰 권력을 쥐고 있는 사람 앞에 가면 대부분의 사람들은 허리를 굽히고 몸을 낮춥니다. 그러므로 자신을 낮추는 이런 행위는 상대를 우러러보고 존경한다는 뜻을 내포하고 있는 것입니다.

따라서 경(敬)은 「몸을 굽히고 나옴과 같다(여긴다)」는 뜻으로 상대를 우러러봄을 말하는 것입니다. 그런데 칠 복(攵:攴)을 두들겨 팬다 는 뜻으로만 받아들여 경(敬)자를 해석하면 「때려서(친다:攵) 몸을 굽히게 한다(苟)」는 뜻이 됩니다. 즉 남의 강압이나 폭력(때림)에 의해 억지로 몸을 굽힌다면 이것은 결코 경(敬)의 뜻은 될 수 없는 것입니다.

○. 미(微)

「몰래, 작다, 쇠약하다」의 뜻입니다. 옛글자는 다음 그림입니다. 왼쪽 그림은 긴 머리털을 지닌 사람(노인)을 나타냈습니다. 오른쪽은 칠 복(攴:攵)자입니다.

이 그림은 노인의 그림이 있고 오른쪽엔 발자국(屮:𠂇)이 있습니다. 이 그림을 두고 어떤 중국인이 엉터리 해석을 했습니다.

"사람이 죽는 것은 ……그래서 피를 흘리지 않고 자연사 하는 것은 영혼이 육신을 빠져나가지 못하므로 매우 불행한 일이라 여겼다. 이에 따라 늙은이를 몽둥이로 때려 피를 흘리게 하여 죽이는 풍습이 생겨났다. ……갑골문 미(𢼸)자는 노인의 뒤에 살금살금 몰래 다가가 몽둥이로 뒤통수를 내리치는 것을 보여주고 있다. 기운이 쇠약한 노인에게 행한다 는 의미에서 쇠약하다의 뜻이 붙게 되었다.
그리고 은밀한 곳에서 몰래 이뤄졌으므로 그런 뜻이 붙게 되었다. 실제로 고대유골 중엔 두개골이 깨져있는 상태로 발굴된 것이 많은데 이를 증명하는 것이다." 아주 무시무시한 설명입니다.
그러나 첫 번째 그림은 「노인(長)의 거동으로 여긴다(攵:攴)」는 말입니다. 그리고 두 번째 그림은 노인(長)과 발자국(止)으로 이뤄져있는데 바로「노인의 발자취」를 그렸습니다. 쇠약하며 소리조차 크게 나지 않는 노인의 행보를 통해「쇠약하다, 미약하다」등의 뜻을 나타낸 것입니다.

○. 정(政)

「다스리다」의 뜻으로 쓰입니다.「바를 정(正)+ 친다 복(攵)」의 구조입니다. 정(正)의 옛글자는 다음과 같은 그림입니다. 울퉁불퉁한 모양위에 둥근형체가 있는 그림입니다.
이 글자는 아주 오래된 것으로 수렵과 목축생활 때문에 생긴 것입니다. 즉 짐승을 잡아 가죽을 벗기고 그다음에 마름질을 하는 모양을 그려낸 것입니다. 울퉁불퉁한 가죽위에 대가리가 둥근 못을 그린 것이 ● 자입니다. 따라서 정(正)은「고르게 하다, 편편하게 하다」는 뜻입니다.
정벌할 정(征)은「정(正)+ 행하다(彳)」의 구조로 평평하게

하는 행위를 말합니다. 즉 난리나 소요를 울퉁불퉁한 그림에 비유한 것입니다. 따라서 정(政)은 「높낮이 없이 고르게 한다」는 것입니다.

모두가 잘살고 모두가 평등하게 삶 할 수 있다면 이것은 우리들이 꿈꾸는 이상적 사회일 것입니다. 정(政)은 그것을 나타냈습니다. 따라서 정치(政治)의 기본철학 역시 정(政)자에 들어있습니다.

그런데 이 글자역시 「두들겨 패서(攵:친다) 바르게(正)하는 것이 정(政) 이다」로 말하고 있습니다.

○. 교(敎)

「가르치다」의 뜻입니다. 이 글자역시 「매질하여 옳고 그름을 아이에게 알게 하는 것」으로 해석하고 있습니다. 예나 지금이나 아이의 교육은 매질만이 능사가 아닌데 옛사람이라 해서 그 이치를 몰랐을까요?

그러나 중국문자를 배우는 사람들은 모두들 위 해석을 받아들이고 있습니다. 아까운 시간과 돈을 들여 거짓을 진실이라고 배우고 있으니 참으로 안타까울 뿐입니다.

교(敎)는 가름한다는 뜻인 (乂)자가 있고 그 아래에 오른손(ナ)이 있으며 맨 아래에 아이(子)가 있습니다. 그리고 오른쪽엔 「친다」를 나타낸(攵)사가 있습니다. 뜻을 보아보면 「교(敎)는 옳고 그름을 가름하는 것(乂)을 아이(子)에게 주는 것(ナ)으로 친다, 여긴다(攵)는 말을 그린 것」입니다.

가르친다(敎:교)와 배우는 것(學:학)은 표리관계입니다. 즉 아이입장에서 보면 배우는 것이고 주는 입장에서 보면 가르치는 것입니다. 그러므로 배울 학(學)자를 살펴보도록 하겠습니다.

옛글자는 다음과 같습니다.

(爻)자는 옳고 그름을 가름한다는 뜻입니다. 이것을 두 손으로 잡고(臼)아이(子)에게 주고 있는 모양입니다. 가르칠 교(敎)와 배울 학(學)의 모양은 차이가 있지만 뜻은 똑같습니다. 이 글자에 칠 복(攴:攵)이 더해진 글자가 있는데 아래와 같습니다.

「옳고 그름을 가름(爻)하는 것을 아이에게 주는 것으로 여긴다(친다)」는 말입니다. 따라서 이 글자가 배울 학(學)의 본래 글자입니다.

○. 수(數)

「셈, 헤아리다」의 뜻입니다. 옛글자는 다음과 같습니다. 이 글자를 다음과 같이 해석하고 있습니다. '얼굴에 무늬를 그린사람과 두 손, 말(言)로 이뤄졌다. 후에 산가지를 든 여자 무당의 모습으로 바뀌었다.'

- 갑골에 새겨진 신화와 역사 95p

어디에 무당이 있고 얼굴에 무늬를 그린사람은 또 어디에 있는지? 참으로 제멋대로의 해석입니다. 거듭 말하지만 상형(象形)문자엔 구체성이 있는데 이를 찾지 못한데다가 한국어를 도입시키지 못했기에 빚어진 헛소리가 되겠습니다. 글자의 왼쪽부분은 매듭을 여러 개 지어놓은 모양이며 오른쪽은「친다, 여긴다」로 읽어야 될 칠 복(攴:攵)자입니다. 따라서 수(數)는「매듭을 지어가는 것과 같다(여긴다)」는 말을 그려낸 것입니다.

수를 헤아리는 첫째 방법은 우리 몸에 있는 손가락을 꼽아 보는 것이었습니다. 이러므로「손꼽아 본다」는 말이 생기게 됐습니다. 이렇게 손꼽아 보는 것은 한국, 중국, 서양 및 아프리카 사람들 모두가 똑같습니다. 그러므로 세계 곳곳의 수학자들이 한데모여 '우리 모두 10진법을 쓰도록 합시다.'

하고 약속하지도 않았지만 모두들 10진법을 쓰고 있는 것입니다.

즉 세계 곳곳의 사람들이 모두들 10진법을 많이 쓰고 있음은 우리 몸의 손가락이 10개이기 때문입니다. 그러나 손꼽아 헤아리는 것은 기억력 좋지 못한 사람에겐 금방 잊어버리게 되는 단점이 있었습니다.

그래서 작은 조약돌을 사용하기도 했고 노끈을 매듭지어 그 수를 헤아리기도 했습니다. 이렇게 노끈을 매듭지어 뜻을 통했는데 이것을 결승문자라 말하기도 합니다. 따라서 수(數)는 결승문자에서 비롯되어 졌다고 할 수 있겠습니다. 치다(攵:攴)가 들어가므로 해서 이뤄진 글자는 예를 든 것 말고도 많이 있습니다. 그 해석은 독자 여러분들의 몫으로 남겨놓겠습니다.

一. 또, 새(鳥)임금 고신씨(高辛氏)

소호금천씨의 손자로 고양씨의 딸에게 장가들어 왕위를 이어받은 고신(高辛)임금을 황제헌원의 직계자손으로 역사책엔 기록되어있습니다. 그러나 중국사전 사화 -서량지 저 엔 다음과 같이 되어있습니다.
 '고신씨는 동이족의 군장(君長)으로 중국의 역법(曆法)다운 역법을 만들었으며 황제족(한족의 원류)과는 정치적 관계는 있었지만 혈연관계는 없었다. 이렇기에 고구려의 시조인 고주몽이 고신씨의 후예며 국호를 고신의 고(高)를 따 고구려라 한 것이다.'
 서량지 선생의 주장은 중국 땅에서 제일 오래된 기록인 산해경(山海經)의 기록과 일치됩니다. '동쪽 끝 바다 건너에 백민(白民:밝은백성)이란 나라가 있는데 준(俊:高辛)임금의 후손이다. 그 나라 사람들은 성(姓)을 쇄(鎖)로 하고 네 종류의 새(四鳥)에게 나랏일을 맡기고 있다.'

 산해경의 기록은 또 다음과 같이 나와 있습니다.
 '동해지내(東海之內) 북해지우(北海之隅) 유국명왈(有國名曰) 조선천독(朝鮮天毒) 기인수거(其人水居) 외인애지(偎人愛之)'
 「동쪽 바다 안 북쪽 바다 모퉁이에 조선이란 나라가 있다」는 뜻입니다.
 위 기록 말고도 진서(晉書)의 재기(載記)와 삼국사기 백제본기(白濟本記)에는 다음과 같이 기록되어 있습니다.
 '고구려 또한 고신씨의 후예이므로 성(姓)을 고(高)라 했다.'

 위 기록에 나오는 '…성(姓)을 쇄(銷)로 하고…'의 쇄(鎖)는 쇠(金)를 나타내는 것으로 고신씨의 성(姓)과도 일치됩니다. 즉 옛날엔 쇠(金), 쇄, 세(새)는 같은 소리로 썼음을 말하고 있으며 고신씨 역시 소호금천씨처럼 金씨였음을 말해주고 있습니다. 그리고 고신임금때의 나라이름은 조선(朝鮮)이었으며 고구려 및 백제역시 고신씨의 후예로 되어있습니다. 본 이름이 준(俊)이었던 그가 고신(高辛)이란 이름으로 불리게 된 것은 장인이자 아비(父)인 고양(高陽)의 고(高)를 이어받았음을 나타낸 것입니다.

  사람들은 자신이 존경하거나 사랑하는 사람을 닮고 싶어합니다. 그래서 그 사람의 이름을 자신의 이름으로 하기도 하며 이름 글자중의 한 자를 빌려서 작명하기도 합니다.

  고양씨 가문에 장가들어 임금인 고양씨의 자리마저 이어받았다는 것은 고양씨 가문의 큰 어른이 되었다는 것도 뜻합니다. 가문의 큰 어른(大父)이 되면 가문의 제사와 가문사람들을 통솔해야 했습니다.

  이것을 아비부(父:父)로 나타냈는데 제일 큰 아비를 대부(大父) 그 다음을 중부(仲父) 그리고 그 다음을 소부(小父)라 했습니다. 이런 배경에서 고신씨를 나타낸 금문(金文)을 소개합니다.

  가제집고록 7책 17에 있습니다. 맨 위 글자는 아(亞)자이고 부신(父辛)이라 되어있습니다. 따라서 이 금문은 고신씨가 가문의 어른이 되어 친족에게 내린 것입니다.

'아(亞)는 그 당시엔 동서를 뜻하며 공동사위인 오회(吳回)와 순(舜)을 맞아 내린 것'으로 낙빈기 선생은 해석했습니다. 그런데 고신(高辛)의 신(辛:辛)자는 소호금천씨 때의 ▽자가 발전 변화됐음을 보여줍니다. 즉 신(辛:辛)은「▽ + Y」의 합체자 인데 ⩯ 자는 ▽자의 머리 위쪽에 가로선 하나를 더 지닌 것입니다. 따라서 ⩯ 자는 또 새로(세로) 세

위졌다는 말을 나타냈습니다. 그리고 ▽ 아래에 있는 Ψ 자는 손 수(手)의 옛글자로 받들어 올린다는 뜻입니다.

 모두의 뜻을 묶어보면「⊽ 은 떠받들려 또 새로이 세워졌다는 말입니다」즉 ▽ 머리위의 (-) 은「또 다시」라는 뜻을 나타냅니다.

 이 ⊽ 자는 亲 으로 발전 변화되는데 글자꼴만 변했지 뜻까지 변한 것은 아닙니다. 그것은 ⊽ 은 세우다, 서다의 뜻을 지닌 립(立)으로 변했고 Ψ자는 목(木)으로 대체된 것입니다. 따라서 亲 은「새로 세워져(立)나왔다(木:남)」「서(立) 나왔다」는 말로서 다음과 같은 글자들을 이룹니다.

① 신(新)
「새롭다, 새」의 뜻으로 쓰입니다.「새로 세워져 나옴(立)+ 가까울 근(斤)」의 구조입니다. 따라서 新은「새로 세워져 나온 것(立)과 가깝다(斤)」는 말을 그린 것입니다. 여기서 필자는 도끼 근(斤)으로 되어 있는 근(斤)을 가깝다고 해석했습니다.

이 근(斤)은 '갑골문 ᕑ 자 이고 소전체엔 ᢙ 자로 나타나 있다' 고 기존의 해석서엔 되어있습니다. 그러나 금문(商代)과 소전체를 보면 ʃʃ 자로 되어있습니다. 따라서 ᢙ 자와 ʃʃ 자는 도끼를 상형한 것이 아니고 가까이 있는 두 사람을 나타낸 것입니다. 도끼를 상형했다면 ᖘ 및 ᑭ 의 그림으로 그려야 상형의 구체성에 일치됩니다.

갑골문 ᕑ 자는 글자 그대로「찍는다, 찍는 것」의 뜻을 알 수 있습니다. 즉 ᕑ 자와 ᢙ(ʃʃ)자는 동일한 글자가 아닙니다. 가까이 있는 두 사람을 그린 ᢙ 자가 斤 으로 변해졌고 가까운 곳에 쓸 수 있는「도끼」라는 뜻은 빌려온 것입니다.

다음의 글자에 있는 근(斤)을 「가깝다」로 해석하면 쉽고 정확하게 그 뜻이 풀립니다.

○. 척(斥)
「물리친다, 망본다」 등의 뜻으로 쓰이고 있으며 배척하다 로 말 됩니다. 근(斤)자에 가로선 하나가 글자의 늘어진 부분을 자르는 형태로 되어 있습니다. 따라서 「가까이(斤) 오지 못하게(斥) 하다」가 본뜻임을 알 수 있습니다.

○. 근(近)
「가다(辶)와 가깝게(斤:근)」의 구조입니다. 따라서 「가깝게(斤) 갈 수 있다(辶)」는 말이 됩니다.

○. 사(斯)
춘래불사춘(春來不斯春) 즉 봄이 왔으나 「봄 같지 않네요(不斯春)」로 말 되어 쓰입니다. 그리고 사이비(斯而非)라는 말을 이룹니다. 즉 그것 같지만(斯) 아니다(非)는 뜻입니다. 이렇게 쓰이는 사(斯)는 「그것이다(其)+ 가깝다(斤:근)」의 구조로 「그것과 가깝다(비슷하다)」는 말을 그린 것입니다.

○. 단(斷)
적다는 뜻을 나타낸 요(幺)가 아래위쪽에 여러 개 있습니다. 이 뜻은 작게 아주 작게 갈라짐을 나타냅니다. 그리고 근(斤)은 가깝다(~와 같다)를 말합니다. 따라서 단(斷)은 「작게 작게 또작게 만드는 것과 같다(가깝다)」는 말로서 잘게 자르는 것을 뜻합니다. 이것을 '도끼(斤)로 이어진 실타래를 자르는 것을 나타냈다.'로 해석하고 있습니다.
적을 요(幺)와 실사(糸)를 같이 취급했으며 실타래같이 부드러운 것을 도끼로 자른다는 것은 상식적으로 이해가 되지 않는 해석입니다.

② 친(親)

「가깝다, 친하다」는 뜻입니다. 「새로 세워져 나옴(亲)+볼 견(見)」의 구조입니다. 새로 세워지고 나타난 것을 본다(見)는 것이 어째서 가깝고 친한 것일까요?

이 글자의 해석역시 글자가 만들어질 당시의 사회적 규칙이나 생활모습을 모르면 풀 수 없습니다. 앞에서 잠깐 언급했듯이 그 당시엔 권력을 쥔 가문의 실세들에 의해 하나의 직책 및 일(事:사) 등이 이뤄졌습니다. 따라서 하나의 탄생이나 직책이 정해질 때는 가까운 가문의 사람들이 지켜봤습니다. 말을 바꿔한다면 가문의 가까운 사람만이 하나의 탄생이나 소임을 정할 수 있고 볼 수 있었다는 말입니다.

고신씨때의 사건을 나타낸 것으로 해석되는 다음과 같은 금문이 있습니다. 「가제집고록 3책 3」에 기재된 왼쪽의 그림에서 맨위는 코끼리를 그린 것입니다. 그리고 가운데 글자는 조(祖)자의 원시체로 오늘날의 조(且)입니다. 맨 아랫쪽은 신(辛:辛)자 입니다.

이 금문에서 알 수 있는 것은 4200여 년 전 중국땅 산동지역엔 코끼리가 있었다는 것입니다. 그리고 한국어 조(且:且)가 그 당시뿐 아니라 춘추전국시대까지 쓰이고 있었다는 것입니다.

且자는 남성기를 그린 且자의 변체로 조상 조(祖)를 이루며 그 당시의 사당 조(且)를 만들기도 합니다. 상나라 때의 갑골문을 보면 아주 실물과 흡사한 모양(且)으로 나타납니다.

조상 조(祖)는「제사지낼 시(示)+ 조(且)」의 합체로「조(且)를 제사 지낸다」또는 제사를 받는 조(且)라는 말을 그린 것입니다. 우리들은 어디서 태어났을까요? 이 물음에 대한 답은 여러 가지일 수 있습니다. 그러나 제일 간단하고 많은 사람들이 쉽게 공감할 수 있는 대답은「아비의 일점 수(水)에서 비롯되어 어머니의 자궁에서 태어났다」일 것입니다. 그러므로 비롯될 시(始)는「여자(女)와 사내(厶)」가 만나(女厶)이뤄짐을 말한다(口)로 되어있습니다. 하지만 제일 첫 시작은 남성기에서 나온 한방울의 정액입니다.

 이러므로 조상 조(祖)가 이뤄진 것입니다. 그런데 남성기를 그린 ㅂ 및 且 자에「조」라는 음이 붙어있다는 것은 그 당시에 한국어가 통용됐음을 말하고 있습니다.

「중국상고 사회신론」의 28숙론(二八宿論)엔 '‥‥남자아이의 배설기관을 조(且)라고 불렀다.'고 되어있습니다.

 소호금천씨 때부터 본격적으로 시작된 철기 제작기술은 고신 임금때엔 더더욱 발전되었습니다. 이에 따라 쇠그릇에 글자를 새기는 방법도 향상되어 많은 일들을 새겼습니다. 그래서인지 고신씨때의 일을 나타낸 금문이 많이 보입니다. 그리고 그 금문의 내용역시 제법 하나의 완전한 문장으로 발돋움하고 있음을 볼 수 있습니다.

 그렇지만 세상에 벌어지는 특이한 일이나 왕가(王家)에서 벌어지는 일 및 새로운 법령 등등의 일들을 전부 새길 순 없었습니다. 그래서 어떻게 해야 하며 그렇게 하면 안 된다 등의 법령과 새로운 기술 방법 등을 보존 전달하기위해 기억력 좋고 말 잘할 수 있는 사람이 있어야 했습니다. 따라서 그 능력에 따라 여러 분야의 직책을 맡겼습니다. 이것은 다음의 글자를 통해 확인할 수 있습니다.

왼쪽의 그림은 갑골문에도 나타납니다. ▽은「새로 세웠다」이며 ƒ은「긴 창(戈)이 땅위에 세워져 있는 모양」입니다. 맨 아래 글자 ㅂ은 입 구(口)자로 「말하다」를 나타냈습니다.

　모두의 뜻을 모아보면「새로 세워(▽) 박았음(정했음)을 말한다」입니다. 위 말을 좀 더 정리하면「내세워 정했음을 말한다」입니다. 따라서 이렇게 내세워 정해졌음(戠)을「들을 수 있는(耳:귀) 것」이 직(職)이 되고 그것을「말할 수 있는 것」이 알다, 적다(記)의 뜻으로 쓰이는 식(言+戠 = 識)인 것입니다.

　그리고 그 당시엔 단(單:🐾)이라 불리운 수레가 있었습니다. 평상시엔 농기구나 여러 물건들을 싣고 다녔습니다. 그러다가 전쟁이 나면 이 단(單)에다 긴 창(戈)을 싣고 싸움터로 나갔습니다. 그래서 싸울 전(戰: 單+戈)자가 생기게 된 것이랍니다.

　창 과(戈)는 오늘날 유럽의 농촌에서 쓰고 있는 기다란 낫 같은 것으로 베는데 쓰는 것이었습니다. 평시엔 농기구로 쓰이던 이것은 전쟁터에선 좋은 병기(兵器)가 되었습니다. 그런데 기다란 이것은 멀리 있는 적을 공격하긴 좋으나 몸 가까이 다가온 적에겐 불리한 약점이 있었습니다. 그래서 이것을 보완하기위해 손도끼처럼 근거리 공격용무기를 든 사람과 한편이 되도록 했습니다. 바로 오늘날의 아(我)자가 그것을 말해주고 있습니다.

　즉 작은 무기를 나타낸 글자(手)와 긴 창(戈)의 합체가 아(我)자 라는 말입니다. 그러므로 아(我)는 나(my)를 뜻하는 것이 아니고 우리(we)를 말하는 것입니다. 따라서 그 독음 역시 우리 우(我)로 읽어야 합니다. 아직도 이해가 안 되시는 분은 아군(我軍)의 뜻풀이를 해보면 금방 이해할 것입니다.

그 당시나 지금이나 군(軍)은 질서정연한 움직임이 있어야 하고「명령하나에 똑같이 움직여야」합니다. 이런 군(軍)의 움직임은 항상 법도에 따라야 함이 기본일 것입니다. 창 (戈)자로 이뤄진 글자를 보면 다음과 같습니다.

① 술(戌)
「11번째 지지(地支), 개(犬)」의 뜻으로 쓰이고 있습니다. 창(戈)을 쥔 손을 뻗어 땅에 대고 있는 모양입니다. 성문을 지키거나 할 때 병사들은 창을 땅에 세워놓고 서있습니다. 이런 모양을 간략하게 그린 것입니다. 따라서 지킬 수(戌) 라 하기도 합니다.

② 혹(或)
「혹시~, 나라, 의심하다」의 뜻입니다. 창(戈)으로 고을(口) 을 지키고 있는 모양을 그렸습니다. 따라서 지켜야할 고을 이 되고 여기에 큰 고을을 나타낸 (口)자가 합쳐져 나라 국 (國)을 이룹니다. 나라와 자기 영역을 지키는 일에는 잠시 의 방심도 용납되지 않습니다. 그럼으로 항상 혹시 무엇이 쳐들어오지 않을까? 하는 경계심을 지녀야 합니다.
여기서「의혹, 혹시」의 뜻이 나왔습니다.

③ 계(戒)
「경계하다, 지키다, 삼가다」는 뜻입니다. 창(戈)과 두 손 (廾)의 구조입니다. 병기인 창(戈)은 적을 막는 것이기도 하 지만 사람을 죽이는 흉기 역할도 합니다. 그럼으로 이 창 (戈)을 다룸에는 신중해야하고 함부로 하지 않아야 합니다. 따라서 두 손(廾)으로 창을 받들어 잡고 있음은 위의 뜻을 내포하고 있는 것입니다.

④ 함(咸)

「같다, 골고루」의 뜻으로 쓰고 있습니다. 옛글자는 ᠍ 자였습니다. 창(⏉)+세우다(◁)의 구조에 일컫는다(ㅂ:口)가 붙어있는 글자입니다. 따라서「창을 세워들고 있음을 말한다」는 것입니다.

옆으로 누운 (◁)자가 창(⏉)에 붙어있는 것은 창을 세워들었음을 나타내는 것입니다. 하나의 몸처럼 일사불란한 군사행동을 빌어「같이 하다」는 뜻을 나타낸 것입니다. 즉 열병을 할 때나 적을 향해 전진할 때는 모두가 하나같이 창을 세워들어야 했습니다.

(咸)자의 독음「함」은「함께하다」의「함」이 붙은 것입니다. 이 글자에 마음 심(心)이 붙어 감(感)자가 이뤄집니다.「느끼다, 감응하다」의 뜻으로 쓰이는데 마음을 함께해야만 서로 응(應)할 수 있고 느낄 수 있는 것입니다.

그리고 함(咸)에「말하다」는 뜻을 지닌 입구(口)가 붙게 되면 함(喊)자가 됩니다. 글자의 뜻 그대로「함께(咸) 말하다(口)」입니다. 무슨 뜻인지 금방 이해 안 되시면「함성(喊聲)을 지르다」의 뜻을 생각해 보시면 쉽게 알 수 있을 것입니다. 함성은 혼자서가 아니라 여러 명이 같이 동시에 내지르는 소리입니다.

「아우성」과 비슷한 말이 함성(喊聲)입니다. 즉「아우」는「같이하다」는 뜻으로 동(同)과 같습니다. 성(聲)은 소리를 말합니다. 그러므로 아우성은 여러 명이 같이 내지르는 소리로 바로 함성(喊聲)과 비슷합니다. 그러나 함성은 일사불란한 느낌을 주고 아우성은 혼란스런 느낌을 주는데 그 차이는 함(喊)과 동(同)의 차이입니다.

즉「함께」라는 말은「한 몸처럼 행동 한다」는 뜻이나 같이(同)라는 말은 어울리긴 하나 한 몸으로 행동함은 아닌 것으로 이구동성(異口同聲)과 같은 말입니다.

고신씨가 임금이된 얼마후 고양씨 가문에서 말썽을 부렸습니다. 고양가문의 큰 어른이 된 고신씨가 자신의 직계인 금천씨 가문을 챙겨주자 이를 문제 삼은 것입니다. 그래서 이들을 다독거리기 위해 고양씨 가문의 시조인 희화씨가 모셔져있는 사당에 참배를 가게 됩니다.
코뿔소 형상의 술두루미에 새겨진 아래와 같은 명문(銘文)이 있어 그때의 일을 말해줍니다.

가제집고록13책에 있는 글입니다. 낙빈기 선생의 해석은 이렇습니다.
'주자왕상주조(珠子王相珠祖) 왕사중여주패(王賜衆艅柱貝) 조왕래족인방(鳥王來足人方) 조왕십사 5월5일(鳥王十祀五月五日)' 위 내용을 옮기면 다음과 같습니다.

주(珠)의 아들인 왕이주(柱)를 모신 사당에 와서 제사 지냈다. 왕이 중여(衆艅:鯀곤)에게 주패(株貝)를 주었다. 조왕이 인방에 와서 축(祝:足)을 올린 것은 조왕이 열 번째 제사를 지낸 5월 5일이다.

위 해석에서 필자가 문제 삼는 것은 낙선생이 상(相)으로 읽은 ✾ 자와 중여(衆艅)로 읽은 ❖ ⾏ 자입니다. 그리고 제사지낼 축(祝)으로 읽은 ❤ 자와 응(鷹)으로 읽은 ✾ 자입니다. 따라서 필자는 다음과 같이 수정 해석합니다.

주(珠:●)의 아들(우:사위자식)인 왕이 구슬(●:珠)을 생겨나게 한(✾) 주(柱:✾)가 모셔져있는 사당(全)에 왔다.
- 성묘(省墓) 하는 것처럼

왕이 구슬(●)의 살붙이(♠)를 이어지도록(H)한 세 번째 눈(三目:ㆍㆍ)에게 주패를 내렸다.

새(:新)왕이 안방에 와 소란스러움을 바르게 했다(:正) 새(新)왕이 10번째 제사를 지낸 5월5일에 있었던(:有)일이다.

낙선생이 오늘날의 상(相)으로 읽은 자를 필자는 구슬(●)이 생겨난 그 과정을(:生) 본다(:目)로 해석했으며 오늘날의 성(省)과 결부시킨 것입니다. 즉 자는 생겨날 생(生:)을 간략하게 나타낸 것이고 그 아래의 눈()은 본다, 살핀다 로 본 것입니다.

이때까지의 해석에 있어서도 자를 상(相)으로 보는 사람과 성(省)으로 보는 사람으로 나눠져 있습니다. 그러나 조상의 무덤을 찾아가 살피는 것을 성묘(省墓)라 합니다. 그러므로 자는 상(相)이 아니라 성(省)으로 해석해야합니다.

다음으론 자를 세 번째 눈(三目)으로 해석했습니다. 이것은 자의 머리 부분 자를 오늘날의 수(首)로 보아 주(珠:고양의 父)를 머리사람(首人)으로 했습니다. 그리고 고양씨를 두 번째 눈(二目)으로 했고 고양씨의 살붙이로 고양씨의 대를 이어가는 곤(鯀)을 세 번째 눈(H)으로 본 것입니다. 그리고 낙선생이 축(祝)으로 본 자는 오늘날의 정(正)입니다. 바르게 하다는 뜻의 글자인데 울퉁불퉁한 가죽에 정(丁:●)을 박아 마름질하여 고르게 한다는 뜻입니다. 그럼으로 제사지낼 축(祝)과는 전연 상관이 없습니다. 그리고 자를 낙선생은 조(鳥)또는 응(鷹)으로 읽었는데 한국어 새(新)로 읽어야 합니다.

○. 래(來)

「나무(木) 위 양쪽에 사람이 올라가있는 모양」입니다. 이 뜻은 나무(木)에 올라 여러 사람이 밟고 있다. 또 여러 사람이 올라와 밟고 있는 나무입니다. 따라서 이 글자는 보리 맥(麥)의 본 글자입니다.

보리는 밟아줘야 잘 크므로 해서입니다. 그러나 나무(木)에 「올라가 있다」는 말의 「올라」라는 말은 「올래(래)」와 비슷한 소리입니다. 그리고 올라 및 올래(레)는 「온다」는 말과 같은 뜻입니다. 그래서 來에 「온다, 올(오다의 진행형)」이란 뜻이 붙게 됐습니다.

이렇게 되자 來자에 발을 나타낸 (夂)자를 붙여 보리 맥(麥)자를 새로이 만들게 됐습니다. 이 글자처럼 해석해야 풀리는 다음의 글자를 보도록 하겠습니다.

○. 전(傳)

「이을, 전할」의 뜻으로 쓰입니다만 순수한 우리말로하면 「물려주다」는 뜻입니다. 그런데 「사람(亻)+오로지 전(專)」의 구조로는 '물려주다' 의 뜻은 어디에도 없습니다.

그러나 전(傳)을 「부(付)+물레(叀)」의 구조로 보면 풀립니다. 즉 부(付)는 사람(亻)에게 무엇을 주는 것(寸)을 나타낸 것입니다. 그리고 叀 자는 물레를 상형한 것으로 「물레」로 읽어야 합니다. 이렇게 하면 「사람(亻)에게 물레(叀) 주다(寸)」는 말이 바로 전(傳)자 인 것입니다.

「물레」라는 말과 「물려」라는 말을 같이 취급했습니다. 그리고 위 명문중의 ♦ 자는 앞장 신농씨 편에서 살펴본 씨앗을 상형한 글자입니다. 바로 「씨」로 읽혀진 글자인데 지금의 우리는 십(十)으로 발음합니다.

그런데 씨(♦)가 어째서 숫자 십(十)과 같을까요?

이 역시 한국어를 알아야 풀립니다. 즉 씨(♦)는 열매에서 생기고 또 열매를 맺게 합니다. 바로 씨(♦)는 「열다」이고 「열다」가 씨(♦)인 것입니다. 이러므로 씨(♦)는 숫자 십(十: ♦)이 될 수밖에 없는 것입니다.

※ 열매는 열어서 맺히는 것을 말합니다.

고신임금 다음 왕위는 직계아들인 지(摯)가 차지했습니다. 고양씨 가문의 대부(大父)로서 막강한 힘을 지닌 곤(鯀)의 후원에 힘입어 등극했습니다. 그러나 7년후 요(堯)에게 왕위를 찬탈 당했으며 목숨까지 잃었습니다.

왕위에 앉은 요(堯) 임금은 사위인 순(舜)에게 왕위를 물려줘야 함에도 차일피일 미루기만 했습니다. 요 임금역시 자신의 직계아들인 단주(丹珠)에게 그 자리를 물려주고 싶어서였습니다. 기다리다 지친 순(舜)은 마침내 칼을 빼들었습니다. 순의 이 거사에 북쪽 요하지역에 있던 박달임금(檀君)은 태자 부루를 보내 도왔습니다.

거사는 성공했고 순은 요를 선우중산국(中山國)에 유패 시켰습니다. 기존의 역사서엔 요임금이 사위인 순에게 왕위를 선양했다고 되어있습니다. 그러나 중국의 역사서는 너무 거짓이 많아 믿기 어렵습니다. 이에 대한 잘잘못을 기리려면 큰 책 1권으로도 모자랄 것이므로 여기선 생략합니다.

一. 유신(維新)임금 순(舜)

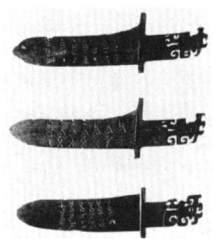

一. 삐딱한 청개구리 같은 사람

순은 어릴 때부터 삐딱했습니다. 모두가 이 길로 가야된다 하면 그는 딴 길로 갔습니다. 질그릇 굽는 방법과 물고기 잡는 방법 역시 기존의 방법에서 벗어나려했습니다.

우리의 민담에 나오는 청개구리 같았습니다. 그래서 사람들은 고개를 삐딱하게 하고 있는 사람 그림(夨)으로 그를 나타냈습니다. 오늘날의 오(吳)자입니다. 또 거꾸로 가는 사람이란 뜻으로 夬 자로 그를 나타냈습니다.

발(足:屮)은 사람의 아래쪽 발 부분에 있어야 정상인데 이 그림은 발이 머리 쪽에 있습니다. 발(足)은 가는 역할이고 머리 쪽에 있음은 거꾸로를 나타냅니다. 삐딱한 사람(夨)이든 거꾸로 가는 사람이든 다른 사람들 눈엔 불안하게 보입니다. 그리고 잘못된 것으로 인정합니다.

그래서 근심하다, 불안하다는 것을 「두렵다」는 뜻을 지닌 「호랑이 호(虎)+삐딱한 사람(吳)」의 구조인 우(虞)자로 나타냈습니다. 그리고 吳자는 나라 성(姓)의 뜻이지만 여기에 말씀 언(言)을 더하면 (言+吳) 틀릴 오(誤)가 되므로 吳의 본뜻을 알 수 있습니다.

또 사람들은 그를 위(韋)자로도 표시했습니다. 글자의 뜻 그대로 남들과는 다르게 어긋나게 갔기 때문입니다. 그런데 인류문명의 발달 발전은 낡은 전통을 등지고 새로운 길을 찾는 사람에 의해 이뤄졌습니다.

위인(偉人) 위대(偉大)로 쓰이는 위(偉)자는 그것을 잘 나타내고 있습니다. 즉 위(偉)는 「사람(人)+거꾸로, 어긋나게 가다(韋)」의 구조로 거꾸로 어긋나게 가는 사람이란 말입니다. 이런 순임금에 의해 질그릇 굽는 방법의 혁신이 이뤄졌고 고기 잡는 그물의 성능도 좋아졌습니다.

二. 새(鳥:🐦)는 새롭다는 뜻

임금으로서 어느 정도 자리가 잡히자 순은 요(堯)에 의해 폐해져있던 희화씨를 다시 사직신(社稷神)으로 모셨습니다.

이런 역사적 사실을 반영한 것이 한(韓)자입니다. 즉 한(韓)의 옛글자는 韓 인데 이는 「위(韋:韋)씨가 햇님(⊖:日)을 받들어(丫) 올렸다(丫)」는 말을 그려낸 것입니다. 그런데 이 한(韓)은 「해돋을 간(倝)+서로 어긋나게 간다(韋)」의 구조로 「해 돋아 오르면 서로 등지고 딴 길로 간다」는 뜻입니다. 그래서 인지 대한제국(大韓帝國)으로 국호를 했다가 일제(日帝)에 의해 36년간 빛을 못 봤습니다. 그러다가 해(日)가 다시 떠오르는 광복(光復)을 맞자말자 북쪽은 저쪽으로 남쪽은 이쪽으로 길을 잡게 되어 결국 분단국이 되고 말았습니다.

요즘 남북통일이 되면 국호를 「고려」로 해야 한다. 아니다 조선(朝鮮)으로 해야 한다. 아니다 세계화된 지금의 국호는 당연히 코리아로 해야 된다 로 갑론을박하고 있습니다. 어쨌든 한(韓)이란 글자와 말은 이때부터 비롯되었습니다. 따라서 어떤 누가 말하길 '순임금이전에 한(韓)이란 나라가 있었다.' 하면 이것은 그야말로 시작과 끝조차 모르는 엉터리 일 것입니다.

그런데 이렇게 사직신을 자신의 할아비인 희화씨로 하게 되자 요(堯)임금 쪽 사람들 즉 황제족(黃帝族)의 인심이 등을 돌렸습니다. 나라를 구성하고 있던 두 개의 큰 민족 사이의 갈등으로 나라가 두 동강 날 지경이 됐습니다. 사태의 심

각성을 깨달은 순(舜)은 그들의 원조(元祖)인 황제헌원을 제사지냈습니다. 이것은 황제족 역시 국가의 중요한 구성원이고 또 그들의 전통과 문화를 존중하고 포용하겠다는 표시였습니다. 이렇게 서로 다른 길로 갈 뻔했던 두 종족을 포용한 것 때문에 그의 이름이 순(舜)이 된 것입니다.

즉 순(舜)은 위에 있는 큰 손(爫)이 이쪽저쪽으로 가고 있는 두 개의 발(舛)을 크게 껴안았다는 말을 나타낸 것입니다. 민심을 안정시킨 얼마 후 순(舜)은 또 엄청난 일을 발표 시행했습니다. 예전부터 지속되고 있던 모계제(母系制) 공산사회를 부계제(父系制)사회로 바꾸겠다는 것이었습니다.

이것은 하늘도 놀라고 땅도 흔들릴 어마어마한 사건이었습니다. 순임금의 뜻대로 되면 사위가 장인의 뒤를 이어받는 제도가 깨어집니다. 그리고 장인 집에서 같이 일하고 같이 살던 공산(共産)제도가 무너져 분가(分家)해 나가는 사위들이 서로 제몫을 챙기려는 다툼이 생깁니다. 뿐 아니라 여자들은 낯설은 남자집에 시집을 가야했습니다. '반대다' '찬성이다' 또 국론이 분열됐습니다. 그러나 순은 강하게 밀어붙였습니다.

이때의 일은 다음과 같은 기록으로 남게 되었습니다.

서청고감19권 26에 기재된 금문입니다. 오른쪽엔 새가 실(糸)을 물고 있는 그림과 여자가 손으로 빗자루를 잡고 있는 그림이 있습니다.

왼쪽그림은 오(夨:吳)를 나타냈습니다. 십자모양의 그림(十)은 동서 아(亞)의 옛글자입니다. 그런데 새가 실을 물고 있는 그림이 오늘날의 유(維:糸+隹새추)자입니다. 그리고 여자가 빗자루를 잡고 있는 그림은 오늘날의 시어미 부(婦)입

니다. 그래서 중국의 문자학자들은 유부(維婦)로 읽었습니다. 그렇지만 무슨 뜻을 나타냈는지는 알 수 없었습니다. 이것은 한국어를 모르는 사람의 한계이기도 합니다.

즉 위 명문은 새그림(🐦)이 무엇을 나타내는지만 파악하면 쉽게 그 뜻이 풀립니다. 그림 하나를 그리겠습니다. 새와 해의 그림입니다.

이 그림을 영국인에게 읽어봐라 하면「bird + sun」으로 읽을 것입니다. 다음으로 중국인이 읽게 되면「조(鳥) 일(日)」로 말할 것입니다. 그러나 한국인들은「새해」로 읽습니다. 그런데「새해」라는 말은 신년(新年)과 같은 뜻입니다. 즉 새(鳥)그림으로 우리말「새롭다」의 새(新)를 나타낼 수 있다는 말입니다.

닭의「벼슬」로 사람이 소임하는「벼슬」을 나타내고「8282」로「빨리빨리」라는 말을 나타낼 수 있는 것처럼 말입니다.

이 🐦 자는 나중에 두 가지 글자로 나눠지게 되는데 새 조(鳥)와 새 추(隹)자입니다. 따라서 鳥자는 날짐승인 새를 나타냈고 추(隹)는 한국어 새(新)를 나타내는 것으로 해석해야합니다.

먼저 위 명문중의 첫 글자를 지금의 글자로 바꾸면「糸(𢆶)+隹(🐦)」의 구조인 維(유)입니다. 그런 다음 그 뜻을 붙여봅시다. 실 사(糸)는「엮는다」는 뜻입니다. 그리고 추(隹)는「새(新)롭다」로 읽습니다. 그러면「새롭게 엮어간다」는 말이 되어 유신(維新)으로 쓰이게 된 그 까닭을 알 수 있습니다.

확인하기위해 다음의 여러 글자들을 풀어보겠습니다.

① 치(稚)
「어리다」의 뜻으로 쓰입니다. 곡식 화(禾)+새추(隹:새롭다)의 구조입니다.「새(隹) 곡식(禾)」이란 뜻입니다. 새 곡식은 어린곡식을 나타냅니다. 새아기, 새댁처럼 말입니다. 그래서 어리다(幼)의 뜻으로 쓰이게 된 것입니다.

② 유(惟)
「생각난다, 생각하다」의 뜻입니다. 마음심(心:忄)+새(新:隹)의 구조로「새로운 마음(생각)」이란 뜻이 되어 생각하다로 쓰이게 된 것입니다.

③ 진(進)
「나가다」의 뜻으로 쓰고 있습니다. 나가다(辶)+새롭다(隹)의 구조로「새롭게 나가다」는 말입니다.
그러므로 진보(進步:새롭게 나가다), 진행(進行:새롭게 나아가 행동하다) 진전(進展:새로이 벌려간다)로 말 되어 쓰고 있습니다.

④ 아(雅)
「우아하다, 예쁘다, 좋다」의 뜻입니다. 코끼리의 어금니 아(牙)+새롭나(隹:추)의 구조로「새로 생겨난 코끼리의 어금니」를 나타냈습니다. 코끼리의 어금니는 일명 상아(象牙)라 하는데 그 색깔이 고와 귀중하게 여겨집니다. 그러나 무엇이던 오래되면 낡아지고 칙칙한 색깔을 띄게 되어 빛을 잃습니다.
이와 반대로 새봄의 새싹처럼 돋아난 코끼리의 새로운 어금니는 윤택 좋고 결이 좋습니다. 그런데 추(隹)를 한국어 「새」로 읽을 수 없었던 사람들은 '새가 무슨 어금니(牙)가 있어?' '아(雅)는 새 주둥이를 나타냈고 새(鳥)주둥이가 아름답다는 뜻을 나타낸 것이란다'로 말했습니다.

⑤ 고(雇)
「일꾼을 쓴다, 품삯, 더부살이」등의 뜻입니다. 문호(戶)+새(隹:新)의 구조로 새로이(隹)만든 문(戶)이란 뜻입니다. 그 당시엔 일하는 사람을 부리려면 자신이 기거하고 있는 집(家)에 새로이 문을 내어(방을 만들어) 기거토록 했습니다. 교통이 불편한 것도 있지만 가산이 넉넉한 집에는 일거리가 많아 자기 집 식구만으론 감당하기 어려웠습니다.
그래서 바깥채에 문하나만 달랑 달린 집이나 방을 만들어 일꾼을 기거토록 한 것입니다.
따라서 고(雇)는 일꾼의 입장에서 보면 더부살이이고 주인의 입장에서 보면 일꾼을 부리는 것입니다. 그리고 이 고(雇)자에 있는 더부살이라는 뜻 때문에 남의 둥지를 빌어 새끼를 키우는 새(뻐꾸기)를 고조(雇鳥)라 하게 됐습니다. 이런 뜻을 지닌 고(雇)자에 머리혈(頁)을 더하여 돌봐줄 고(顧)를 만들었습니다.

⑥ 옹(雝)
「덮어 가리다, 평화롭다, 고을이름, 학교」등의 뜻인데 옛글자는 다음과 같습니다. 왼쪽글자는 흐르는 물(𝄞)과 새(𝄢) 그리고 감아 놓은 모양(8)으로 이뤄져있습니다. 뜻을 모아보면「흐르는 물로 새로이 둘러 감았다」는 말이 됩니다. 아마도 위태로운 성읍(城邑) 주위에 해자를 파서 적을 방어한 일을 나타낸 것으로 생각됩니다. 고을이름(雝城) 평화롭다 등의 뜻은 여기서 나온 것 같습니다. 이 글자에 손을 거듭 씀을 그려낸 글자(扌)가 붙

어 「안다, 부축하다, 돕다 등의 뜻을 지닌 옹(擁)을 만들었습니다.

⑦ 분(奮)
「떨치다」는 뜻으로 쓰이나 떨칠 진(振)자의 뜻과는 차이가 있습니다. 진(振)은 진동(振動) 진자(振子)등으로 쓰이는데 지진을 만나 흔들리는 것처럼「흔들린다」는 뜻이 있습니다. 그러나 분(奮)은 분발(奮發) 분노(奮怒) 등의 말에서 느끼듯 참고 있던 상태 또는 고요하게 있던 상태에서 터져 나오는 힘을 느낄 수 있습니다. 옛글자는 다음과 같습니다.

 이 글자를 이때까지는 이렇게 해석했습니다. ‘새가 밭에서 위로 올라 나오는 모습. 여기서 떨치다의 뜻이 나왔다.’ 그러나 한국어를 도입하여 읽어보면 「바깥(田)으로 새롭게(隹:🐛) 떨쳐오르듯 나간다(⇧)」입니다. 중국문자속엔 기호(記號)문자도 있는데 바로 ⇧ 자 역시 그러합니다. ⇧ 자는 화살표(↑)와 같고 ∧ 자는 위로 진행 작용하는 힘을 보여줍니다. 밭(田)을 바깥(外)으로 읽었는데 이에 대해선 나중에 자세히 논증하겠습니다.

⑧ 탈(奪)
「잃다, 뺏기다(뺏다)」의 뜻으로 쓰입니다. 위 분(奮)자엔 밭전(田)이 글자 아래쪽에 있으나 이 탈(奪)자엔「손쓰다」는 뜻을 나타낸 촌(寸) 자가 있습니다. 따라서 뜻을 모아보면「새로이(🐛) 손을 타 밖으로 나갔다, 또는 새로운 손이 쥐고 나갔다」는 말이 됩니다.
우리한국어엔 물건이 도둑맞게 되면「손 탔다」로 말하는데 이를 나타낸 것입니다.

⑨ 연(然)

「그렇게(스스로) 되어지다」의 뜻이며 당연(當然) 자연(自然)으로 쓰고 있습니다. 이 글자는 이렇게 해석되어왔습니다. '개(犬) 고기를 불(火:灬)에 굽는 것을 나타냈고 이런 자형에서 「불사르다, 그러하다」의 뜻으로 쓰인다.' 그러나 위 해석은 지금의 글자꼴만을 보고 내린 오류입니다. 옛글자는 다음과 같이 변화되어왔습니다.

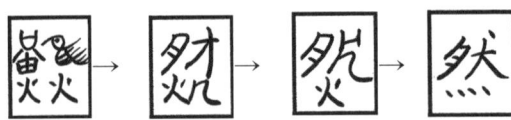

첫 그림의 왼쪽은 불(火)위에 말미암을 유(由)자가 있고 그 위에 밖으로 나갔다는 표시를 나타낸 (凵) 자가 있습니다. 그리고 오른쪽 부분은 새(鳥)가 있고 그 아래에 불(火)이 있는 구조입니다.

따라서 「불(火)이 밭(田:바깥)으로 새어나가 위로 오르면 (凵) 새로이(鳥) 불(火)이 붙는다」는 말입니다. 그렇습니다. 불은 한정된 공간에만 있어야 그 쓰임을 잘할 수 있습니다. 그러나 이 불이 밖으로 새어나가면 새로이 불이 붙게 됩니다. 이것을 우리들은 「불났다」로 말하는데 바로 불(火)이 제자리에서 밖으로 새어나온 상태인 「불 나오다」를 말하는 것 입니다. 이것을 그려놓은 것이 연(然)자입니다. 따라서 연(然)은 이런 원인에 따라 이런 결과가 있다는 아주 자연적인 뜻을 말합니다.

⑩ 난(難)

「어렵다, 힘들다」의 뜻으로 쓰입니다. 옛글자는 다음과 같습니다. 왼쪽글자는 밖으로 나간 발 그림(凵)과 밭(田) 그리고 큰사람이 땀을 흘리고 있는 모습(大)에 새(🐦)가 더해진 것입니다. 하나하나 말뜻을 모아봅시다.「새로이(또다시:🐦) 밭(田)에서 땀 흘리며 밖으로 나간다(廿)」는 말입니다. 일이 어렵고 힘듦을 나타내고 있습니다. 새(新)로이 라는 말은「또 다시」라는 말과 같은 뜻입니다. 즉「새 장가갔다」는 '또 다시(새로이) 장가갔다' 는 말과 같음에서 알 수 있습니다.

전무후무한 순임금의 유신(維新)은 사이좋게 지내던 사위끼리 등을 지게(北) 했습니다. 뿐 아니라 사위와 장인사이도 틀어지게 했습니다. 모두가 재산을 분배하는 과정에서 생긴 욕심 때문이었습니다. 그래서 사람들은 순임금을 일러 북(北:北)이라했습니다. 사람들을 등지게(北:北) 했기 때문입니다.

그런데 사사롭다는 뜻으로 쓰고 있는 사(私)자의 오른쪽 부분 ム자를 다음과 같이 말하고 있습니다. '사(ム)는 팔을 구부려 물건을 감싸 당기는 모양을 본뜬 글자, 전성되어 사사롭다의 뜻으로 쓰인다.' 그러나 대부분의 연구자들이 말하고 있는 위 해석은 아무근거도 없는 추측에 따른 오해입니다.

사(ム)는 한국어 사내 및 사위의「사」를 나타낸 것으로 중국의 옛사전인「이아 석친」엔 다음과 같이 말하고 있습니다. '자매지부위사(姉妹之夫謂私)' 즉「자매들의 지아비를 일러 사(私)라 했다」는 말입니다. 이것은 한국어 사위 및 사내의 사(ム)가 그 당시 중국 땅에서 쓰였다는 증거입니다.
덧붙여보면 한국어「사」를 한족들은「쓰(서)」로 발음했고 이를 되받아 들인 우리들은 남편을「서방」이라 불렀습니다. 그런데 국어사전엔 서방을 書房으로 표기해놓고 글방과 관련지으며 한자에서 비롯된 말로 치부하고 있습니다.

순임금의 유신(維新)은 사위인 우(禹)와 그를 중심으로 하고 있는 세력들의 큰 반대에 부딪쳤습니다. 그렇게 되면 순임금의 왕위는 사위인 우(禹)가 차지 못하게 되고 순임금의 아들인 북자(北子)에게 가기 때문이었습니다. 그래서 그들은 기회를 노렸습니다. 드디어 때가왔습니다. 지금의 호남성(湖南)쪽에 살던 삼묘족(三苗族)이 반란을 일으켰습니다. 순(舜)은 이들을 진압하기위해 오늘날의 호남성 계림(桂林)쪽으로 갔습니다. 우(禹)를 중심으로 한 세력은 손쉽게 왕궁을 점령하고 순의 측근들을 숙청하기 시작했습니다. 순의 아내인 아황과 여영은 북자(北子)를 비롯한 순(舜)의 자식들을 피신시킨 다음 순을 찾아갔습니다.

 동정호에 있는 군산이라는 섬까지 왔을 때 순(舜)이 삼묘족의 화살에 맞아죽었다는 소식을 들었습니다. 아황과 여영은 밤낮으로 통곡하다가 투신자살했습니다. 두 왕비가 몸을 던진 그 자리엔 세계적으로 희귀한 반죽(斑竹: 검은 점이 박힌 대나무)이 무성하게 자랐습니다. 후일의 사람들은 이 반점에 있는 검은 점을 일러 아황과 여영의 피맺힌 눈물자국이라 말했습니다.

 이때까지 신농씨, 소호금천씨, 고양씨, 고신씨, 요임금, 순임금 등에 대해 간단히 살펴봤습니다. 그런데 이들 중 순임금만이 제일 많은 이름을 지니고 있습니다. 어릴 때의 이름이 무엇인지는 밝혀진바 없으나 오(吳), 우(虞), 한(韓), 북(北), 순(舜), 위(韋)의 여섯 개 정도입니다.
예나 지금이나 사람의 이름은 그 사람이 태어날 때 지어지기도 하지만 맡았던 직책과 태어난 곳이 이름이 되기도 합니다.

그리고 행했던 중요한 일 및 특이한 행동에서 비롯됨이 많습니다. 따라서 많은 이름을 지녔다는 것은 많은 일을 했다는 표시이기도 합니다.

순임금의 후손들은 뿔뿔이 흩어졌다가 이름 없는 달구벌(丘)에 모여 새로운 역사를 만들기 시작합니다. 그런 그들 중심엔 순임금의 아들 북자(北子)가 있었습니다. 북자(北子)라는 말은 「북(北)씨의 아들」임을 나타낸 것입니다. 따라서 본래의 이름은 알길 없습니다.

三. 하(夏)왕조

순임금의 뒤통수를 치고 왕위에 오른 우(禹)는 8년 만에 사위인 백익에게 왕위를 넘겼습니다. 이 백익은 진(秦)의 조상이며 순임금에게 영(嬴)이란 성을 받았다고 알려져 있습니다. 백익은 왕위에 있은지 6년 만에 우(禹)의 아들이자 자신의 사위인 하계(夏啓)에게 정권을 찬탈 당하고 살해되었습니다.

왕위에 오른 하계(夏啓)는 국호를 하(夏)라 했으며 직계자손으로 하여금 자신의 왕위를 잇도록 했습니다. 따라서 이하(夷夏)간의 연결은 끊어지게 되었고 하족은 지배자고 이족은 피지배자의 위치로 변했습니다. 신농씨(陽族)이후의 집권역사를 보면 아래와 같습니다.

소호금천씨(陽族-金天氏)→ 고양씨(陽族-황제헌원의 외손자)→ 고신씨(陽族-金天氏系)→ 제지(陽族-金天氏)→ 제요(帝堯:헌원계-熊族)→ 순(舜:고양계-陽族)→ 우(禹:헌원계-熊族)→ 백익(고양계-陽族)→ 하계(夏啓:禹의 아들-熊族)

천하의 종권(宗權)을 쥐게 된 웅족(熊族)은 이때부터 자신들의 족칭을 하(夏)라 했습니다. 바로 하족(夏族)을 말하는데 나중에 한(漢)나라가 종권을 가지게 됨에 따라 하족을 한족(漢族)이라 부르게 됩니다.

하(夏)는 각지의 제후국들로부터 공물을 받아 나라의 재정으로 했습니다. 그러므로 생산에 대한 기술은 크게 발전되지 못했습니다. 이에 발맞춰 문자(文字)역시 크게 발전되지 못했습니다. 다만 문자를 나열하여 하나의 문장을 만듦에 있어선 변화가 있었을 것입니다.

하족은 이족(夷族)과는 발음습관도 다르고 말하는 순서(語順)도 다르기 때문입니다. 예를 들면 이족(夷族)은 「나는 산으로 간다」로 말하지만 하족은 「나는 간다 산으로」라고 말합니다.

그런데 종주국(宗主國)인 하(夏)에서 여러 제후국에게 하명한다던가 지시사항이 있을 땐 하족의 어순(語順)대로 된 공문을 내려 보냈습니다. 이에 따라 제후들 역시 하왕조에 올리는 서한 및 공문역시 하족식(夏族式)이 될 수밖에 없었습니다.

종이가 없었던 그때는 양피지나 짐승 가죽 등에 글을 썼으며 오랫동안 기억해야할 중요한 일은 청동기에 새겼습니다. 이렇게 하족을 따를 수밖에 없게 되자 일부 사물의 명칭 역시 하족의 말을 따라 하게 되었습니다. 예를 들면 눈(👁)을 그려놓고 「눈」이라 읽어야 됩니다. 그러나 눈을 그린 目자를 「눈」이라 하지 않고 「목」이라 하게 된 것은 하족의 발음인 「무」(mu)를 「목」으로 받아들여 쓰고 있는 것과 같은 경우입니다.

주체성이 약한 사람들은 자신보다 더 뛰어난 사람의 말투나 동작을 흉내 내길 좋아합니다. 그리고 피지배 계층은 지배계층과 가까워지려 합니다. 그러므로 흉내 내기가 생기게 되는 것입니다. 이런 현상은 요즘에도 쉽게 찾아볼 수 있습니다.

미국은 아주 잘사는 강국으로 못살던 우리에겐 선망의 대상이었습니다. 그래서 한국인이 한국인에게 말함에도 어려운 영어를 일부러 씁니다. 그리고 간판역시 그러합니다. 따라서 500여 년간 하족이 종권을 쥐고 있었던 탓으로 이족(夷族)의 나라였던 상(尙)나라 때의 문장 역시 하족화(夏族化) 되게 되었습니다.

양족(陽族)에게서 데놈(덜된 놈) 데국(덜된 나라)로 불리우던 곰족의 곰나라(有熊國)는 양족과의 혼인동맹에 의해 달나라(月國) 달사람(月人)으로 불려졌습니다. 곰을 뜻하는 웅(熊)자에 달월(月)이 들어있으며 초기의 곰웅을 育 자로 쓴 것은 그런 연관관계가 있어서입니다.

양족의 그늘에 있던 그들이 드디어 종권을 잡고 하(夏)라는 국호마저 내걸게 되자 그들의 자부심은 대단해졌습니다. 그래서 하(夏)는 활짝, 화려하다는 뜻을 지닌 화(華) 이다 로 말했습니다. 이러므로 그들을 일러 하화족(夏華族)이라 하게 됐습니다.

그런데 중국의 역사서를 보면 「중국땅 오제시기 임금은 모두 하족(夏族:漢族)이었다. 그리고 태평성세를 이룬 대표적인 성군(聖君)은 요, 순(堯舜)이다」로 말하고 있습니다. 대표적인 사서인 사기(史記)는 오제본기(五帝本記)를 다음과 같이 끝맺고 있습니다.

'황제헌원부터 순, 우에 이르기까지 모두 한 핏줄인 동성(同姓)이다. 국호를 다르게 한 것은 그렇게 함으로서 제 나름의 명덕을 밝혀 구분한 것이다. 그러므로 황제는 유웅(有熊), 전욱은 고양(高陽), 제곡은 고신(高辛), 제요(帝堯)는 도당(陶唐), 제순(帝舜)은 유우(有虞), 제우(帝禹)는 하우(夏禹)이고 이것을 씨로 구별했으나 성(姓)은 모두 사성(賜姓)이다.'

그러나 사기의 기록대로라면 요(堯)는 황제헌원으로부터 5대째가 되고 순(舜)은 9대가 됩니다. 바로 요와 순은 4대 차이가 됩니다. 일대(一代)를 25년으로 잡아도 100년의 차이가 난다는 말입니다. 그리고 요의 딸이라는 아황과 여영은 순의 증조할머니 뻘이 됩니다. 즉 순은 증조할미뻘인 아황과 여영을 마누라로 맞았다는 황당한 얘기입니다.
- 이 잘못을 밝힌 이는 중국인인 낙빈기 선생입니다.

 뿐 아니라 기본적인 산수조차 하지 못하는 엉터리라 아니 할 수 없습니다. 그리고 아성(亞聖)으로 칭송받고 있는 맹자(孟子)가 '순(舜)은 동이인(東夷人)이다.'로 분명히 말한바 있습니다. 그런데도 뭣 때문에 맹자왈 공자왈 하던 유학자들은 이것을 도외시했을까요?
참으로 알 수 없는 일이 아닐 수 없습니다.

一. 고치고 고쳐 이룬 새나라
상(商)

 잘못된 것 낡은 것은 모두 새롭게 고치고 또 고쳐
나가자. 그리하여 잃었던 우리의 영화를 되찾자!
　순임금의 개혁정신을 이어받아 새롭게 또 새롭게
나아간 결과 봉황이 구천을 날으는 새 나라를 이룰 수 있었
습니다.
　하루아침에 부모를 잃고 쫓기는 신세로 떨어진 외로운 아이
(🝆) 북자 (北子)는 외진 곳(🝆)을 찾아 자리를 잡았습
니다. 그러자 하루아침에 지배계층에서 피지배계층으로 떨어
진 양족(陽族)들이 하나둘씩 북자(北子)가 있는 이름 없는 달
구벌(丘)로 모여들었습니다. 시일이 갈수록 황량한 벌판엔
제법 많은 수의 집들이 들어섰습니다.

　어느 날 북자(北子)는 자신의 아비인 순(舜)을 받드는 제사
를 올렸습니다. 여기엔 순임금의 개혁정신을 본받는다는 것
과 끊어진 양족의 맥을 이어간다는 뜻이 있었습니다.
　제사에 참석한 양족들은 모두들 순(舜)을 국조(國祖)로 받
들기로 했으며 북자(北子)를 중심으로 뭉치기로 했습니다.
순임금을 제사지낸 북자는 증조할머니(고양임금의 왕비)인
마고할미를 위한 사당을 만들고 다음과 같은 글을 청동기에
새겼습니다.

 군고록에 기재되어있는 금문입니다. 이때까지는
「북자이(北子彝)」라 이름 했습니다. 읽어보면
다음과 같습니다.
「북자(北子:🝆)가 만든(🝆:作) 매(每:🝆) 구(癸:🝆)를 보배
단지처럼 모셔놓고(🝆) 받들어 올리는(🝆) 증표그릇(🝆)이
다」는 말입니다. 이 문장은 알타이어계(語系)문장인데 하
(夏)나라 초기에 만들어졌으므로 화족(華族)의 문장형태가

아닌 것입니다. 위 문장 중에서 자는 오늘날의 매(每)자 입니다. 바로 여자(:女)가 머리 올리고(ㅛ) 엄마가 됐다는 말입니다. 한국어엔 여자가 결혼했다는 말을 우회적으로 하면 '나 머리 올렸다.'로 말합니다. 그리고 남자가「저 여자를 마누라(妻:처)로 삼았다」는 것을「저 여자 머리 올려 주었다」로 말합니다. 이것은 우리의 풍속에서 비롯된 말입니다. 즉 여자가 결혼을 하면 머리를 올려 쪽을 졌습니다. 따라서 남자 쪽에서 하는「저 여자 머리 올려줬다」는 우리말을 그림으로 그리면 다음과 같습니다.

 왼쪽글자는 머리올린 여자()에「손을 써서 ~를 했다」는 뜻을 나타낸 자가 합쳐진 것입니다. 즉「손을 써서() 여자()의 머리를 올려주었다(ㅛ)」는 것입니다.

이 글자는 나중에 마누라 처(妻)자로 변합니다. 이 글자에서 눈여겨 살필 것은 ㅛ 자입니다. (ㅛ)자는 나중에 (一)자 (㇒)자로 변하는데 → → 每 입니다. ㅛ 자는 그 형태가 보여주는 것처럼「위로 올라간다, 올린다」의 뜻입니다. 이렇다면 ㅛ 자와 반대적인 뜻과 모양을 지닌 ㄇ 자가 있어야 이치에 맞을 것입니다.

 왼쪽의 글자를 보면「위에 있는 공간(丅)에서 아래로 떨어지는(ㄇ) 물방울들(ㆍㆍ)」입니다. 바로 하늘에서 떨어지는 비(雨:우)를 그려낸 것입니다.

一. 상인(商人) 즉, 상나라 사람은 장사꾼

중국역사책엔 순임금이 우임금의 쿠데타에 의해 실각된 것과 순임금의 아들이름이나 그 행적에 대해선 기록되어 있지 않습니다. 그러나 앞장에서 살펴봤듯이 북(北)은 순임금을 나타내는 씨표(氏標)입니다. 따라서 북(北)의 아들(子)을 나타낸 것이 바로 북자(北子)입니다. 마고할미가 보살펴줬는지 아니면 순임금이 못다편 자신의 뜻을 후손을 통해 펼치기 위해 감응했는지는 알 수 없습니다. 그 덕분으로 해서인지 생각하고 계획하는 모든 일들이 잘 풀렸습니다.

제법 나라꼴이 잡히게 되자 나라의 각종 일을 처리 시행할 부서가 필요해졌습니다. 그러나 대부분의 집들은 옛날 우리 농촌의 초가집 같아 나라의 일을 볼 큰 건물은 없었습니다. 그래서 달구벌(丘) 여기저기에 임시로 천막을 세워(广) 각종 업무를 봤습니다. 바로 정부(政府)의 부(府)자가 생기게 된 연유입니다.

자리 좌(座) 차례 서(序) 곳집 고(庫) 관청 청(廳)등의 글자들은 이렇게 생겨난 것입니다. 특히 관청 청(廳)은 「한마음(心)으로 똑바로 살펴보고(直) 들어주고 또 들어주는(耳) 집(广)」이란 뜻입니다. 바로 민원(民願)을 처리하는 관리와 관청의 처신과 자세를 말하고 있습니다.

이렇게 관(官)과 민(民)이 한마음 한뜻으로 뭉쳐 잘못된 것이 있으면 즉시 고치고 또 고쳤습니다. 청동기를 만드는 일 도자기를 굽는 일 그리고 여러 생활도구를 만듦에도 그렇게 했습니다. 이에 따라 물건들의 품질은 나날이 향상되어 이웃 뿐 나라뿐 아니라 먼 나라에까지 교역이 확대되었습니다.

 사람들은 수레나 달구지를 만들어 물건을 싣고 다녔습니다. 북으로는 요동지역까지 갔고 남쪽으론 지금의 태국과 베트남에까지 상로(商路)가 확대되었습니다. 이렇게 되자 운송수단인 수레와 달구지의 성능역시 나날이 좋아졌습니다. 수레나 달구지의 생명은 바퀴와 회전축에 있습니다. 그래서 차의 모양을 車 자로 그렸습니다. 바로 바퀴와 그것을 지탱하는 축을 나타낸 것입니다. 견고하고 잘 달리는 차(車)는 군사적으로도 유용했습니다. 그래서 그들은 전차(戰車)를 만들었습니다.
 말(馬)이 끄는 수레에 싸우는 사람(武士:무사)이 타면 그것이 바로 그때의 전차였습니다. 그런데 상나라의 전차부대는 다른 나라에서는 상상도 못할 위력을 지닌 신무기였습니다. 이러므로 군사 군(軍) 진칠 진(陣) 법 범(範) 실을 재(載)등의 글자가 생기게 되었습니다. 즉 군(軍)은「모든(冖) 차(車)」라는 뜻이고 진(陣)은「차(車)가 모여있다(阝)」는 뜻입니다. 그리고 법 범(範)은 차(車)가 나가고(竹) 들어옴(㔾)에는 일정한 규율이 있어야 함으로 여기서 규범의 뜻이 붙게 된 것입니다. 그리고 재(載)는「차(車)에 창(戈)을 실었음」을 나타낸 것입니다.

 상나라의 전차부대는 상인(商人)들의 상로(商路)를 보호하기도 했습니다. 그 어느 나라의 물건보다 월등히 뛰어난 상나라의 물건들은 그야말로 불티나게 팔렸습니다. 이렇게 되자 그들의 본거지인 이름 없는 달구벌(丘)은 상구(商丘)라 불리어졌고 그들을 상인(商人)이라 말했습니다.

왼쪽의 금문은 상(商)의 고체로 알려져 있습니다. 그러나 앞장 고신씨 편에서 살펴봤듯이 ▽ 자는 '또 새로 세우다'는 뜻입니다. 그리고 ⋈ 자는 '날이 두 개인 호미다.'로 낙빈기 선생은 말했습니다만 잘못된 해석입니다. ⋈ 자는 나중에 병(丙)으로 발전되며 ▽(새로 세우다) 글자가 두 개 겹친 것으로 「새로 세우고 또 새로 세웠다(⋈)」는 말을 나타낸 것입니다.

맨 아랫쪽 왼쪽으로 향하고 있는 발그림(🐾)은 「갔다」는 말을 나타냅니다. 따라서 商 자는 「새로 세우고 또 새로 세우길 반복해 갔다」는 말을 그린 것입니다.

따라서 오늘날의 상(商)은 商 자입니다. 바로 「새로 세우고 또 새로 세운 것을 반복한 고을(口)이다.」는 말입니다.

「고치다, 바꾸다, 다시」의 뜻을 지닌 갱(更)자의 고체를 보면 그 뜻을 더욱 확실히 알 수 있습니다.

 :[상대(商代) 금문입니다.]    :[소전체입니다.]

금문은 「새로 세우고 또 새로 세우길 반복(⋈)한 것으로 여긴다(攴:攵:攴)」는 말을 나타냈습니다.

소전체는 좀 더 간략해졌습니다. 丙 자는 오늘날의 병(丙)자입니다. 즉 병(丙)자 역시 「새로 세우고 또 새로이 세운다」즉 「고치고 개량한다」는 말입니다. 그러므로 병들어 눕는 병상을 그린 「疒+丙」은 病(병)이 되어 「병상에 누워 고쳐야 되는 것이 병이다」는 것을 나타내고 있습니다.

이웃의 약한 나라들은 점점 부강해지는 상(商)나라와 하나 되길 원했습니다. 그래서 영토는 더욱 확장되었습니다.
다음의 금문이 이런 일을 말해주고 있습니다.

 왼쪽의 금문은 새그림 밑에 고을을 뜻하는 □자에 또 하나의 □이 연결되어 있습니다. 무슨 말인지 스스로 풀어보세요.

 상족(商族)은 조상의 보살핌과 순임금의 개혁정신을 이어 받았기 때문에 만사가 순탄하게 풀리고 나날이 부강해지고 있다고 믿었습니다. 그래서 조상제사를 극진히 받들었으며 어떤 일을 하고자 할 때와 일이 생길 때마다 제사를 올리며 그 길흉을 물었습니다. 이렇게 점(占)을 친 기록이 바로 갑골문(甲骨文)입니다. 즉 점을 칠 땐 소견갑골이나 동물 뼈에 송곳으로 구멍을 낸 후 불에 던졌습니다. 그런 후 뼈 등에 나타나는 균열된 모양을 보고 길흉을 정했습니다. 그런 다음 껍질(甲)이나 뼈(骨:골)에 점친 내용을 기록했습니다. 이것을 갑골문(甲骨文)이라 합니다.

점점 더더욱 발전해가던 이들은 무왕(武王)또는 탕왕(湯王)으로 불려진 천을(天乙)의 시대에 조건이 좋은 곳으로 이주를 했습니다. 그곳을 천을은 박(밝:亳)으로 부르도록 했습니다. 밝음을 숭상한 마음에서 비롯된 전통적 작명이었습니다.
그런 다음 밝은 색인 흰옷을 즐겨 입으며 다른 사람에게도 권했습니다. '밝은 색은 광명이세(光明理世)를 목표로 삼아온 우리 종족을 대표하는 것입니다. 그러니 모두들 흰옷을 입음으로서 그 뜻을 되새기도록 합시다.'

천을(天乙)은 스스로를 「여일인」으로 칭했으며 매사에 공정했습니다. 약한 자는 돕고 강한 자는 억눌렀으며 배고픈 나라엔 곡식을 보내주었고 침략을 받는 나라엔 군사를 보내 도왔습니다. 이렇게 되자 천을(天乙)은 어려울 때 도와주는 귀한 신(神)으로 일컬어져 사주추명학(四柱推命學)에 까지 그 이름이 남게 되었습니다.

상(商)이 부강해지는 것과 반비례로 천하의 종주(宗主)인 하(夏)는 점점 더 쇠약해져 갔습니다. 자체의 생산에 의존하기보다 여러 나라에서 거둬들이는 공물과 세금으로만 꾸려가는 정권의 한계 때문이지요. 즉 비대해진 하조정의 씀씀이는 더 많은 세금과 공물을 필요로 하게 되었고 이는 결국 민생의 수탈로까지 이어진 것이랍니다.
 마침내 곤오(昆吾)라는 제후가 반기를 들었습니다. 곤오는 하(夏)가 천하의 주인이 됨에 따라 서쪽으로 쫓겨나있던 고신씨의 후손이었습니다. 하(夏)의 왕(王)인 걸(桀)의 폭정에 지쳐있던 많은 나라가 곤오편에 섰습니다. 자신의 힘만으로 한계를 느낀 걸(桀)은 탕(湯)에게 곤오정벌을 명했습니다.

천을(天乙)은 출정을 하였습니다. 많은 나라들이 천을의 깃 발아래에 모였습니다. 곤오 역시 천을의 발앞에 무릎을 꿇었습니다. 그러나 당당한 언사로 말했습니다.
 '이 땅은 원래 우리 선조의 것이었소. 따라서 데놈에게 뺏 겼던 선조의 영광을 되찾아야 함은 후손된 자들이 해야 할 마땅한 도리가 아니겠소. 이 몸은 뜻은 있으나 덕이 없어 그대의 발 앞에 엎드리게 되었소. 한데 그대는 후덕하긴 하나 뜻은 없으니 참으로 안타깝소이다.'
 지금이야 말로 양족(陽族)의 영광을 되찾을 절호의 기회라는 말에 천을의 마음은 움직였습니다. 천을은 걸(桀)이 있는 하(夏)의 수도 안양으로 진군했습니다. 천하의 인심까지 등에 업은 상나라의 전차부대앞에 걸은 힘 한번 제대로 못쓰고 쓰러졌습니다. 안양에 입성한 천을은 자신의 직계조상인 순(舜)에게 제사를 올렸습니다. 그런 후 안양을 불태웠습니다. 드디어 500여년 만에 황룡(黃龍)은 땅에 떨어지고 봉황이 구천을 웅비하게 된 것입니다.

고양씨에게서 이어진 북씨(北氏) 즉 순(舜)임금의 후예인 천을 일족을 후세의 역사가들은 자족(子族)이라 부르고 있습니다. 그리고 새로이 한편이 된 곤오일족은 고신씨계열로 청동기 제작과 화폐 및 경제관련 업무를 맡았습니다. 물론 군사, 외교, 치안 등은 자족(子族)의 소임이었습니다. 이런 두 족속의 협력관계는 상나라가 망한 후 진(秦)나라를 이루는데까지 계속됩니다. 그러나 중국역사책엔 이런 자세한 것은 기록되어 있지 않습니다.

사기(史記)엔 상(商)의 시조에 대해 다음과 같이 말하고 있습니다. '유융씨(有戎氏:신농씨)의 딸 간적이 낳은 설(契)이 상(商)의 시조다.' 또 이런 전설도 전해지고 있습니다.
'간적이 강에서 목욕을 하고 있는데 창공을 선회하던 제비(燕:연)가 간적의 옷 위에 알 하나를 낳아놓고 날아갔다. 이 알을 삼키게 된 간적은 임신을 하게 되었고 이렇게 낳은 아이가 바로 상의 시조인 설(契)이다.'

바로 난생(卵生)설화인데 청(淸)나라의 시조 설화와 그 내용이 똑같습니다. 이런 것을 지금의 중국역사가들은 천을 일족의 성(姓)인 자(子)를 연자(燕子) 즉 제비로 해석하고 제비가 상족의 토템이라 말합니다. 그리곤 상족(商族)을 하족(夏

族)으로 취급하고 있습니다. 그러나 순임금이 간적의 아들이며 설(契)은 사위자식이며 바로 거란족의 시조가 됩니다.

　설(契)자는 맺을 「계」로 읽기도 하며 「글」로도 읽히고 있습니다. 그런데 「거란」을 문자로 옮기면 계단(契丹)이고 이를 「글안」으로 읽기도 합니다. 즉 설(契)이란 사람과 거란(글안:契丹)이란 족명(族名)이 모두 똑같습니다.

　이것은 바로 설(契)의 후손이 거란(글안:契丹) 이라는 것을 나타내고 있습니다. 역사적으로 나타나는 거란족은 요나라를 이루었으며 지금의 만주와 몽골접경지역과 감숙성 돈황 부근에 거주했던 유목민으로 알려져 있습니다. 산동(山東)지역에서 태어난 설(契)의 후손들이 왜 산동부근에 있지 않고 머나먼 변두리에 살게 되었을까요? 이것은 이족(夷族)국가였던 상(商)이 망함에 따른 것인데 나중에 서술하겠습니다.

二. 불타는 모양은 한국어 '타다' 이다

그러면 왜 순임금의 후예인 그들을 자족(子族)이라 했을까요? 다음의 금문을 보기로 하겠습니다.
왼쪽글자는 나중에 ※ 자로 간략하게 변했습니다. 바로 상대(商代)의 자(子)로 십이지(十二支)의 머리였습니다. 즉 자월(子月)을 일년의 머리(歲首:세수)로 했습니다. 이것은 상족(商族)이 순(舜)을 조상신으로 제사지냈다는 기록과도 일치합니다. 위 해석은 낙빈기 선생의 견해입니다. 낙 선생의 말은 자(子:※)가 제비를 의미하는 것이 아니라 순임금을 뜻하는 글자였음을 밝힌 것입니다.

필자의 문자풀이는 이렇습니다. 맨 위 ※ 자는 정수리를 나타냈습니다. 그리고 그 다음에 있는 북(北:北)자는 순임금의 씨칭입니다. 北 자 아래에 있는 글자(介)는 순임금(北)에게서 비롯되어진 사람(人)이란 뜻입니다. 그 뜻을 묶어보면 정수리(머리꼭대기)인 순임금(北)에게서 비롯되어진 사람입니다.

또 아래쪽에서 위쪽으로 해석하면 사람(人)이 북(北:순임금)을 정수리(※)로 받든다는 말입니다. 이리보던 저리보던 분명한 것은 자(子:※) 라는 글자는 「순임금이 제일꼭대기(정수리)이고 순임금과 관계된 사람」이란 말입니다. 그리고 난생 설화에 나오는 제비(燕)와 자(子:※)자 사이엔 공통점이 있습니다. 먼저 연(燕)자부터 살펴보도록 합시다.

왼쪽의 옛글자는 나왔다는 뜻을 나타낸 발자국그림 廿 자와 북(北) 그리고 말한다는 뜻인 입구(口)가 있습니다. 맨 아래쪽의 불 화(火) 자는「타다」라는

한국어를 나타냈습니다. 그 뜻을 맞춰보면 북(北) 즉 「순임금에 의해(北) 타고(火) 나왔음(廿)을 일컫는다(口)」입니다. 즉 「북씨(北氏)인 순임금에게서 태어난(타고난) 후손이 바로 연(燕)이다」는 말입니다. 따라서 자족(子族)은 날짐승인 제비(燕子)와는 아무상관이 없고 연(燕)자가 생겨나 제비를 뜻하게 되자 '제비가 알을 …' 하는 이상한 말을 만들게 된 것입니다.

한족(漢族)역사가들의 말대로라면 상족과 동일한 시조탄생설화를 지니고 있는 청(淸)나라 역시 하족(夏族)이 되어야 할 것입니다.

양족(羊族:陽族)인 신농씨의 성을 강(姜)이라 합니다. 그런데 이 강(姜)을 한국인들은 「제비 강」으로 읽기도 합니다. 이는 신농씨의 후손인 순임금이 북씨(北氏)로 불려졌기 때문으로 생각됩니다. 즉 제비를 뜻하는 연(燕)자는 북씨(北氏)이면서 강(姜)씨 이기도한 순임금의 자손임을 나타낸 것이다는 말입니다. 그리고 지금의 북경(北京:燕京)을 수도로 했던 연(燕)나라 역시 순임금의 후예가 세운나라였습니다.

그런데 필자는 불화(火)를 한국어「타다」로 읽었습니다. 그리고 갱(更)자의 해석에서 칠 복(攵:攴)자를「여기다」로 읽었습니다. 즉 불 화(火)로 되어있고 칠 복(攵:攴)으로 되어 있는데「타다」는 무슨 말이고「여긴다」는 또 무슨 말인지 의아할 것입니다.

먼저 외로울 고(孤)자부터 풀겠습니다.「아이(子:孑)+ 외과(瓜)」의 구조입니다. 이때까지 살펴본 대로 과(瓜)를 한국어「외」로 읽게 되면「외로운(瓜) 아이(子)」가 되어 글자의 뜻과 정확히 일치됩니다.

이 역시 동음가차의 조자법에 따른 것으로 외롭다(홀로이다), 외지다(동떨어지다) 의「외」를 외 과(瓜)로 나타낸 것입니다. 주(周)나라때엔 중심지역과 동떨어져있는 변방을 과주(瓜州)라 했습니다. 여기서도 외진 곳의「외」를「과(瓜)」로 나타냈음을 알 수 있습니다.

우리말「타다」는 여러 가지 뜻으로 쓰이고 있습니다.
첫째로는「불(火)타다」로 쓰이고 둘째로는「술에 물타다」즉「섞는다」는 뜻으로 쓰입니다. 그리고 셋째로는「얻는다」는 뜻으로 쓰이는데「배급타다, 상타다」라는 말에서 알 수 있습니다. 넷째로는「…에 올라타다」로 쓰며 다섯째론「가야금을 탄다」로 쓰이고「산(山)을 타다」로도 쓰며「손탔다(도둑맞다)」로도 씁니다. 그리고 또「타고났다」는 말은「태어났다」와 같은 뜻을 지닌 말이고「속탄다, 애탄다, 머리탄다」로 쓰이기도 합니다.
그런데 이「타다」라는 말을 그림으로 나타내려면 제일 쉬운 것이 불(火)이 타는 모습을 그리는 것입니다. 그러면「타다」로 읽어야만 해석되는 글자들을 살펴보도록 합시다.

○. 담(淡)
「싱겁다, 꽹물과 같다, 특별한 맛이 없다」로 씁니다. 즉 담수(淡水) 담백(淡白)으로 말 되어 쓰입니다. 이 글자는「물(氵) + 타다(火) + 또 타다(火)」로 되어있습니다. 따라서「물(氵)을 타고 또 탔다」는 말입니다.
우리의 생활에서 볼 수 있는데 술에 물을 타면 당연히 싱거워집니다. 그리고 짭짤한 국물에 물을 타고 또 타면 싱겁게 됩니다.

○. 추(秋)

「가을」의 뜻으로 쓰이고 있습니다.「곡식(禾)+타다(火)」의 구조입니다. 그런데 이 글자가 어째서 가을을 나타내는지에 대해선 지금껏 그 어느 누구도 정확한 해석을 못하고 얼렁뚱땅 넘어가고 있습니다.

다음과 같은 옛글자가 있습니다. 왼쪽은 갑골문입니다. 이 글자를 현재의 해석자들은 추(秋)의 갑골문으로 받아들이고 있습니다. 그런 다음 '곡식이 영근 가을에 메뚜기 피해가 심했기에 그것을 잡아 불(火)에 태운 것을 나타냈다'로 해석 했습니다. 그러나 메뚜기가 덮치는 때는 알곡을 거둬들이는 가을이 아닙니다.
이삭이 영글기 시작하고 잎새들이 한창 그 푸르름을 뽐내는 여름철과 초가을입니다. 그리고 메뚜기는 지금처럼 식용으로 할 수 있는데 한 마리 한 마리 힘들여 잡은 것을 무엇 때문에 태워없앨까요? 먹거리가 풍족치 못했던 그 시절에 말입니다. 따라서 위 해석은 이치에 맞지 않은 추측과 상상에 의한 것입니다.
이 갑골문의 화(火)자 역시「타다」로 읽어보면 글자 그대로「메뚜기 탔다」는 말이 됩니다. 따라서 이 말은 메뚜기로 인해 피해봤다는 말입니다.
그러면 추(秋)자를 읽어 봅시다.「곡식(禾)+타다(火)」의 구조로「곡식을 얻다(타다)」가 되어 바로 곡식을 얻는 가을임을 말하고 있습니다.

○. 승(勝)

「이기다, ~보다 낫다」는 뜻입니다. 이긴다는 것은 상대보다 상위(上位)에 있다는 뜻이 되겠습니다. 사람과 사람이 뒤엉켜 싸울 때 위쪽에 올라타고 있는 상태를「이겼다」로 나타냅니다. 이 말과 상대적인 말을 굴복(屈服)이라 하는데 바로 굽히다 엎드리다(屈)는 하위적(下位的)인 뜻입니다.

 옛글자입니다. 글자의 왼쪽부분 朋 자는 「~와 같다, 같이하다」는 뜻을 나타낸 것으로 붕(朋)과 같은 글자입니다. 나중에 月자로 변했습니다.

오른쪽 맨 위 화(火)자는 「타다」로 읽어야 합니다. 그 아래에 있는 두 손(𠬞)은 「떠받친다, 받든다, 올린다」는 뜻을 나타냅니다. 그리고 맨 아래 그림은 오늘날의 힘력(力)자입니다.

모두의 뜻을 맞춰보면 이긴다(勝)는 것은 「힘(力)을 써서 (사용하여) 위로 올라(𠬞) 타는 것(火)과 같다(朋)」는 말을 그려낸 것입니다.

○. 등(騰)

 「오르다(升, 昇)」의 뜻입니다. 승(勝)자와 같은 구조이나 맨 아래쪽에 힘력(力)자 대신 말 마(馬)가 있는 것만이 다릅니다.

뜻을 모아보면 등(騰)은 「말(馬) 위에 올라(𠬞) 탄(火) 것이다」가 됩니다.

○. 번(煩)

「번뇌하다, 머리가 복잡하고 아픈 것과 같다」는 뜻입니다. 「탄다(火)+머리혈(頁)」의 구조로 「머리가 타는 것 같다」는 우리말을 그린 것입니다. 우리들은 「속탄다, 애탄다」로 말하는데 번뇌함을 위와 같이 나타낸 것입니다.

○. 조(燥)

「마르다」의 뜻으로 쓰이며 「화(火)+조(喿)」의 구조입니다.

이때까지의 해석은 '불(火)의 뜻과 새 떼지어울 소(喿)의 음 및 뜻을 결합한 형성문자'라 했습니다.

그러나「새 떼지어 운다」로 해석한 喿자는「많은 말(品)이 나왔다(木)」는 뜻입니다. 즉「말하다」는 뜻을 지닌 입구(口)가 3개인 것은「말이 많다, 많은 말」이란 뜻입니다. 그리고 나무목(木)은 나옴(남)을 나타낸 것입니다. 그러므로 조(喿)자에 또 하나의 입구(口)를 합한 조(口+喿 : 噪)자를 만들게 되었습니다. 바로「떠든다」는 뜻입니다. 따라서「탄다(火)+조(喿)」의 구조인 燥(조)는「많은 말을 내뱉으니 목이 탄다(火)」는 말을 그린 것입니다.

즉 한국어 속탄다, 애탄다, 머리탄다 와 같은 식의 말인「목이 탄다(목이 마르다)」를 나타낸 것입니다.

○. 재(災)

「재앙, 삼재(三災)」등으로 쓰는 말입니다. 큰물이 크게 넘쳐 흐르는 것을 나타낸 巛 자와 탄다(火)의 구조입니다. 두 뜻을 합쳐보면 넘쳐나는 큰물(巛)에 탔다(火)는 말입니다. 바로 여기서의「탔다」는「당했음, 피해 입었음」을 나타낸 것입니다.

○. 재(烖)

「탔다」라는 말을 그린 불(火)과 창(戈)으로 구성되어 있습니다. 따라서「창(戈)에 탔다(火:피해 입었다)」를 말하고 있습니다.

○. 멸(滅)

「멸망하다, 다하다, 없어지다」의 뜻으로 쓰입니다. 흘러간다는 뜻을 지닌 물(氵:𝒮)과 창(戈)그리고 탔다(火)의 구조입니다. 뜻을 묶어보면「창에 맞아(火:탔다) 물 흘러가듯 사라졌다」는 말입니다.

○. 서(庶)
「무리(衆), 천할, 여럿」의 뜻으로 쓰입니다. 임시로 설치한 천막 같은 집(广)속에 나왔다는 뜻을 지닌 글자 ㅂ 가 있고 불화(火:灬)가 있는 구조입니다. 뜻을 묶어보면 임시로 세운 집 안에서 타고(~태어) 났다(ㅂ)는 말입니다.
이러므로 유교가 성할 때에는 첩(妾)의 몸에 난 자식을 서자(庶子)라 했습니다. 즉 본가(本家)가 아닌 임시로 기거하는 집(广)에서 태어난 자식이란 뜻 때문입니다. 그래서 단군설화에 나오는 '한인의 서자 환웅이…' 의 구절에 있는 환웅을 첩의 몸에 난 자식(庶子)으로 이해합니다. 그러나 적서(適庶)의 개념은 유교이전 사회엔 없었습니다. 따라서 단군설화의 서자(庶子)는「여러 자식 중의 한자식」으로 해석해야 합니다.

三. 나무(木)의 옛말은 '남'이고 '남'은 '나옴'의 줄인말이다

우리선조들은 단단한 땅을 뚫고 파릇파릇 돋아나와 성장해 가는 식물의 모양을 ※ 자와 ¥ 자로 그렸습니다. ¥ 자는 금방 나온 초목의 싹을 뜻하며 ※ 자는 제법 크게 자란 식물류를 그린 것입니다. ¥ 자는 나중에 ++ 자로 변해졌습니다. 초목을 뜻하는 한국어 나무(木)는 그 당시엔 「남」으로 불려졌습니다.

즉 나무의 옛말은 「남」이었고 이것이 남기→ 남구→ 나무로 변해졌다는 말입니다. 글자를 만들어 쓰기시작한 우리 선조들은 나왔다는 말을 이 남(나무:木)을 빌어 나타냈습니다. 남(나무)과 나왔음(남)이 같은 소리였기에 취해진 동음가차법의 조자법인 것입니다.

따라서 나무(木)나 풀초(++)로 구성된 글자의 해석에 있어서도 남(木:++)은 나옴(남)으로 받아들여야만 해석되는 글자가 있게 되었습니다. 다음의 글자들입니다.

○. 동(東)
「동녘」을 뜻합니다. 「태양(日)+ 나무(남:木)」의 구조입니다. 글자의 모양으로 보면 나무에 태양이 들어앉아 있습니다. 무슨 뜻인지 무슨 말인지 알기 어렵습니다.
그러나 나무(木)를 나옴(남)으로 받아들여 읽게 되면 「해(日) 나옴(남:木)」이 됩니다. 즉 해(日)가 나온다(나왔다)는 말을 그려낸 것이 동(東)자 라는 말입니다.
우리들은 태양이 떠오를 때를 일러 「동트다」로 말합니다.

따라서 東 자의 독음「동」역시「동틀 동」에서 비롯되었음을 쉽게 알 수 있습니다. 동 트는 곳 즉 해 뜨는 곳은 동쪽이므로 동녘 동(東)으로 읽게 된 것입니다.

이 글자의 고체는 ※ 자인데 물건이든 자루 위아래를 노끈으로 묶어 놓은 그림인 ※ 자와 비슷합니다. 그래서 해석에 있어서도「주둥이를 묶어 놓은 자루를 그린 그림이 동(東)의 본래글자다」라는 주장을 하고 있는 사람도 있습니다. 그러나 주둥이 묶여진 자루와 해가 떠오르는 것과의 상관관계는 전연 없습니다.

허신은 이렇게 말했습니다. '움직임이다(動也), 木을 따른다(從木)…'

이것은 東자에 대한 근본적 해석이 아니고 東을 動의 뜻으로 쓰고 있다는 것만을 밝힌 것입니다. 따라서 불완전한 해석이 아닐 수 없습니다.

○. 구(笱)

구차할 구로 읽히는 글자입니다. 구차하게 목숨만 보전하여 살고 있는 것을 일러 구명도생(笱命徒生)이라 합니다.

 옛글자는 다음과 같습니다. 왼쪽의 금문은 꿇어앉아 있는 사람과 그 머리 쪽에 Y 자가 있는 구조입니다.

 왼쪽 소전체는 무릎을 꿇고 허리를 굽히고 있는 모양을 그린 彐 자와 그 위쪽에 오늘날의 풀초(艹)가 있는 구조입니다. 왼쪽의 ㅂ 자는 오늘날의 입 구(口)로「~라 말한다」는 뜻입니다. 따라서 ψψ 자를 나옴(남)으로 받아들여 읽어보면「몸을 굽히고(구부리고:勹) 나옴(남: ψψ)」이란 말이 됩니다.

○. 영(英)

「영웅」으로 쓰이는 글자입니다. 옥편엔「꽃부리 영」으로 되어있는데「꽃부리」가 무슨 뜻인지? 지금도 알 수 없습니다. 이 영(英)자는 영웅(英雄) 영특(英特)으로 쓰임에서 알 수 있듯이 남들보다 특출한 것을 나타내고 있습니다.
한가운데「앙(央)+나옴(남:艹)」의 구조입니다. 따라서「한가운데서 나옴」이란 뜻으로 읽을 수 있습니다. 한가운데(央)에서 나온 것은 변두리에서 나온 것과 구별되는 말입니다. 그러므로 군계일학(群鷄一鶴) 즉 여러 마리 닭 중에 있는 학 한마리에 비유될 수 있습니다.

○. 증(蒸)

무엇을 삶을 때 나오는「김」즉「증기」를 그려낸 것입니다. 「삶는다(烝)+풀잎(나무:艹)」의 구조입니다. 艹를 단지 풀잎으로만 받아들이면 '풀(艹)을 삶는다. 여기서 찌다와 증기의 뜻이 나왔다.'로 해석할 수밖에 없습니다. 그러나 초두(艹)를 남(나옴)으로 받아들이면「무엇을 삶을 때(烝) 나오는 것(艹)」이 되어 무엇을 삶을 때 모락모락 나오는 김을 나타낸 말임을 쉽게 알 수 있습니다.

○. 저(著)

「나타났다, 나왔다(났다)」의 뜻으로 저명(著名)하다. 저작(著作)으로 쓰고 있습니다. 저명(著名)은 이름(名:명)이 나타남(著)의 뜻입니다. 저작(著作)은「책을 만들어 냄, 작품을 내놓다」의 뜻입니다.

 저(著)의 옛글자는 다음과 같습니다. 왼쪽그림은 아래쪽에 백(白)자가 있고 맨 위에 초두(艸:艹)가 있는 구조입니다. 그리고 眥 자는「밝음(白)이, 밖

으로」라는 뜻을 나타냈습니다. 따라서 그 뜻을 모아보면 「아래쪽에 덮여있던 밝음(白)이 밖으로(위로:ㅛ) 나타났다 (ㅛㅛ)」는 말입니다. 즉「밝혀냈다」또는「밝혀져 나왔다」 는 말이 되겠습니다. 여기서도 초 두(ㅛㅛ:++)를 「풀」로만 받아들이면

'소전자에서는 풀과 같이 많은 것 가운데 두드러지게 드러나는 하나를 나타냈다. 이런 자형에서 나타내다의 뜻이 나왔다.' 는 말 안 되는 해석을 할 수밖에 없습니다.

○. 검(檢)

「검사하다」는 뜻입니다. 이 글자의 소전체는 다음과 같습니다. 왼쪽그림은 나무(木)와 △ 자 아래에 두 사람이 입을 벌리고 말하고 있는 그림(吅)으로 구성되어 있습니다. 즉 나무(木:木)와 첨(僉:僉)자로 되어 있습니다.

첨(僉)은 여러 사람(두 사람)이 입을 벌려 말하고 있는 모습(吅)과 △ 자로 되어있습니다. △ 자는 「두 개가 서로 만나(∧) 하나로 되어졌다(△)」는 말을 그린 것입니다. 그러므로 첨(僉)은 여러 사람 말하는 것이 모두 하나같다, 또 여러 사람 말하는 바(吅)가 하나같이 맞다(△)는 뜻입니다. 따라서 검(檢)은 「여러 명이 하나 되게 말한 것(僉)을 나타냈다(木:남)」는 뜻입니다. 이것은 바로 여러 사람의 의견이 하나 되게 일치되어 나왔다는 검증(檢證)을 말하는 것입니다.

○. 답(答)

묻다의 상대적인 말로서「해답, 정답」으로 쓰입니다. 즉 묻는 말에 대한 똑바르고 정확한 대꾸를 말합니다. 대나무

잎(艹)과 합(合)의 합체입니다. 합(合)은 「맞다, 하나되다, 여러 개가 하나되다」는 뜻입니다. 그러므로 상합(相合) 궁합(宮合) 단합(團合) 합산(合算)등으로 말 되어 쓰입니다.
合 자는 두 개의 선이 서로 만나(人) 하나가 됐음(△)을 말한다(口)는 뜻입니다. 「합」이란 말을 참으로 절묘하게 그려냈습니다. 따라서 답(答)은 하나 되게(맞게) 말한 것을 나타냈음(答) 또는 맞게(하나 됐다) 나타냈음(艹)이란 말을 그린 것입니다.
한국어「맞다」는 대(對)가 「되다, 옳다」의 뜻이 있으며 「두 개가 서로 맞아야 하나가 된다」의 뜻이 있습니다. 즉 「맞다」는 「맞되다」는 말의 준말이기도 합니다. 그리고 맞되다(맞다)는 「상대(相對)가 됐다, 상대(相對)로 이뤄졌다」는 뜻입니다.

바로 「너가 없으면 내가없고 내가 없으면 너도 존재하지 않는다」는 상대성 원리와 철학을 말하고 있습니다.
우리말을 분석해보면 자연의 질서에 따른 심오한 철학이 들어있습니다. 그리고 우리말을 제일 잘 담아둘 수 있는 한글은 음소문자(音素文字)이기도 하지만 의미소(意味素)문자이기도 합니다. 즉 하나의 소리(音)에는 반드시 그 만의 뜻이 들어있습니다.
예컨대 어떤 동물이 내지르는 소리를 듣고 곧바로 그 동물의 감정 상태를 알 수 있습니다. 그리고 지나치는 바람소리 하나로도 계절과 천기를 짐작할 수 있습니다.
필자는 전문적인 국어교육을 받아본 바도 없고 중국문자에 대한 학위도 없습니다. 그러나 이만큼이라도 글을 쓸 수 있게 된 것은 하나의 이치에 기댔기 때문이며 그 어떤 틀에도 예속되지 않으려했기 때문이라 생각됩니다.

기회 닿는 대로 한글 속에 들어있는 엄청난 우리들의 지혜를 밝히기로 하겠습니다.

○. 모(模)

「본, 본뜨다」의 뜻입니다. 흉내 냄을 모방(模倣)이라 말합니다. 「막(莫)+ 나무(남:木)」의 구조입니다. 막(莫)의 고체는 다음과 같습니다. 왼쪽그림은 절반으로 갈라진 영토(⊝) 상하에 두 개의 Ψ 자가 있는 구조입니다. 아래쪽 ΨΨ 자는 위로향한 두 개의 손(手)을 나타냈습니다. 위쪽의 ΨΨ 자는 초두(艹:ΨΨ)를 그려 나옴(남)이란 말을 나타냈습니다. 따라서 뜻을 묶어보면 힘을 모아 영토를 갈라놓고 있던 보이지 않는 적을 막아냈고 쫓아냈다는 말입니다.

이러므로 「막을 막」「몰아낼 모」「모을 모」로 읽힐 수 있는 것입니다. 즉 莫의 독음이 「막을 막」「모을, 몰아낼 모」가 된 까닭입니다. 莫(모, 막)자가 들어간 다음 글자들을 보면 그 뜻을 더욱 확실하게 이해할 수 있습니다.

○. 막(幕)

천이나 베 등으로 비바람을 막기 위해 막아놓은 「장막, 천막」등을 말합니다. '베풀다'를 나타낸 건(巾)+ 막을 막(莫)」의 구조입니다. 따라서 막(幕)은 베를 풀어 막아놓은 것임을 말하고 있습니다.

○. 막(膜)

「꺼풀」의 뜻이며 복막(服膜) 횡격막(橫隔膜)등으로 쓰입니다. 복막(膜膜)은 뱃가죽의 안쪽을 덮고 여러 내장을 싸고 있는 얇은 막을 말합니다. 「살육(肉:月)+ 막을 막(莫)」의 구조로 여러 살(肉)을 서로 막아주고 있는 막이란 뜻을 알 수 있습니다.

○. 모(募)
모을 모, 뽑을 모 로 읽히고 있습니다.「모(莫)+ 힘력(力)」의 구조로「힘을 모으자, 힘을 모우다」의 뜻을 알 수 있습니다.

○. 모(暮)
「해저무다, 저녁」의 뜻입니다.「몰아낼 모(莫)+ 해(日)」의 구조이므로 해(日)가 내몰린 상태 즉 저녁을 나타냈고 여기서「해저무다」의 뜻이 따르게 됐습니다.

○. 막(漠)
「사막」의 뜻으로 쓰입니다. 사막은 아득하므로「막막하다」의 뜻이 따르게 됐습니다.「물(氵)+ 몰아낼 모(莫)」의 구조입니다. 따라서「물(氵)이 없어진 상태, 바짝 마른 것」을 나타냈습니다.

절반으로 갈라질 위기에 놓인 땅(⊖)을 지키기 위해선 힘을 모아 쳐들어온 적을 막아내고 몰아내야 함은 예나 지금이나 당연한 일입니다. 그리고 여러 가지 방법이 동원돼야 하며 여러 계책이 필요합니다.

이러므로 모(莫)자에「꾀하다, 정하다」의 뜻도 따르게 되었습니다. 따라서 모(模)의 본뜻은「꾀하고 정함을 나타내다」입니다.

◦ 모형(模形): 꾀하고 정해진 하나의 모양을 말합니다.
◦ 모색(模索): 꾀하고 정해진 것을 찾아냄.
◦ 모범(模範): 꾀하고 정해진 규범.

○. 빈(彬)

「빛나다」는 뜻으로 쓰입니다.「나무(木)+나무(木)+삐칠터럭삼(彡)」의 구조입니다. 나무(木)+나무(木)는「나오고 또 나왔음」이란 말입니다. 삼(彡)의 뜻만 알면 빈(彬)의 뜻을 금방알 수 있을 것입니다.

이 문제는 삐칠 터럭삼(彡) 부분에서 설명토록 하겠습니다.

○. 극(極)

「지극하다, 더 이상 없다」는 뜻입니다. 우리는 이렇게 말합니다. '아들아! 너는 이 에미가 얼마나 좋으냐?' '어머님! 그것을 어찌 말로 표현할 수 있겠습니까만 굳이 말한다면 「하늘과 땅 만큼」으로 말하겠습니다.' 이「하늘과 땅만큼」혹은「땅에서 하늘까지」라는 말을 그림으로 그리면 다음과 같습니다. 왼쪽그림의 위쪽 가로선은 하늘을 나타내고 아래쪽 가로선은 땅을 나타냅니다. 그 하늘과 땅 사이에 사람이 있고 손(ㅋ)하나와 말하다 의 뜻인 ㅂ자가 있는 구조입니다. 손(ㅋ)은「가르킨다」는 뜻이고 하늘과 땅사이에 사람이 닿아있음은「하늘과 땅만큼」을 뜻합니다. 한국어「만큼」은「여기서 저기까지」라는 뜻이 있습니다. 따라서 위 소전체는 하늘과 땅만큼을 가르키고 있음을 말한다는 뜻입니다. 이 글자는 진(秦)나라때에 와서 極(극)자로 변해졌습니다. 그러므로 木의 뜻인「나옴」을 적용시켜도 되고 안 해도 상관없습니다.

○. 환(桓)

「굳세다, 푯말」의 뜻으로 쓰이나「크게, 널리」라는 뜻도 있습니다. 이는「크게 천하를 다스림」을 한발(桓撥)로 말함에서 알 수 있습니다. 그리고「내놓다, 밝혀내다」의 뜻도 있는데 이는 풋말로 쓰이는 것에서 알 수 있습니다. 즉 풋말은 표시하고 나타내며 가르쳐주는 것을 뜻하기 때문입니다. 옛글자는 다음과 같습니다.

 왼쪽그림은 소전체입니다. 그런데 날일(日)이 있는 곳에 태양과는 전연 관계없는 도형(㔾)이 있습니다. 그림왼쪽의 나무(木)는 나왔음(나옴, 남)의 뜻이고 오른쪽 맨 위와 아래쪽 가로선은 하늘과 땅을 나타냈습니다. 또는 여기서 저기 만큼이란 공간적 뜻을 나타냈습니다. 그런데 그 두 가로선 사이에 있는 도형은 도대체 무엇을 나타내려는 것일까요?

위 글자에 있는 도형(㔾)의 운동모양은 오른쪽에서 왼쪽으로 진행하고 있습니다. 시계바늘은 왼쪽에서 오른쪽으로 움직이고 있는데 이것을 그림으로 그리면 ㄖ 자가 되며 ㄖ 자와는 반대적인 운동입니다. 따라서 거꾸로의 진행운동이라 말할 수 있습니다.

천지자연의 운행은 왼쪽에서 오른쪽으로입니다. 즉 왼쪽은 시작이고 오른쪽은 끝운동이라 할 수 있습니다. 이러므로 우리 몸의 오른손이 왼손보다 더 힘세고 모양역시 큰 경우가 많습니다. 그리고 나사못을 조일 때는 왼쪽에서 오른쪽으로 돌리게 되고 풀 때는 그 반대로 오른쪽에서 왼쪽으로 돌리고 있습니다. 이는 나사못 뿐 아니라 병뚜껑 역시 그러합니다. 이런 현상을「오링테스트」에 결부시켜봤습니다.

왼쪽에서 오른쪽으로 운동하는 모양 꼴인 ◎ 도형과 그 반대인 도형을 각각의 종이에 그린 후 피시험자에게 쥐게 한 후「오링테스트」를 해본 것입니다.

물론 사전에 아무런 암시도 주지 않았습니다. 그런데 그 결과는 확연하게 나타났습니다. ◎ 도형을 쥐고 있는 사람의 힘이 엄청 세게 작용했습니다. 그리고 반대적인 운동을 그린 ◎ 도형을 쥐고 있는 사람의 힘은 아주 약해졌습니다. 궁금하신 독자 분께서도 한번 시험해보시기 바랍니다.

따라서 환(桓:烜)자에 있는 도형은「푼다」는 말을 나타냈는데 그냥 베푼다는 뜻이 아니라 내 힘을 소모하면서 밖으로 풀어낸다는 뜻으로 보여집니다. 그러므로 환(桓)은「널리 풀어낸다」는 말을 그린 것입니다.

삼국유사를 보면 우리 선조 중의 선조를 환인(桓因)이라 했고 다음 대를 환웅(桓雄)이라 해놓았습니다.

여러 개의 한(환)자 중에서 이 글자 환(桓)을 빌어 조상님의 이름으로 한 것은 우리겨레의 홍익인간(弘益人間)이념 때문으로 생각됩니다.

四. 삐칠 터럭 삼(彡)이 무슨 뜻인지?

세 개의 선이 옆으로 비스듬하게 그려진 彡자는 옥편엔 삐칠 터럭삼(彡)으로 되어있습니다. 터럭이란 말뜻은 알겠으나 「삐칠」이라는 말은 무슨 뜻인지 쉽게 이해되지 않습니다. 쓰이는 말에서 그 뜻을 찾아보면 토라졌을 때를 「삐졌다, 삐꿈탔다(경상도 말)」로 말합니다. 그러나 이 「삐졌다」는 말은 터럭이라는 말과 그 뜻이 쉽게 연결되어지지 않습니다.

「삐칠 터럭」이란 말을 억지로 해석하면 「모발(터럭)이 똑바로 내려오지 않고 옆으로 비스듬히 되어있는 모양을 그린 것이다」가 되겠습니다. 그러나 이 뜻을 彡자가 들어가 이뤄진 여러 글자에 적용시켜보면 전연 해석이 되질 않습니다.

예컨대 보배 진(珍)자는 「구슬옥(玉)과 진(㐱)」의 구조입니다. 진(㐱)을 「삐칠 터럭」의 뜻으로 하여 보배 진(珍)의 뜻을 구해보면 「삐친 터럭 구슬(玉)」이 되어 「보배」의 뜻은 전연 찾을 수 없습니다. 이 진(珍)자 외에 삼(彡)이 들어간 여러 글자들(診, 影, 形, 彬) 역시 「삐칠 터럭」의 뜻으로는 해석되지 않습니다. 따라서 옥편에 있는 「삐칠 터럭」의 뜻은 시은이의 상상에 의해 이뤄진 것으로 잘못된 잇터리라 아니할 수 없습니다.

「삐치다」는 말은 옆으로 삐뚤어지게 진행된 운동을 뜻하는 것으로 삐쳤다(토라졌다)로 쓰입니다. 그러나 「삐치다」는 「비치다」의 경음화된 것으로 같은 뜻을 지닌 같은 말입니다. 그리고 비친다는 말은 환하게 나타나 보인다. 두드러지게 나타난 상태를 뜻합니다.

그런데 이런 뜻을 지닌 말을 그림으로 그리려면 어떻게 해야 할지 난감하기 짝이 없습니다. 그것도 세밀하게 묘사하는 것이 아니라 간단한 그림으로 말입니다. 그래서 우리선조들께서는 동음가차의 방법을 썼습니다.

즉 비친다(삐친다)는 말을 옆으로 삐쳐져있는 그림인 삼(彡)으로 나타낸 것입니다. 그런데 한국어를 모르고 또 문자가 한국어 언중에게 이뤄졌음을 알 수 없었던 해석자들은 긴 머리 터럭 모양을 본뜬 것으로 추측했습니다. 그런 다음 제 나름의 적당한 상상과 이유를 갖다 붙이는 식으로 처리했습니다. 이젠 삼(彡)자를 「비치다」로 읽고 그 뜻을 글자의 해석에 도입하면 아주 쉽고 정확하게 글자의 뜻을 풀 수 있습니다. 일반적으로 나타난 상태를 목(木:남)으로 표시했다면 삼(彡)은 그보다 더 두드러지게(비치게)나타난 상태를 뜻하는 것입니다. 이젠 확인해보도록 하겠습니다.

○. 언(彦)

「선비」의 뜻으로 쓰입니다.「사람을 그린(文)+ 한(厂)+ 삼(彡)」의 구조입니다. 한(厂)은 언덕을 그린 것으로 알고 있으나「모여 있다, 여러 개가 하나로 되었다」는 뜻으로 앞장 력(曆)자에서 설명했습니다.

이 한(厂)자의 뜻은 애(厓:언덕)자에서 확실히 파악할 수 있습니다. 애(厓)는「토(土)+ 토(土)+ 한(厂)」의 구조로 흙이 쌓여져(圭) 한무더기(한덩어리)가 된 상태인 언덕을 나타낸 것입니다. 그러나 이 언덕(厓:애)은 일반적인 언덕이 아니고 낭떠러지가 있는 언덕입니다. 따라서 선비 언(彦)은 모든 것(처신)이 두드러진(彡) 사람(文)이란 말을 그린 것입니다.

이 언(彦)자에 머리 혈(頁)이 붙어 얼굴 안(顔)자를 만듭니다. 안(顔)의 뜻을 새겨보면「그 사람임을 두드러지게 나타내는 머리(頁)부분」이 됩니다.

즉 우리 몸의 여러 부분 중에서 얼굴만이 그 사람임을 그 어느 것보다 두드러지게 나타낸다는 뜻입니다.

○. 진(珍)
「보배 진」으로 읽히는 글자입니다.「옥(玉)+진(㐱)」의 구조입니다. 따라서「두드러진 옥(玉) 즉 여러 옥(玉) 중에서 두드러지게 비치는 옥(玉)이 보배다」는 말입니다.

○. 진(袗)
「홑옷, 수놓은 옷」의 뜻으로 쓰입니다.「옷 의(衤)+진(㐱)」의 구조입니다. 진(㐱)을 두드러지다(비친다)의 뜻으로 하여 보면 보통보다 두드러진 옷이 됩니다. 즉 수를 놓은 옷은 보통 옷보다 더 두드러지게 비치는 것입니다.

○. 진(診)
「살펴보다, 점치다」의 뜻입니다. 진찰(診察)로 쓰이는데 상태를 살펴 특이하고 다른 것보다 두드러지게 나타나는 것을 말해준다는 뜻입니다. 진찰(診察) 진단(診斷)의 뜻을 생각해 보면 그 뜻을 쉽게 알 수 있습니다. 진(診)은「말씀언(言)+진(㐱)」의 구조로「두드러진 것을 말한다」는 뜻입니다.

○. 진(眕)
「진중하다」는 뜻으로 쓰입니다. 본다는 뜻인 눈목(目)+두드러지다(㐱)의 구조입니다. 따라서 두드러지게(아주 깊고 세밀하게) 본다는 말입니다.

○. 수(修)
「닦다, 꾸미다, 더 좋게 하다」의 뜻으로 쓰이며 수행(修行)

수양(修養)으로 말 되어 쓰입니다. 옛글자는 다음과 같습니다.

 왼쪽그림은 사람의 모양(𠂉)과 아래위로 길게 그어진 선하나(丨) 그리고「~라 여긴다, ~와 같다」는 뜻을 지닌 칠 복(攴:攵)자와 삐칠터럭 삼(彡)으로 구성되어있습니다.

모두의 뜻을 모아보면 닦을 수(修)는 「사람이 아래에서 위까지 두드러지기 위해 노력하는 것과 같다」는 말을 그린 것입니다.

○. 동(彤)
「붉은 색칠」을 뜻합니다.「붉을 단(丹)+ 삼(彡)」의 구조로 「붉음(丹)이 두드러지게 비친다」는 말을 그린 것입니다.

○. 빈(彬)
「빛나다, 밝다」의 뜻으로 쓰입니다.「남(木)+ 남(木)+ 삼(彡)」의 구조입니다. 따라서 두드러지게(彡) 나타나고 또 나타났다는 말입니다. 즉「뛰어나게 빛난다(비친다)」는 것을 나타낸 것입니다.

○. 창(彰)
「밝다, 드러내다, 무늬」의 뜻으로 쓰이고 있습니다. 표창(表彰)하다로 쓰입니다. 내세우다(나타내다), 밝다, 문채의 뜻을 지닌 장(章)에 두드러지다, 비친다의 뜻을 지닌 삼(彡)의 합체입니다. 따라서「두드러지게 내세우다, 빛나게(비치게) 나타나다」는 뜻을 쉽게 알 수 있습니다.

○. 영(影)
「그림자」의 뜻으로 쓰이고 있으나 영상(影象) 촬영(察影)으로 말 되어 쓰입니다.「빛, 경치 경(景)+두드러지다(彡)」의 구조입니다.

따라서 영(影)자는 드러난 모습(景)이 두드러지다. 또는 두드러지게(彡) 드러난 모습(景:경)이란 말을 그린 것입니다. 경(景)자는 해(日)가 높이 떠오르면 건물(京:舍)의 모습이 잘 드러난다는 뜻입니다.

○. 채(彩)

「채색, 문채(文彩)」의 뜻으로 쓰입니다.「뽑아낼 채(采)+삼(彡)」의 구조입니다. 채(采)는 나무(木) 위에 손(爫)이 있는 구조로「나무를 손으로 뽑다」는 뜻이 있으며「손(爫)으로 나오게 하다(남:木)」의 뜻도 있습니다.

목(木)을 식물인 목(木)과 나옴(남)을 나타낸 것으로 본 해석입니다. 따라서 채(彩)는 두드러지게 뽑아내다. 또는 뽑아낸 것(采:채)이 두드러지게 비친다 는 말을 나타낸 것입니다. 원래 채(采)는「캐낸다, 뽑다」의 뜻 때문에 나중엔 일(事:사) 채색(采色) 등의 뜻이 따르게 되었습니다. 그러자 새로이 채(採)자를 만들어「캐다」는 뜻으로 전용하게 되었습니다.

「나물 캐다, 나물」의 뜻으로 쓰이는 채(菜)자 역시 채(采)자 이후에 새로이 만들어졌습니다. 이때까지 삼(彡)자가 들어간 글자들을 살펴봤는데 그 뜻은「터럭」과는 선연 상관 없었습니다.

五. 겹쳐져있는 상태를 '갑다' 로 말했다

「살갑다, 차갑다, 따갑다」등으로도 쓰이며「~와 같다」는 뜻도 지니고 있으며「갚다」라는 말과 같은 음(同音)입니다. 우리 선조들은 이「갑다」라는 말을 여러 개가 하나의 선에 묶여있는 형태인 㞢 및 丰 자로 그려낸 후 다음과 같은 글자들을 만들어 냈습니다.

① 청(靑)
「살(月)+겹쳐지다(갑다:丰)」의 구조입니다. 살(月:肉)이 갑다(겹쳐져 있다:丰)는 뜻입니다. 이것은 살이 빠져있지 않고 쪄간다는 뜻이고 통통하게 살쪄 있다는 뜻이다. 이 때문에 원래는 늙어서 수척해진 상태가 아닌「싱싱하다, 젊다」의 뜻으로 쓰였고 이후에「푸르다」의 뜻으로 늘어난 것입니다.
※ 싱싱한 것은 '푸르다'는 뜻 때문입니다.

◦ 정(精):「쌀(米)+청(靑)」의 구조입니다.「쌀(米)은 살(月)을 찌우게 하는 것이다」는 뜻 즉 살찌게 하는 근원은 쌀(米)이라는 말입니다. 여기서「정기(精氣), 육신의 근원, 물질의 근원」이라는 뜻으로 늘어났습니다.

◦ 청(淸):「물(氵)+싱싱하다(靑)」의 구조로 맑다는 뜻으로 쓰입니다. 물(氵)이「싱싱하다 즉 물이 맑다」는 뜻입니다.

◦ 정(靖):「꾀하다(謀), 다스리다, 편안하다(安), 화(和)하다」는 뜻으로「세우다(立)+살찌다(靑)」의 구조입니다.

살(月)이 통통하게 붙은 상태에서 섰다(立), 살찌게 하여 내세우다, 살찌도록 내세운다가 본뜻이며 여기서 꾀하다, 다스리다, 안(安), 화(和)의 뜻이 뒤따르게 된 것입니다.

◦ 정(情):「마음(忄:心)+살갑다(靑)」의 구조로 살가운 마음 즉 살갑게 구는 마음이 정(情)이라는 뜻이다.

※「살갑다」는 국어사전엔 다음과 같이 되어있습니다.
ⓐ겉으로 보기보단 속이 너르다.
ⓑ마음씨가 부드럽고 다정스럽다.
그러나 위 해석은 알뜰살뜰하게 마음을 써주는 모양만을 보고 내린 풀이이며 원뜻은 내 살(肉)같이 생각한다는 뜻입니다. 즉 내 살(月, 肉) 같다는 말이「살갑다」인 것입니다.

② 독(毒)
「어미(母)+갑다(圭)」의 구조로 어미(母) 같다(갑다:圭)는 뜻 즉 어미의 모성애는 그 무엇보다 강하고 지극하다는 뜻입니다. 여기서「기르다(育), 지독하다」의 뜻이 따르게 되었고「해롭다, 괴롭다」의 뜻으로 늘어난 것입니다.
　※ 靑과 靑은 원래 다른 뜻으로 쓰인 글자였으나 어느 때에 이르러 같이 쓰게 된 것으로 보입니다.

③ 해(害)
「집(宀)+갑다(圭)+말하다(口)」의 구조입니다. 집안(宀)에 여러 개가 한 뭉치로 겹쳐있는 것(圭)을 말한다(口)는 뜻이다. 즉 집안에 쓰이는 여러 용구들이 제자리에 있지 못하고 한곳에 쌓여있는 상태를 말합니다. 이렇게 되면 불편하여 좋

지 않다는 것을 말하고 있다. 여기서「좋지 않다, 나쁘다」
의 뜻이 따르게 된 것입니다.

∘ 할(割):「해(害)+가르다(刂)」의 구조입니다.「한 뭉치로
　　　　겹쳐져 있는 것(害)을 갈라서 나눠 놓는다(刂)」는
　　　　뜻입니다.

④ 혜(彗)
여러 개를 겹치고 또 겹쳐서(丰丰) 하나 되게 묶어놓았다
(⺕)는 뜻으로 여러 싸릿대를 묶어서 만든 빗자루를 뜻하
게 되었습니다.

∘ 혜(慧):「혜(彗)+마음(心)」의 구조입니다. 이것저것 여러
　　　　개를 한 묶음으로 만드는(정리하는) 마음이란 뜻 즉
　　　　지혜(知蕙)와 밝음을 여기저기 복잡하게 흩어져있는
　　　　것을 하나로 묶어 정리하는 마음으로 나타낸 것입
　　　　니다.

⑤ 계(契)
「갑다(丰)+가르다(刀)+크다(大)」의 구조로 한 뭉치로 겹쳐
져 있는 것(丰)을 크게(大) 갈라(刀)놓는다는 말을 형상화
한 것입니다.「계약, 문서 등의 뜻으로 쓰입니다.

∘ 결(刳):「계(契)+칼로 새긴다(刂)」의 구조다. 계(契)된 것
　　　　을 새긴다 는 뜻입니다.

⑥ 혈(絜)
「갑다(丰)+가르다(刀)+엮다(糸)」의 구조입니다. 한뭉치로
겹쳐진 것(丰)을 갈라(刀)서 실처럼 엮어냈다는 뜻이다. 여

기서 「헤아리다」의 뜻이 붙게 됐습니다. 삼(麻)을 갈라 엮어내서 실(絲)을 만듦도 이와 같기에 삼실(麻絲)을 뜻하게도 되었습니다. 빗자루 혜(彗)의 경우와 같습니다.

◦ 결(潔): 겹쳐져있는 한 뭉치를 갈라 엮어내고 이것을 물로 씻어 깨끗이 했다는 뜻입니다.

⑦ 책(責)
「빚, 맡다, 꾸짖다」의 뜻으로 쓰이고 있습니다. 「갑다(圭) + 조개(貝:돈)」의 구조입니다.
ⓐ돈(貝)을 겹치게 했다(쌓았다)는 뜻입니다.
ⓑ갑다(圭)를 같은 소리를 빌린 「갚다」로 읽게 되면 「갑을(갚을) 돈(貝)」이란 말의 형상화입니다.

ⓐ의 뜻 때문에 「쌓을 적(積:곡식을 쌓아놓다)과 길쌈, 공적, 이루다, 잇다」의 뜻을 지닌 적(積)자가 생겨난 것입니다. 적(績)은 「엮다(糸)+쌓다(責)」의 구조로 엮어내어(糸) 쌓이게 하다, 엮어내려 쌓았다는 뜻입니다.
여기에서 길쌈하다, 공적, 이루다, 이어지다 의 뜻이 파생되었습니다.
ⓑ의 뜻에 따른 글자는 채(債)로써 글자가 보여주고 말하고 있는 그대로 읽게 되면 돈(貝)을 갚아야(圭:갑다: 갚다)할 사람(人)입니다.

一. 한국어를 그림으로 나타내기

ㅣㅡㅏㅓㅜㅗㅑㅕㅡㅠㅈㅋ
ㅇㄱㅁㄴㅿㅈㅊㅇ̂ㅿ̂ㆆㅅㅿ
ㅁㄹㅂㅸㅍㅋㅊㅿ̂ㄱㅍㅎ

이때까지 살펴본 중국문자 대부분은 한국어를 그림으로 그린 것이고 필자는 그것을 논증한 것입니다. 여기선 미처 설명하지 못한 중국문자를 설명하려 합니다. 다만 이때까지의 논증이 「되어져 있는 중국문자를 풀어보는 것」이라면 여기선 「우리말을 그림으로 그려보는 것」입니다.

즉 설명하는 방법을 바꾸어 본 것입니다. 그러므로 앞에서 설명한 글자와 중복되는 것도 있습니다.

☯. 끝맺다

한국어 「끝맺다」는 「끝+맺다」의 구조입니다. 그리고 「맺다」라는 말은 「매듭」과 통하는 말입니다. 따라서 어떤 일이 완료(完了)되었음을 뜻하는 「끝맺다」라는 말은 끝 쪽에 매듭을 그린 ? 및 ? 그림이 되겠습니다. ? 자는 오늘날의 끝마칠 료(了)로 변했으며 ? 자는 겨울 동(冬)으로 변해졌습니다. ? 자가 동(冬)으로 변해진 것은 겨울은 계절이 마감되는 때입니다. 즉 봄은 시작이고 겨울은 끝인 것입니다. 종(終)자는 엮는다는 뜻을 지닌 실 사(糸)와 동(冬)의 합체입니다. 따라서 「엮여짐이 끝났다(冬:?)」는 뜻입니다.

☯. 귀잡아라(귀를 잡다)

이 말은 「귀를 잡아라」는 것입니다. 옛날엔 동물이나 사람을 취하거나 제압할 땐 귀(耳:이)를 잡았습니다. 따라서 귀(耳)를 그려놓고 그것을 잡는 손(又)을 그리면 되겠습니다. 바로 취(取)자입니다.

이 취(取)에 여자(女)를 더하면 여자를 맞아들일 취(娶)가 됩니다. 따라서 두 번째로 여자를 맞아들임을 재취(再娶)라

하는 것입니다. 그런데 또다시 거듭 이란 뜻을 나타낸 재(再)는 어떻게 생긴 글자일까요? 옛글자는 다음과 같습니다.

 왼쪽의 소전체는 무게를 재는 저울을 상형한 것입니다. 무게는 한번 두번 또는 여러 번 확인해야 정확함을 기할 수 있습니다. 그러므로 위 글자엔「거듭, 다시」라는 뜻을 지니게 되었습니다. 그리고「재어보다」의「재」가 위 글자의 독음이 된 것입니다.

◎. 칭(稱)

「일컫는다」는 뜻입니다. 벼, 곡식 화(禾)에 저울을 잡고 있는 손(冉)으로 된 구조입니다. 따라서「곡식(禾)을 재어보다」가 본뜻이며 재어본 곡식이 몇근, 몇되 나간다고「일러주는 것」에서「일컫는다」의 뜻이 붙게 된 것입니다.

◎. 쫓다(쫓아간다)

문자가 만들어질 그 당시 옛날엔 먹거리가 아주 모자랐습니다. 그래서 부족한 단백질을 사냥으로 해결하기도 했습니다. 사냥 중에는 뭐니 뭐니 해도 돼지만한 것이 없었습니다. 그래서 주로 돼지(멧돼지)를 찾아 쫓아다녔습니다. 이런 배경에서 한국어「쫓다」라는 말을 간단한 그림으로 나타내려면 어떻게 해야 할까요?

이것은 아주 쉬운 문제입니다. 먼저 돼지그림을 그려놓고 간다는 뜻을 지닌 발(8:廿)그림을 돼지쪽으로 향하도록 그리면 됩니다.

 다음과 같습니다. 왼쪽의 그림은 진(秦)나라 때에 이르러 축(逐)자로 변해집니다. 그런데「쫓다」라는 한국어는 뒤쫓아 가는 것 뿐 아니라 가까이 오

지 못하게, 또는 내쫓는 것을 뜻합니다. 즉「쫓다」라는 말 속엔 상반된 두 개의 뜻이 있다는 말입니다. 이러므로 해서 돼지를 뒤쫓는 그림(豖:逐)인 축(逐)자엔「뒤쫓다」와「내쫓다(가까이 못 오게 하다)」는 상반된 두 뜻이 있게 된 것입니다.

이 글자의 독음(讀音)「축」은 쫓을「쪼」의 변음입니다. 즉「쪼」를 한족(漢族)은 추(zhu)로 발음했고 이를 우리들은「축」으로 받아들인 것입니다.

❷. 구부리다(굽다)

한국어「구부리다」를 그림으로 그리려면 당연히 구부러져 있는 모양을 그리면 될 것입니다. ㄹ 및 ㄱ 모양이 되겠네요. 그렇습니다. 우리 선조들 역시 구부러지다를 ㄹ 로 나타냈습니다. 그러다가 좀 더 간단한 그림인 ㄱ 자가 되었고 句(구)자가 되었습니다.

구부러진 모양을 ㄹ 및 ㄱ 으로 나타내는 것은 세상사람 모두가 할 수 있는 일입니다. 그러나 구부러진 모양(ㄹ:句)을 그려놓고「구」로 읽을 수 있는 사람은 한국어 언중뿐일 것입니다. 구(句)는「구부러진 것(ㄱ)을 일컫는다(口)」는 말을 그린 것입니다.

모든 병(病)은 疒 자로 나타내는데 몸이 구부러지는 곱사등이는「疒+句」의 구조인 (痀)입니다. 그리고 손을 써서(힘을 써서) 굽히게 함을 (拘)자로 나타냈습니다.

그렇다면 쇠갈고리는 어떤 구조의 글자로 나타낼 수 있을까요?

스스로 만들어보세요.

◉. 묵다

하룻밤 묵어갈만한 곳이 없을까요? 이렇게 쓰는「묵다」라는 말은「잠자다, 쉬다」는 뜻이 들어있습니다. 잠을 자고 쉬는 것은 집(宀)안이어야만 되겠지요. 따라서 집(宀)안에 사람이 이부자리를 펴고 있는 그림을 그린다면「묵다」라는 말을 나타낼 수 있습니다.

오늘날의 숙(宿)이 바로 그것입니다. 집(宀)안에 사람(人)이 있고 이부자리(百)가 있는 구조입니다. 여기서 이부자리를 나타낸 글자(百)는 일백 백(百)자 이나 원래의 글자(日)가 변해진 것이므로 백(百)의 뜻과는 관계가 없습니다. 그런데「묵다」라는 한국어는「자다」는 뜻외에「오래다」는 뜻으로 쓰입니다. 묵은지, 묵은 병(宿患), 오래된 적(宿敵) 등으로 말입니다.

이러므로 사람이 집안에서 자리 펴고 자는 그림인 숙(宿)자에「오래다」는 뜻이 따르게 된 것입니다. 만일에 숙(宿)자가 한국어 언중이 만든 글자가 아니라면「오래다」는 뜻은 따를 수 없을 것입니다.

◉. 가다(갈)

「가다」라는 한국어는「어디로 가다」로 쓰이며 완료형은「갔다」며 진행형은「갈」입니다. 이 말을 그림으로 그리려면 출발지를 그리고 밖으로 나가는 발(足)이나 사람그림을 그리면 될 것입니다.

다음과 같은 그림입니다. 사람이 하나의 출발지(∨)에서 밖으로 나가고 있는 모습입니다. 진(秦)나라 때에 去(거) 자로 변했습니다. 去자는「가다」에서 따온「가」가 본래의 독음인데 이를 한족(漢族)은 거(gu)로 발음했고 이를 되받아 들인 우리들 역시「거」로 읽고 있습니다. 그런데「가다」의 현재진행형인「갈」은「땅을 갈다(뒤엎다), 옷을 갈아입다(바꾸다)」등으로 쓰이는 말입니다. 또「물을 갈다, 먹이나 쇠를 갈았다」로도 쓰이는데 이때는「없애다」의 뜻도 내포되어 있습니다. 이러므로 나가는 모양을 그린 갈 거(去)자에「바꾸다, 없애다」의 뜻이 붙게 되어 거세(去勢) 제거(制去) 등으로 쓰고 있는 것입니다.

☯. 해(日) 넘어가다(기울다)

「해(日)넘어가다」라는 말을 그리려면 해(日)가 꼭 들어가야 하고 그다음엔「넘어지다(자빠지다)」는 뜻을 지닌 그림을 그려야 되겠지요.

해(日)는 그 모양을 본떠  으로 그리면 되지만 넘어지다(자빠지다, 기울어지다)는 그림이 조금 어렵습니다.

우리들이 살아가면서 제일 가까이에서 많이 볼 수 있는 넘어지는 모양은 바로 사람이 넘어져 있는 것입니다. 따라서 사람이 넘어져있는 모습을 그리면 누구든지 쉽게 그 뜻을 알 수 있을 것입니다.

다음과 같은 그림이 되겠습니다. 해(日)와 넘어져 있는 사람 그림입니다. 이 글자는 진(秦)나라 때에 이르러 기울어질 측(昃)자로 변합니다.

우리들은 '해 넘어간다'는 말을 '해가 기울었다'로 말하는데 여기서「기울다」의 뜻이 나온 것입니다.

☯. 높은 곳으로 올라간다

이 말을 그리려면 움직이는 발그림(癶)이 있어야 하며 그다음엔 위쪽(높은 곳)을 나타내는 그림이 필요할 것입니다.

위쪽(높은 곳)은 사물의 머리쪽이고 우리생활에서 쉽게 눈에 띠는 사물은 뚜껑이 있는 제기(祭器)였습니다. 그림을 그리면 다음과 같습니다.

 옛날 제사지낼 때 쓰던 목기(木器)인데 위쪽에 뚜껑이 있는 것이었습니다. 이 그림은 오늘날의 두(豆)가 되어「콩」을 뜻하고 있습니다.

그러나 본래의 뜻은 그림 그대로 위쪽에 있는 뚜껑(뚜에:옛말)에 초점을 맞춘 것으로 사물의「머리쪽」을 나타냈습니다. 바로 지사문자(指事文字)로 그 독음「두」역시 뚜껑(뚜에)「뚜」에서 변해진 것입니다. 그러므로 사람의 머리를 뜻하는 글자로 쓰였고 사물의 머리쪽(높은 곳)을 나타내기도 했습니다. 따라서 높은 곳(위쪽)으로 올라간다는 그림은 등(登)자가 됩니다. 나중에 두(豆)자가 콩의 뜻으로 쓰이게 되자「머리」는 두(豆+頁 = 頭)자를 새로이 만들어 쓰게 되었습니다.

이「머리」라는 한국어는「마리」와 같은 말입니다. 그래서 실마리(실머리)로 쓰고 있으며 소 한마리를 牛一頭(우일두)로 소두마리를 牛二頭(우이두)로 말하고 있는 것입니다. 이것은 바로 한국어에 따라 문자가 이뤄졌음을 말하는 것입니다.

두(豆)가 머리쪽을 나타냄에 따라 이뤄진 짧을 단(短)자가 있습니다. 짧을 단(短)은「화살 시(矢)+두(豆)」의 구조입니다. 따라서 단(短)은 화살의 머리 쪽인「촉」을 지칭한 것입니다. 즉 화살은 세부분으로 말할 수 있는데 깃털이 달린 꼬리부분과 몸통부분 그리고 머리쪽인「촉」이 있는 부분입니다. 이 세부분 중에「촉」부분이 제일 짧습니다. 이렇게「짧다」는 뜻을 딴 부분과 비교로 나타냈습니다.

화살 시(矢)가 나온 김에 시(矢)가 들어가 이뤄진 알 지

(知)자를 살펴보기로 하겠습니다.

화살시(矢)의 옛글자는 ← 자로서 옛날엔「살붙이」로 읽었음을 앞장에서 논증한바 있습니다. 그런데「살붙이」라는 말은「살에 붙어있는 것」이란 뜻으로「살붙여」와 통하는 말입니다. 따라서 知는「살붙여(矢)+말하다(口)」는 뜻입니다. 즉 '그만 망했소' 하는 단순한 말을 이런저런 문제 때문에 망했다며 살을 붙여 자초지종을 말할 수 있는 것이 사물에 대해 안다(知)는 뜻입니다.

㉥. 살닿다

「살닿다」는 말은「피부(살)가 무엇에 접촉됐다」는 뜻입니다. 그리고「살(화살:矢)이 날아와 떨어졌다」즉「화살이 어떤 거리를 지나와 멈췄다」는 뜻이기도 합니다. 따라서 살(肉:矢)이 닿는 집을 다음과 같이 그릴 수 있습니다. 먼저 집(宀)을 그려야 하고 여기에 살(화살)을 그려 넣으면 다음과 같습니다.

①그림은 소전체 ②그림은 갑골문

모두 집안에 화살이 닿아있음을 나타내고 있습니다. 오늘날의 집 및 방을 뜻하는 실(室)자입니다.

한국어에 의한 문자 성립을 알 수 없었던 사람들은 다음과 같이 해석 했습니다.「甲文에서 室은 사람이 집에 이르러 모여 사는 것을 나타냈다. 이런 자형에서 집의 뜻이 나왔다.」 그러나 실(室)은 집(宀)은 집이지만 살(肉:육신)을 대고 자는 곳을 나타낸 것입니다. 그래서 내실(內室) 일호실(一號室) 이호실(二號室) 등으로 쓰고 있는 것입니다.

화살이 닿은 그림인 지(至)는 저기서 여기까지로 시간 및 거리를 뜻합니다. 그리고 「이르다, 다하다」의 뜻으로 쓰이는 치(致) 역시 지(至)와 같은 뜻입니다.
치(致)는 「지(至)+칠 복(攵)」의 구조인데 칠 복(攵)자의 뜻을 더듬어 보면 알 수 있을 것이므로 더 이상의 설명은 생략합니다.

◉. 힘들고 어렵게 살고 있다

사람은 주로 집(宀)에 의지하여 삽니다. 그래서 인간들의 삶에 필요한 기본적인 세 가지를 의식주(衣食住)라 하는 것입니다. 즉 사람은 사람행세를 하려면 옷을 입어야 하고 그 다음엔 먹어야하며 다음으론 쉬고 잘 수 있는 집이 있어야 하는 것입니다. 따라서 어렵고 힘들게 산다는 그림을 그리려면 먼저 집을 그려야 됩니다.
하지만 아무런 문제없는 집 그림은 안 되고 문제가 있는 집을 그려야 합니다. 집은 추위와 더위 그리고 비바람을 막아주는 역할이 첫째입니다. 그런데 집 천장이 커다랗게 구멍이 뚫려있다면 그 집은 그야말로 궁색한 집이 되겠습니다. 따라서 구멍이 뚫린 집 그림(穴:혈)을 그려야 합니다.
다음으론 사람이 그 안에서 발도 제대로 펴지 못하고 잔뜩 웅크리고 있는 그림을 그리면 됩니다. 다음과 같은 그림문자가 되겠네요. 바로 궁색하다는 뜻을 지닌 궁(窮)자입니다. 구멍이 뻥뻥 뚫린 집안(穴)에서 몸(身:신)을 활(弓:궁)처럼 웅크리고 있는 구조입니다. 그런데 이렇게 철저하게 궁색해지면 어떻게 하면 이 상황을 벗어날 수 있을까하고 궁리하게 됩니다. 따라서 궁하게 된 이치를 잘 더듬어보면 바로 통(通)하게 되는데 이를 궁즉통(窮則通)이라 합니다.

❂. 지붕에 구멍 뚫린 집을 고쳐라

지붕에 구멍이 나있다면 비바람이 들어와 집으로서의 역할을 충분하게 할 수 없습니다. 이리되면 그 문제점을 찾아 고치는 수밖에 없습니다. 따라서 이 문제를 그림으로 그리려면 먼저 구멍이 난 집(穴)을 그려야 합니다. 그리고 그다음엔 이것을 고치는 역할을 하는 손(ㅈ)을 그리면 됩니다.

다음과 같은 그림이 되네요. 왼쪽의 그림은 구멍 난 집과 그 안에 있는 일하는 손을 그린 것입니다. 오늘날의 구(究)자입니다.

고치려면 문제점을 찾아야 하고 어떻게 해야 잘 고칠 수 있는지를 생각해야 합니다. 그러므로 구(究)자에「연구하다, 궁리하다」의 뜻이 따르게 되었습니다.

❂. 결혼하여 지애비가 됐다

여자가 머리올린 그림(荒:每)으로 결혼한 여자임을 나타냈음을 앞에서 살펴본바 있습니다. 이렇다면 남자가 결혼하여 지애비가 됐다는 것은 어떻게 그리면 될까요?

제일 쉽게 머리에 떠오르는 그림은 남자여자 두 사람이 껴안고 한 몸이 된 모습일 것입니다. 그러나 이 그림은 일상적이고 보편적인 남녀의 애정행위는 나타낼 순 있지만 일생에 한번뿐인 혼인을 말함에는 적합치 않습니다. 따라서 이 문제 역시 통용되고 있는 언어나 풍속에서 그 해답을 찾아야 합니다.

옛날 그 옛날에는 결혼 못한 남자를 총각이라 했습니다. 그러다가 총각이 결혼을 하게 되면 반드시 상투를 틀어 올렸습니다. 여자가 머리를 올려 쪽을 진 것처럼 말입니다.

따라서 큰사람(大)이 머리에 상투를 틀어 올린 그림을 그리면 되겠습니다. 다음과 같은 그림입니다. 부(夫)자입니다. 이 글자는 큰사람이 머리에 상투를 틀고 비녀를 가로로 꼽고 있는 모양으로 해석되어 왔습니다. 그러나 부(夫)자를 씨알(十:●)이 큰사람 머리 쪽에 있는 모양으로 보고 통용되고 있는 한국어를 적용시켜보면「씨알(十:●)머리 있는 큰 사람」이란 말이 됩니다.

즉 속알머리 없는 사람 주변머리 없는 사람 등과 같이「씨알머리 있다, 없다」로 쓰는 그 씨알머리 있는 큰사람이란 말을 부(夫)자로 나타냈다는 것입니다. 이러므로 '인격이 아주 높아 뭇사람의 거울이 될 만한 사람을 부자(夫子)라 한다.'로 국어사전에 되어있는 것입니다.

따라서 공자(孔子)를 일러 공부자(孔夫子)라 하는 것도 이런 연유입니다. 이 부(夫)자는 나중엔 수부(水夫) 무부(武夫) 등으로 일반적인 남자를 뜻하는 말로 쓰이게 됩니다. 임금의 뜻으로 쓰였던 군(君)자가 나중엔 이군(李君) 김군(金君) 등으로 쓰이는 것처럼 말입니다.

☯. 부치다

'서울 가는 사람에게 서울 사는 아들에게 전해달라고 조그만 물건하나를 부쳤습니다. 그리고 그 소식을 적은 편지를 부쳤습니다.'「부치다」는 한국어의 용례입니다. 그런데 사람에게 물건을 부치는 것을 그림으로 그리려면 어떻게 하면 될까요?

먼저 사람을 그려야 하고 그 사람 등 뒤쪽에 조그만 물건과 손(手)을 그리면 되겠지요. 다음과 같은 그림입니다. 사람 등 뒤에 손(又)이 있고 조그만 물건을 뜻하는 점이 있는 그림입니다. 이 그림은 진(秦)나라 때에 이르러 부(付)자로 바뀌게 됩니다. 사람그림은 인(亻)자로 바뀌었고 손과 점을 그린 자는 촌(寸)자로 변해진 것입니다.

付의 독음「부」는 당연히「부치다」의「부」에서 따온 것입니다. 그런데 '부치다'는 말은 '붙이다'와 같은 소리를 지니고 있습니다. 그리고「붙이다」는 말은「붙다」와 같은 뜻을 지녔으며「벽에 그림을 붙이다」「힘센 놈에게 붙었다」등으로 쓰고 있는 말입니다. 그러므로 부(付)에 모여 있다는 뜻을 지닌 阝자를 덧붙여 부(附)자를 만들게 되었습니다.「가까이 하다, 붙다」의 뜻을 지닌 부(附)는 부(付)다음에 새로이 생겨난 글자입니다.

그리고 부(付)에「나오다(남)」는 뜻을 지닌 ⺮ 자를 덧씌워 부(符: ⺮+付)자를 만들게 되었습니다.

부(符)는 부호(符號) 부주(符呪) 등의 말을 이루는데 부탁(付)한 것이 밖으로 그 모습을 드러낸 상태를 말합니다. 즉 부(符)는 간단히 말하면「나타나게 하다」「나타남」의 뜻입니다.

촌(寸:㝡)은 마디의 뜻으로 쓰이고 있으나 본래의 뜻은 위 그림문자에서 보듯이「손에 작은 물건을 쥐고 있다(㝡)」는 뜻입니다. 이러므로 봉투에 조그만 금액을 넣어 고마움을 표시하는 것을 촌지(寸志)라 하는 것입니다.

☯. 쉬다

「쉬다」라는 말은 ①숨쉬다 ②휴식의 뜻이 있으며 ③그만두다(그치다)는 뜻도 있습니다. 이런 여러 뜻을 지닌「쉬다」라는 말을 그림으로 그리려면 ①의「숨쉬다」는 것이 제일 쉽게 그려질 수 있습니다.

그런데 '숨쉬다'는 말은 끊임없이 숨(호흡)이 계속되고 있는 상태를 나타낸 것입니다. 따라서 먼저 숨을 쉬는 기관인 우리 몸의 코를 그려야 합니다. 그리고 여기에 계속 운동하고 있다. 움직이고 있다는 뜻을 지닌 사물을 그려야 됩니다. 계속 움직이고 있는 사물은 뭐니 뭐니 해도 우리 몸에 있는 심장일 것입니다.

물론 폐(肺)도 24시간 계속 쉬지 않고 운동하고 있습니다만 심장처럼 그 고동이 크게 느껴지지는 않습니다. 그래서 「코(自)+심(心)」의 구조인 식(息)자를 만들었습니다.

자(自)는 자기(自己) 자신(自身)으로 말 되어 쓰이며 우리 몸의 코를 그린 것이나 「스스로」의 뜻을 지니고 있습니다. 그러므로 식(息)은 「스스로(自) 계속 움직인다(心)」는 뜻입니다.

따라서 이자(利子)를 이식(利息)이라 하는 것도 스스로 계속 움직이고 있다는 그 뜻 때문입니다. 즉 이(利)는 「곡식(禾)이 늘어나고 벌린다(刂)」는 뜻입니다. 따라서 이식(利息)은 곡식이 늘어나면 스스로 움직여 「커간다」는 뜻입니다. 그리고 이자(利子)는 곡식이 늘어나(벌려져:刂) 새끼(子) 친다는 말입니다.

숨 쉬는 모양을 그린 식(息)자가 그 모양이 뜻하는 바와는 전연 상관이 없는 「그만두다(일을 쉬다)」 「휴식(休息)」의 뜻으로 쓰이는 것은 바로 한국어를 그린 것이 중국문자라는 확실한 증거입니다.

☯. 지다

이 말은 ①짐을 지다 ②싸움에 지다 ③꽃이 지다 등으로 쓰입니다. 따라서 이 말을 그림으로 나타내려면 짐을 지고 있는 모양을 그리면 제일 쉬울 것입니다. 바로 ⟨貝⟩ 자가 되 겠습니다. 이 그림은 나중에 사람이 조개 패(貝)위로 올라 가있는 負 자로 변했습니다. 그러다가 진(秦)나라에 가서 負(부)의 모양으로 변했습니다.

사람이 짐을 지고 있는 모양(負:부)은 싸움에 지는 것과는 전연 상관이 없습니다. 그런데도 승부(勝負:이기고 지고)로 쓰이고 있습니다. 이 역시 말에 따라 문자가 이뤄졌고 그 말은 한국어임을 증명하고 있는 하나의 예증이 되겠습니다.

ⓔ. 밀다

이 말은 어떤 물체에 계속 새로운 힘을 가하여 움직이게 해주는 것을 일컫는 것입니다. 그래서 「수레를 밀다, 그 사람을 밀어주다」로 쓰입니다. 따라서 이 말을 그림으로 나타내려면 계속 힘을 쓰는 역할을 하는 손(手)을 그려야 하겠습니다.

그리고 「새로이, 다시」라는 뜻을 지닌 새(⟨隹⟩:隹)를 그려야 하겠지요. 따라서 「手+隹」의 구조인 추(推)자가 됩니다.

그런데 한국어 「밀다」는 「미루다」의 준말입니다. 그리고 「미루다」는 「일을 앞으로 밀어 넘기다, 이미 알고 있는 것에 비추이 다른 것을 헤아려본다」는 뜻으로 쓰입니다.

그러므로 손으로 계속 힘을 쓰고 있는 모양을 그린 추(推)자가 본래의 뜻과는 전연 상관없는 추리(推理) 추측(推測) 등으로 말 되어 쓰일 수 있는 것입니다.

ⓔ. 떨어지다

무리에서「떨어지다, 배(梨) 떨어지다, 부모와 떨어져 산다」등의 말에서 알 수 있듯이 떨어지다는 본체(本体)에서 분리됨을 나타냅니다.
「떨어지다」를 그림으로 그리려면 떨어졌음을 뜻하는 그림을 그려야하고 그다음엔 본체(本体)를 뜻하는 것을 그려야 할 것입니다.
앞장 발(足)부분의 설명에서 살펴본 각(各)자가 바로 그것입니다. 즉 각(各)은 본체에서「갈려졌음」「갈라짐」을 나타내는데 이 말은「떨어지다」와 같은 말입니다. 그래서「서로 갈라지다」를「서로 떨어졌다」로 말하기도 합니다.
물(水)은 물질로서의 물을 의미하지만 사물성립의 근원이기도 하다고 옛사람들은 생각했습니다. 그래서 만들어진 글자가 근원 원(源)자 인 것입니다. 따라서 본체 및 근원에서 갈라졌음(떨어졌음)을 락(洛)으로 나타냈습니다. 그리고 여기에 나왔음(남:木:艹)을 뜻하는 초 두(艹)를 붙여 떨어져 나올 락(落)자를 만들었습니다.
그런데「떨어지다」라는 한국어는「돈 떨어졌다」에서 알 수 있듯이「없어지다」는 뜻이 있습니다.
이러므로 물이 떨어지자(水落) 돌이 드러났다(石出)로 말합니다. 즉 락(落)자의 구조에 있는 뜻은 분리와 이탈입니다만「없다」의 뜻으로 쓰고 있는 것은 한국어로「떨어지다」와「없어지다」가 같은 말로 쓰기 때문입니다.

☯. 어금 버금

「어금」이란 한국어는 첫째라는 뜻이고 제일 크다 는 뜻입니다.「버금」은 첫 번째는 아니지만 그에 필적할만한 상태일 때를 말합니다. 따라서「어금버금」은 막상막하(莫上莫下)와 같은 뜻을 지니고 있습니다.

한국어 「어금」을 그림으로 나타내려면 요즘 같으면 엄지 손가락 하나를 치켜세우는 그림을 그리면 되겠습니다만 옛날엔 그런 것이 없었던 것 같습니다. 그래서 코끼리의 어금니를 그려 으뜸임을 나타내려 했습니다. 바로 어금니 아(牙)자입니다.

독음(讀音)「아」는「어금니」를「아금니」라고도 했기 때문입니다. 즉「아」와「어」는 같은 소리로 통용되었습니다. 아(牙)가 으뜸의 뜻을 나타낸 것은 삼국지(三國志)에서도 찾아볼 수 있습니다. 거기엔 '조조의 아장(牙將) 허저가…'로 되어있습니다. 바로 으뜸 되는 첫째 장수를 아장(牙將)으로 나타낸 것입니다.

버금이란 말은「~다음」이란 뜻으로 문자로 차(次)자입니다. 그래서 버금 차(次)에 차례(次例)라는 뜻이 붙게 된 것입니다.

아(牙)가 으뜸을 차(次)가 버금을 나타냈다면 제일 작은 것은 어떻게 나타낼까요? 우리손가락 중에서 제일 작은 것을 새끼손가락이라 합니다. 여기에서 보듯 새끼라는 말은「아주 작다, 아주 어리다」의 뜻이 있습니다. 이 새끼는 그 모양을 따 子(자:우)자로 그려졌습니다. 따라서 자(子)에는「아주 작다, 새끼」의 뜻이 있습니다. 그래서「막내」끝을 늣하는 계(季)자가 만들어지게 된 것입니다.

계(季)는「피어나다(禾)+새끼(子)」의 구조로「제일 마지막(새끼)으로 피어났다(禾)」는 말을 그린 것입니다.

☯. 밤과 꿈

동녘에서 떠오른 태양이 서쪽으로 지기 시작하면 온누리엔 어둑살이 짙게 깔리고 밤이 시작됩니다. 태양 없는 밤은 캄캄하지만 그래도 희미한 빛을 발하는 달이 있어 겨우 사물의 윤곽만은 짐작할 수 있습니다.

밤이 깊어지면 우리인간들은 하루의 피곤함을 풀기위해 잠을 잡니다. 이럴 때 어떤 사람은 꿈을 꾸면서 딴 세상을 보기도 합니다. 그러나 꿈은 꾸는 것이고 「꾸다」라는 말은 「빌리다(借:차)」와 같은 말이므로 현실이 아니고 거짓(假)입니다.

밤을 그림으로 나타내려면 먼저 밤의 특징이나 특색을 알아야 할 것입니다. 밤은 낮과 상대되는 것으로 낮에는 태양이 있고 밤에는 달이 떠있습니다. 따라서 달(月)을 그리면 될 것 같습니다. 그러나 달(月)은 초생달도 있고 반달도 있으며 그믐달과 보름달도 있습니다. 그리고 달은 해가 지기도 전에 나타나 보이는 것도 있습니다. 그러므로 그냥 달(月)만을 그려서는 안 되고 달이 중천(中天)에 높이 떠오른 모습을 그려야만 밤다운 밤을 나타낼 수 있을 것입니다.

여기에 따라 그림을 그리면 다음과 같습니다. 크다(大)를  나타낸 사람그림과 그 오른쪽엔 달(月:D)이 있고 왼쪽 옆구리 쪽엔 올랐다는 뜻을 지닌 상하로 뻗쳐 있는 선 하나(丨)가 있는 그림입니다. 「달(月:D)이 크게(大) 올랐다(丨)」는 말로써 한밤중임을 나타냈습니다. 위 글자가 오늘날의 야(夜)자로 변해진 것입니다.

그러면 「꿈」을 그려보도록 합시다. 먼저 사람들이 공감할 수 있는 꿈에 대한 정의(定義)부터 해보면 다음과 같습니다.
 ① 꿈은 잠잘 때 눈(目)에 나타나 보이는 것이다.
 ② 꿈은 현실이 아닌 미래에 대한 소망을 그려보는 것이다.

그런데 꿈의 본뜻은 ①항이고 ②항은 나중에 생긴 것입니다. 따라서 ①항을 그림으로 그리려면 잠잘 때라는 것을 확실하게 나타내야 하겠습니다. 그 다음으론 사물을 보고 느끼는 눈(目:㓁)그림과 나타남을 뜻하는 글자를 그리면 될 것 입니다.

잠은 해가 떨어지고 난 저녁부터 잘 수 있습니다. 그러므로 저녁(夕:석)을 그려야 하고 그다음엔「나타나 보인다」는 말을 그리면 될 것 입니다. 바로 다음과 같은 글자입니다.

꿈 몽 자입니다. 글자 아래쪽엔 저녁 석(夕)이 있고 그 위에 포괄적인 뜻을 나타내는 글자(冖)가 있습니다. 그리고 보는 것을 나타낸 눈(㓁)과 나옴을 뜻하는 초 두(艹)로 되어있습니다. 즉 꿈 몽(夢)은 저녁이 되어 잠이 들면(歺) 나타나 보이는 것(㠭) 이란 말입니다. 참으로 기차게 나타냈지 않습니까.

그런데 한국어 저녁은 저쪽과 같은 말입니다. 그래서 동쪽을 동녘이라 하며 가까운 이쪽사람을「이녁」으로 말합니다. 국어사전엔「이녁」을 당신의 낮춘 말이라 해놓았습니다만 그렇지 않습니다. 이녁과 상대적인 말은 그쪽이 되겠으며 '그쪽은 가깝지 않고 친하지 않음'을 뜻하는 말로 쓰이고 있습니다. 저녁이 저쪽이므로 다음과 같은 문자가 만들어졌 습니다.

外(외)자입니다.「밖, 밖으로, 밝힌다」는 뜻을 나타낸 복(卜)자와 저녁 석(夕)의 합체입니다. 저녁을 저쪽으로 읽게 되면 외(外)는「저쪽 바깥」「저쪽 밖으로」라는 뜻이 됩니다. 이 외(外)자는 내(內)와 상대관계이므로 내(內)의 글자구조에서 그 뜻을 좀 더 더듬어 보도록 하겠습니다.

內자는 들어갈 입(入)자가 하나의 공간 안으로 들어가고 있는 구조입니다. 즉「안쪽으로 들어가다」는 말을 그림으로 그려낸 것입니다. 이러므로 들일 납(納)자가 성립될 수 있습니다.

우리들이 쓰고 있는 말에서 보면 '상감마마 납시오' 하는데 여기서의「납시오」는「들어오십시다」는 뜻입니다. 그리고「납셨다」는 말은「나오셔서 이쪽으로 들어왔다」는 뜻을 내포하고 있습니다.

그러므로 內자를「납」또는「내」로 읽고 있는 것이며 외(外)가 저쪽이라면 내(內)는 이쪽(내쪽)을 나타내는 것입니다. 그런데 밝음이 물러가고 어두워지는 저녁때를 나타내려면 둥근 달과 반달을 그려도 될 것인데 왜? 초생달을 그렸을까요?

즉 저녁 석(夕)자는 초생달을 그린 ☽ 및 ☽ 자였는데 둥근 달(○) 및 반달(☽)로도 어두워지는 저녁때를 나타낼 수 있습니다. 그런데 그렇게 하지 않고 초생달을 그려 저녁을 나타낸 것은 반드시 어떤 까닭이 있다는 말입니다.

초생달은 초승달로도 발음하는데「생」과「승」을 같이 썼기 때문입니다. 즉 옛날뿐 아니라 지금도 '짐승'을「짐생」'장승'을「장생」이라 하고 있습니다.

이 초생달은 밤을 뜻하는 달(月)이 처음 시작된(初生) 모습을 말합니다. 그리고 저녁은 밤이 시작되는 때입니다. 그러므로 저녁을 초생달로 그린 것입니다. 그런데 모든 사물이 처음으로 그 모습을 나타내면 반드시 그 이름이 붙게 됩니다. 따라서 이름이 있으면 그 존재가 있음이고 이름이 없다면 그 존재성이 없다고 말할 수 있습니다. 이러므로 이름 명(名)자가 이뤄지게 되었습니다.

즉 명(名)은「처음으로 나타난(初生) 것을 일컫는다」는 말로 바로「이름하다, 이름(일컬어줌)」의 뜻입니다. 초생달(夕:석)에 있는 처음으로 나타남(생겨남)의 뜻으로 다(多), 이(移)의 글자가 이뤄졌습니다.

많을 다(多)는「처음 나타남(夕:석) 또 처음 나타남(夕)」의 구조로 중복되어 많다는 뜻입니다. 그리고 옮길 이(移)역시 피어남(禾)이 중복됐다. 즉 한곳에서가 아니라 여러 곳에서 피어난다(禾)의 뜻으로 이땅에서 저 땅으로 뻗어가고 있음을 말하고 있습니다.

☯. 발가벗다

「발(빨)가 벗다」는 한국어는「발가(빨가)+ 벗다」의 구조입니다. 그리고「발가」라는 말은 아무것도 없다는 뜻이며 「빨가」와 같은 소리이며「빨가」는 또「빨갛다」는 말과 같이 쓰입니다. 그러므로「새빨간 거짓말」로 쓰고 있습니다.「발(빨)가 벗다」를 문자어로 나타내면「빨간 赤(적)+ 벗다(裸:나)」가 되므로 적나(赤裸) 또는 적나나(赤裸裸)가 됩니다.

한국어 빨가(발가:빨간)의 영향을 받아 이뤄진 문자어로 적수공권(赤手空拳)이 있습니다. 맨손(赤手) 빈주먹(空拳)이란 뜻인데 공(空)자에는「비었다」는 뜻이 있으나 적(赤)자에는 「아무것도 없다」는 뜻은 찾을 수 없습니다. 그런데도 적수(赤手:손안에 아무것도 없다)로 쓰이고 있는 것은 한국어 「빨갛다(赤:적)」가 아무것도 없음을 뜻하기 때문입니다.

◉. 갖

한국어「갖」은 살갗으로 쓰이며 안쪽을 덮고 있는 바깥 부분인 가죽(거죽)을 말합니다. 그러므로 가죽으로 신발 등을 만드는 사람을「갖바치」라 합니다. 이「갖」을 그리려면「속(안)을 싸고 있는 곁」및「안쪽과 상대되는 위쪽(바깥)부분」을 나타내면 됩니다.

다음과 같습니다. 왼쪽그림은 안쪽(丁)을 덮고 있는 바깥부분(冖)을 나타냈습니다. 이 글자는 나중에 갑(甲)자로 변합니다.

甲자 역시 아래와 상대되는 위쪽부분을 전(田)으로 나타냈습니다. 밭전(田)은 밖(바깥)을 나타내는 음부(音符)로도 쓰였습니다. 따라서 갑(甲)은「위쪽(바깥) 부분」을 나타낸 것으로 한국어「갖」을 그린 것입니다. 甲의 독음「갑」은「갖」의 변음입니다.

◉. 익히다(익다)

한국어「익히다」는「열매가 익다, 음식을 익히다(따뜻하게 하다), 낯이 익다, 글을 익히다」등으로 다양하게 쓰입니다. 그런데「음식과 물을 따뜻하게 하다」와「글을 익히는 것」과는 아무런 상관관계가 없습니다. 또「낯이 익은 것」과「음식과 물을 익히는 것」과도 아무런 상관이 없습니다.
그런데도「옛것을 익혀(溫考:온고) 새것을 안다(知新)」로 쓰고 있습니다.

◉. 잡다

「도망가는 사람을 잡다, 물건을 잡다」로 쓰이는「잡다」라

는 말을 그리려면
① 가는 사람의 뒤쪽에 잡는 역할을 하는 손을 그리면 될 것입니다.
② 손(手:ㅋ)에 무엇을 쥐고 있는 모양을 그리면 될 것입니다.

①항은 다음과 같은 그림이 되겠습니다. 왼쪽그림은 사람의 발쪽에 손(ㅋ)하나가 있습니다. 등지고 가는 사람을 잡는 모양을 나타내고 있는데 오늘날의 급(及)자 입니다. 지금은 미칠 급(及)으로 쓰고 있습니다만 상(商)나라 때와 주(周)나라 때엔「잡다」의 뜻으로 썼습니다.

좌전(左傳) 성공(成公)2년조에 다음과 같은 기록이 있습니다.
「不能推車而及(불능추차이급)」즉「차를 밀지 못해 잡히고 말았다」는 뜻입니다.
「及」의 독음은 우리는「급」이라 읽지만 한족(漢族)은 지(ji)로 읽습니다. 한국어「잡다」는「쥐다」와 상통되므로 한족의 독음 지(쥐)가 본래 소리이며 우리의「급」은 변음입니다.

②항을 그리려면 무엇을 쥐고 있는 손을 그려야 할 것입니다. 손은 ㅋ 자이며 ㅅ 자는 손에 긴 막대기를 쥐고 있는 모양입니다. 바로 오늘날의 윤(尹)자 인데 손에 크고 긴 작대기를 들고 있는 그림입니다.
그러면 손에 크고 긴 작대기를 쥐고 있는 그림은 무엇을 의미할까요?
어떤 사람은 이렇게 해석합니다. '몽둥이(작대기)는 힘과 권위의 상징이므로 이를 쥐고 있다는 것은 힘과 권위를 지니

고 있다는 뜻이다. 이에서 다스리다의 뜻이 나왔다.' 그러나 통용되고 있는 언어에서 찾아보면 「크고 길게 잡고(장악) 있다」는 뜻입니다. 긴 작대기를 「크고 길게」라는 뜻으로 받아들인 것입니다.

우리들은 어떤 지역이나 단체를 장악하고 있음을 「광주 땅은 내가 잡고 있소이다, 또 그들은 내가 잡고 있소」라고 말합니다. 이러므로 윤(尹)은 한 지역을 다스리는 벼슬 이름이 되었던 것입니다. 그리고 이 윤(尹)에다 땅 및 고을을 뜻하는 글자(口)를 더하게 되면 군(君)자가 됩니다.

군주(君主)는 임금의 뜻으로 쓰는 글자인데 바로 「하나의 영역(口)을 길고 크게 장악하고 있다」는 뜻입니다.

또 「잡다」라는 한국어는 「붙들다」와 같은 뜻입니다. 이 「붙들다」는 「부뜰다」로 소리 나는 말로 '①손에 꽉쥐다 ②남을 못 가게 말리다 ③도와주다는 뜻이다'로 한글 사전엔 되어있습니다. 따라서 「잡다」라는 말과는 같은 뜻이면서도 ②③항의 뜻이 더 있습니다.

즉 「붙들다」는 말은 손으로 잡는 행위를 나타내는 것이긴 합니다. 하지만 '불안정한 사람을 붙잡아준다' '나무를 붙들고 섰다'등의 말에서 보듯 「잡아서 도와준다」는 뜻도 있습니다.

따라서 이 「붙들다」는 말을 문자로 만들려면 불안정한 상태의 사람을 손으로 잡고 있는 그림을 그려야 될 것입니다. 그렇다면 어느 누가 보더라도 불안정한 상태의 사람은 예측할 수 없이 이리저리 뽈뽈거리는 4~5살 정도의 어린이일 것입니다. 그러므로 다음과 같은 그림이 되겠습니다.

 큰손(爫)이 어린아이(孚:子)머리를 잡고 있는 그림입니다. 오늘날의 부(孚)자입니다. 미쁘다(信:신) 기르다(양육) 씨(종자)의 뜻으로 쓰이는 부(孚)말입

니다. 그러나 그림에서 보듯 본래의 뜻은 「붙들다」입니다. 그러므로 그 독음 역시 「부뜰다(붙들다)」에서 따온 것으로 「붙들(부뜰) 부(孚)」로 읽어야 합니다. 그러나 부(孚)가 「미쁘다, 기르다」의 뜻으로 쓰이게 되자 「붙들다, 붙들린 사람」은 「부(孚)+사람(人)」의 구조인 俘(부)로 나타냈습니다. 바로 「사로잡다, 포로」의 뜻으로 쓰이는 부(俘)자로 말입니다.

☯. 사랑

성숙한 남녀 간에 서로 정을 주고받는 것을 사랑이라 말하기도 합니다. 그리고 나라를 사랑하고 겨레를 사랑한다고 말하기도 합니다. 이런 사랑이란 말을 그리려면 먼저 사랑이 무엇이고 어떤 행위가 그것을 가장 잘 나타낼 수 있는 것인가를 생각해야 할 것입니다.

사랑이 무엇일까요?

어떤 사람은 눈물의 씨앗이라 말했습니다. 또 어떤 사람은 봄나비 같다고 읊었습니다. 또 어떤 이는 아낌없이 주는 것이라 말했습니다. 그러나 위의 것들은 모두 자기 자신이 생각하고 느끼는 것만을 말했습니다. 그러므로 많은 사람들이 그것이다며 받아들이기 어렵습니다.

우리 선조들은 「온 마음을 다해 아껴주는 것」을 사랑이라 생각했습니다. 이것을 그림으로 나타내려면 먼저 온 마음을 그려야 하고 그것을 준다는 표시를 나타내야 합니다.

온 마음을 준다는 그림은 온 마음(心) 위에 준다는 것을 나타내는 손(爫)이 있는 愛 자가 됩니다. 그리고 그것이 일회성으로 끝나는 것이 아니고 오래도록 계속 되어진다는 뜻이 더해져야 됩니다. 그러므로「온 마음을 준다(愛)＋반복(夂)」의 구조인 애(愛)자로 나타낼 수 있습니다.

경상도 사람들은「아껴주다」를「애껴주다」로 발음합니다. 아이를 애기로 말할 수 있음에서 보듯「아」와「애」를 같은 뜻으로 받아들인 것입니다. 이런 음(音)의 변화 때문에 지금의 우리는 愛 를「애」로 읽고 있습니다.

한족(漢族)은 아이(ai)로 발음합니다. 따라서 愛의 독음은 애낄「애」및 아낄「아」입니다.

※ 夂 자는「하고 또 한다(반복)」의 뜻입니다.

☯. 죽은 이를「받듬」을 나타낸다

우리조상들은 이 세상을 떠나 돌아오지 못할 곳으로 가는 사람 즉 죽은 이를 지극히 공경했습니다. 이런 풍습을 한마디 말로 나타낸다면「죽은 이를 받듬을 나타내 보임」이 되겠습니다.

이 말을 그림(문자)으로 나타내려면 먼저 죽은 이(死)를 두 손으로 받들어 올리는 그림(奔)을 그려야 합니다. 그리고 「나타남」이란 말을 뜻하는 초 두(艹)를 글자 위쪽에 붙이면 됩니다. 바로 (葬:장)자입니다. 이렇게 죽은 이를 받듬에는 여러 가지 지켜야 할 절차와 행동이 있어야 하는데 이것이 장례(葬禮)입니다.

인생살이에 있어 제일 큰일이 만남과 이별입니다. 만남은 혼인(婚姻)이고 이별은 죽음(死:사)입니다. 그래서 일반인에겐 혼례(婚禮)와 장례(葬禮)가 제일 큰일이었는데 혼례보다 장례를 더 지극히 했습니다. 이별은 너무너무 슬픈 일이어서 일까요?

장사지낼 장(葬)을 이때까지는 다음과 같이 해석했습니다.
'장(葬)은 풀(艹)과 죽다(死) 그리고 손잡다(廾)의 뜻을 결합한 글자이다. 따라서 죽은 사람을 풀로 덮은 것을 나타냈다. 이런 자형에서 장사 지내다의 뜻이 나왔다.'
이젠 독자 여러분의 눈에도 차지 않을 해석일 것입니다.
장(葬)자엔 한국어가 들어있습니다. 한국어 나옴(남)으로 읽어야할 초 두(艹)와 죽을 사(死)입니다. 사(死)는 앞장에서도 설명했지만 다시 한번 설명합니다. 사(死)는 「뼈추릴 알(歹)과 사람(匕)」의 구조로 「뼈 추린 사람」이 본뜻입니다. 그런데 우리는 죽은 사람을 「뼈 추린 사람」으로도 말합니다. 글자에 들어있는 한국어를 알지 못하면 엉터리 해석이 될 수밖에 없습니다.

❻. 기르고 키우고 아름답다

우리 선조들은 오랜 세월동안 넓은 초월을 옮겨 다니며 목축으로 업을 삼기도 했습니다. 말, 소, 돼지도 키웠지만 주로 양(羊)을 길러 생활했습니다. 그러므로 그 어떤 가축이나 동물보다 양(羊)을 그려 여러 뜻을 나타낸 문자가 아주 많습니다.
그러면 양(羊)을 「기르다」는 말을 그림으로 그리려면 어떻게 하면 될까요? 먼저 「기르다」는 말뜻부터 더듬어 봐야 하겠습니다.
「기르다」는 「키우다」와 상통되는 말로써 부모가 어린아이를 기를 때나 사람이 양이나 소를 기를 때에 제일 우선적으로 중요한 것은 먹이를 주는 것입니다. 따라서 「양(羊)을 기르다」는 말은 먼저 양(羊)을 그리고 나서 그 다음에 먹거리(食:식)를 그리면 되겠습니다. 바로 「양(羊)+먹을 식

(食)」의 구조인 기를 양(養)자입니다.

이젠「키우다」는 말을 그려보도록 합시다.「키우다」는 말은「커지도록 한다」이며 커(크)지는 것은 작은 모양이 크게 되는 것이며 어린 상태가 어른(얼은) 상태로 되어가는 것입니다. 따라서 이렇게 커(크)지도록 하기 위해선 많이 받아먹도록 하여「살찌게 하는 것」입니다.

그러면「살(肉:月) 찌게 하다」는 말을 그려봅시다. 먼저「찌개 하다, 꽉 차오르게 하다, 채우다」등의 뜻을 나타낸 그림은 㐫 자입니다. 그리고 우리 몸의 살은 月 자로 나타냈습니다.

따라서「㐫+月」의 구조인 육(育)자가 됩니다. 이러므로 길러 키우는 것을 양육(養育)이라 합니다. 육(育)자는 육영(育英:영재로 키운다) 육아(育兒:아이 키우다) 등으로 쓰입니다.

「아름답다」는 말은 요즘엔「예쁘다」의 뜻으로 쓰이지만 원래의 뜻은「풍성하게 크다」였습니다. 즉 아름답다는「아름+답다」의 구조이므로「아름」의 뜻부터 살펴봐야 합니다.「아름」은 한아름, 두아름에서 알 수 있듯 우리의 두 팔을 크게 벌려 안을 수 있을 만큼의 크기를 말합니다. 따라서「아름답다」는「곱다, 예쁘다」와는 관계없지만 풍만하게 큰 것을「좋게, 예쁘게」받아들임에 따라「예쁘다」의 뜻이 붙게 된 것입니다.

우리가 쓰는 말 중에 '부잣집 맏며느리 감으로 잘생겼다.' 가 있습니다. 크고 튼실하며 풍만하게 생긴 여성을 지칭하는 것인데 지금도 태평양의 섬나라 괌 같은 곳에선 풍만하다 못해 뚱뚱하기까지한 여성을 미인으로 여기고 있습니다. 이것은 '다산(多産)할 수 있는 여성을 제일 좋다'로 여긴 사회에서 생겨난 것입니다. 그러면 양(羊)을 키우던 사회 속에서 「아름답다」는 말을 그리려면 먼저 양(羊)을 그려야 합니다. 그러나 아무 양(羊)이 아니고 크게 자란 양(羊)이어야만 합니다. 즉 큰양(大羊)을 그려야 하는데 바로 「양(羊)+크다(大)」의 구조인 미(美)자입니다. 큰양(大羊)이 아름답다니? 필자는 오랫동안 머리를 갸우뚱 거렸습니다. 그러다가 「아름답다」는 국어를 이해하고부터 의문이 풀렸습니다.

☯. 앞뒤좌우(前後左右)

앞이란 말은 시간과 방향을 뜻합니다. 그러므로 「앞서간 사람, 앞쪽으로 간다」 등으로 말하고 있는 것입니다. 그런데 방향을 지칭하는 앞이란 말은 뒤와 상대되는 것으로 우리 몸을 기준으로 한 것입니다. 따라서 먼저 우리 몸의 앞뒤를 살펴보면 등쪽인 뒤엔 밖으로 나온 인체의 중요기관이 하나도 없습니다. 밖으로 불룩하게 나온 것이 딱 하나 있습니다. 바로 엉덩이, 궁둥이, 방둥이로 불려지는 부분입니다.
한글이 지니고 있는 운동으로 보면 「엉덩이」는 뒤로 엉뚱하게 나온 덩어리를 말합니다.
즉 「엉덩이」는 「엉+덩이」의 구조입니다. 그리고 「엉」은 엉뚱하다. 엉터리, 엉망진창 등의 밑을 이류에서 모듯 올바른 진행이 아님을 말합니다. 궁둥이는 「궁+둥이」의 구조로 밑으로 쳐진 상태의 둔부를 말하고 있습니다. 그리고 방둥이는 옆으로 널찍하게 둥그스름하게(방) 이뤄진 상태(둥이)를 뜻합니다.

※한글의 운동에 대해선 기회가 닿는데로 밝히도록 하겠습니다.

이에 비해 우리 몸 앞쪽은 눈, 코, 입, 성기 등의 중요기관이 위치하고 있습니다. 따라서 그 차이는 인체의 운동이 밖으로 진행되어 나왔음과 아님에 있다 하겠습니다.

이젠「앞」이란 말을 그림으로 나타내려면 어떻게 하면 될까요? 앞은 인체의 운동이 진행 발전되어 밖으로 나온 상태입니다. 그리고「인체 운동의 진행발전」은「살(肉:月)이 벌어지다, 늘어나다(刂:刀)」로 대체 할 수 있습니다. 그리고 여러 개가 밖으로 나옴은 ㅛ 으로 나타낼 수 있습니다. 따라서「月+刂= 刖」+「ㅛ」의 구조인 (前:전)자가 됩니다. 앞 전(前)으로 읽히고 있는 이 글자는 왕왕 선(先)자와 그 쓰임에 있어 혼동을 일으킬 수 있습니다. 선(先)자 역시「앞, 먼저」의 뜻으로 쓰이고 있어서입니다.

선(先)은「고할 고(告)+사람(人)」의 구조로 고하는 사람이란 뜻입니다. 고(告)하다는 말은 혼자서 중얼거리는 것이 아니라 여러 사람에게 또는 웃어른 및 신적(神的) 존재에게 아뢴다는 뜻이 있습니다.

'배달겨레에게 고(告)합니다.' '대장님께 보고 올립니다.' '조상님께 고합니다.' 등으로 쓰고 있습니다. 이럴 때 고(告)하는 사람(先:선)은 항상 남보다 앞쪽에 위치해 있어야하므로 앞, 먼저의 뜻이 따르게 된 것입니다. 그러므로 선두(先頭) 선임(先任) 선도(先導) 등으로 말 되어 쓰는 것입니다.
이처럼 선(先)이 위치적인 것에 초점을 맞췄다면 전(前)은 방향에 초점을 맞춘 글자입니다.

앞(前)을 다음과 같이 그려내기도 했습니다. 갑골문에 나타난 앞 전(前)입니다. 사다리(H) 윗쪽에 밖으로 나가는 뜻을 나타낸 발자국 그림(ㅛ)이 있습니다.

 소전체입니다. 맨 윗쪽엔 밖으로 나간다는 뜻을 나타낸 발그림(止)이 있고 그 아래엔「…이다」를 나타낸 그림(K)이 있습니다.

「밖으로(앞으로) 나간다, 나가는 앞쪽이다」는 뜻을 나타냈습니다. 여기서 필자는 두 글자 윗쪽에 위치한 발자국그림을「밖으로 가다, 앞으로 가다」로 해석했습니다. 즉 바깥과 앞(前)을 동일하게 취급했습니다. 이는 다음과 같은 연유 때문입니다.

 북쪽 시베리아 바이칼 호수 부근에 살고 있던 우리겨레들은 따뜻함을 찾아 남쪽으로 이동하게 되었습니다. 즉 살던 곳(시베리아)을 등지고 남향(南向)하게 된 것입니다. 이렇게 남쪽을 바라보게 되자 자연히 앞쪽은 남(南)이 되고 등진 쪽인 뒤는 북(北)이 되게 되었습니다.
 그리고 해 떠오르는(日+木)쪽은 동(東)이 되고 해가 들어가 쉬는 쪽이 서(西)가 된 것입니다. 즉 우리겨레는 뒤 및 안쪽(시베리아)에서 앞(바깥)으로 나아갔으므로 자연히 가는 방향인 남(南)은 앞이 될 수 밖에 없는 것입니다.
 남(南)과 앞(前)의 연관성은 다음의 글자에서 확인할 수 있습니다.

 왼쪽은 소전체로 남(南)입니다. 글자 맨 위쪽(屮)은「나왔다」는 뜻입니다. 그리고 그 아래 글자(帝)는「내부에 있던 많은 것이 밖으로」라는 말을 나타냈습니다. 즉 안쪽은 ∩ 그림이고 많다는 뜻은 ∩ 안에 있는 가로선 2개(二)입니다. 모두의 뜻을 묶어보면「내부에 웅크리고 있던 여러 개(많은 것)가 밖으로 나왔다」입니다.
 그러므로 南의 독음 또한「나옴, 나왔음」과 같은 뜻인「난

(남)」이 될 수밖에 없는 것입니다. 우리 몸의 앞쪽은 많은 기관들이 나와 있듯이 앞쪽인 남(南) 역시 따뜻한 기후 탓으로 많은 생물이 나타나 있는 곳입니다.

해가 들어가 쉬는 곳을 서(西)자로 나타냈는데 글자의 모양에서 알 수 있습니다. 즉 위에 있던 것이 아래로 내려와 (兀)하나의 공간(口)안으로 들어간 형태(西)이기 때문입니다. 이러므로 들어가 쉰다는 깃들 서(栖)자가 이뤄진 것입니다.

우리 몸의 등 뒤를 나타낸 글자는 간(艮:𠂉)자 였습니다. 그러나 이 글자가 「북방, 산(山)」등의 뜻으로 쓰이게 되자 새로이 「뒤」를 뜻하는 글자를 만들어야 했습니다.

우리말에 '씨레기처럼 엮겨 따라간다.'가 있습니다. 이 말은 주관, 주체없이 남이 가자는 데로 또 하자는 데로 뒤따라 할 때 씁니다.

이 말을 그리려면 먼저 「…를 행한다」는 뜻을 지닌 글자 (彳)가 필요합니다. 그 다음엔 「실엮어 놓은(실엮기:씨레기) 듯한 그림」과 「움직인다, 간다」는 뜻을 지닌 발그림(夊)이 있으면 됩니다.

각각의 글자를 묶어보면 後 및 後 자가 됩니다. 바로 뒤 후(後)의 갑골체와 소전체입니다.

☯. 봄 여름 가을 겨울

일 년은 봄 여름 가을 겨울로 진행하고 있습니다. 봄이 되면 쇠약하게만 느껴졌던 태양열도 제법 따사로워 집니다. 이에 따라 땅속이나 안쪽에 웅크리고 있던 새싹들이 바쁘게 고개를 내밉니다. 따라서 봄을 그리려면 태양(日)이 있어야 하고 그에 따라 고개 내밀고 있는 싹들을 그려야 할 것입니다. 다음과 같습니다.

 왼쪽그림은 소전체입니다. 밖으로 나온 싹들(ΨΨ)과 그 아래에 태양(日)이 있습니다.

 왼쪽그림은 갑골체입니다. 해(日:⊖)가 힘차게 돋아나오고 있는 그림이 있고 그 오른쪽엔 오늘날의 둔(屯)자가 있습니다.

둔(屯)은 땅속에서 돋아나온 새싹을 그린 것으로 싹이 「튼」상태를 나타냈습니다. 그래서 상(商)나라 땐 춘(春) 대신으로 봄의 뜻을 나타냈습니다. 둔(屯)은 「진치다, 주둔하다, 어렵다」의 뜻으로 쓰고 있습니다. 그러나 본뜻은 「싹이 트다, 싹을 틔우다」입니다.

옛날 어느 때엔 군대(軍隊)가 머물며 씨를 뿌리고 농사를 지어 양식을 자급자족했습니다. 이때 이후에 「진치다, 주둔하다, 어렵다」의 뜻이 따르게 된 것입니다.

여름은 생명 있는 뭇것들이 활짝 그 모습을 드러내는 때입니다. 또 지구자체에서 보면 내부의 에너지를 밖으로 「활짝」뿜어 내는 때입니다. 따라서 다음과 같은 그림이 되겠습니다.

 왼쪽그림은 소전체입니다. 맨 위쪽 그림(ΨΨ)은 「많은 섯이 밖으로 나온 모양」입니다. 그 아래에 있는 그림(仌)은 「위로 바깥으로 바깥으로」를 나타냈습니다. 바로 오늘날의 화(華)자 입니다. 「빛나다, 번성하다」의 뜻으로 쓰이고 있지만 한국어 「밖으로 활짝 나왔다」를 그린 것입니다. 그러므로 그 독음 또한 활짝의 활(화+ㄹ)에서 비롯된 것입니다.

그런데 여름을 뜻하는 글자는 화(華)가 아니고 하(夏)자입니다. 하(夏)자는 원래 「머리를 두 손으로 받들고 간다」는

말을 그린 글자입니다. 하(夏)의 소전체입니다. 그림의 뜻은 이미 말했습니다.

이 글자는 우(禹)임금의 아들 하계(夏啓)가 장인이었던 백익을 주살한 후 세운나라 이름입니다. 그러므로 만물이 활짝 그 힘을 발산하는 여름과는 전연 상관이 없습니다. 그런데도 어째서 여름을 하(夏)라 하게 되었을까요?

동이족에게 눌려 지냈던 하족(夏族)은 자신들이 천하의 종권을 쥐게 되자 기고만장해졌습니다. 그래서 「하(夏)는 화(華)이다」로 천하에 반포했습니다. 이러므로 그들을 하화족(夏華族) 또는 화족(華族)이라 하게 되었고 하(夏)에 여름(화:華)의 뜻이 옮겨붙게 된 것으로 보입니다.

가을은 곡식을 얻는 때이므로「곡식 화(禾)+ 타다(火)」의 구조인 추(秋)자가 되었음을 밝힌바 있습니다.

겨울은 가을걷이를 한 다음 집과 모든 생필품을 동여매고 갈무리해야 하는 때입니다. 그리고 봄에서 시작됐던 생명 발현운동이 여름에 활짝 피었다가 가을에 그 열매를 거둬들였습니다. 그리고 겨울은 한 단계 생명운동이 멈춰지고 끝나는 계절입니다. 그러나 그냥 끝나는 것이 아니라 끝맺음을 하는 것입니다. 따라서 겨울의 의미는 「끝맺음」에 있습니다. 그러므로 노끈의 끝을 매듭지은 ∞자가 겨울을 나타냈습니다. 상(商)나라때의 문자였습니다. 그러다가 ∞ 자는 동(冬)으로 변해졌습니다.

끝에 매듭을 짓도록 묶는 것을 동여매다(동가메다)로 말하는데 冬의 독음 「동」은 여기서 나왔습니다.

❼. 입다

우리 인간 삶에 있어서 제일 기본적으로 필요한 것을 의식주(衣食住)라 합니다. 즉 의(衣)는 옷을 입어야 한다는 말이고 식(食)은 먹는 것이며 주(住)는 보금자리가 되는 주택을 말합니다.

이 세 가지 중에서 제일 필요한 것은 뭐니뭐니해도 먹어야 살기 때문에 식(食)이 되겠습니다. 그런데도 식(食)이 아니라 옷(衣:의)이 첫째자리에 앉아 의식주(衣食住)라는 말을 만듭니다. 이는 인간이 동물과 구별될 수 있는 유일한 것은 옷을 입을 수 있기 때문이라 생각해서였습니다.

옷은 우리 몸을 감싸고 추위와 더위 그리고 외부의 자극으로부터 우리 몸을 보호하는 역할을 합니다. 그리고 옷은 입고 있는 사람의 신분을 나타내기도 합니다. 즉 입고 있는 그 차림새로 그 사람이 어떤 사람인지 알 수 있다는 말입니다. 바꿔 말한다면 옷을 입음으로서 그 사람이 지니고 있는 특색이 밖으로 드러난다는 것입니다. 또 옷을 몸에 걸치므로해서 옷 바깥과 옷 속이 결정됩니다. 즉 옷은 우리 몸과 바깥(外:외)을 구별하는 하나의 경계선이 되기도 합니다. 이러므로 표리(表裏)라는 글자가 만들어지게 되었습니다.

표(表)자의 소전체는 사람이 옷을 입고 있는 상태를 그린 글자입니다. 이는 사람은 옷을 입으므로해서 그 지닌 바의 특색이 밖으로 드러난다는 것입니다. 즉「표 난다, 태 난다」는 말이며 옷을 기준으로해서 밖을 나타낸 것입니다. 이렇다면 표(表)와 상대되는 속은 어떻게 그리면 될까요? 이 문제는 상당히 어렵습니다. 그러므로「속」을 뜻하는 리(裏)자를 풀이하는 것으로 대신하도록 하겠습니다.

 왼쪽그림은 리(裏)의 소전체입니다. 글자 맨 위쪽 (人)자는「위로, 밖으로 나간다. 나온다」는 말을 나타냈습니다. 그 다음 글자는 밭 전(田)자로 한국어 밭(바깥)을 나타냈습니다. 그리고 밭 전(田) 아래쪽 글자는 오늘날의 십(十)으로 (씨)내리다(♦)는 뜻입니다. 맨 아래쪽은 옷(</>)을 그렸습니다.

모두의 뜻을 맞춰보면「옷(</>)을 아래로 내리면(♦:十) 바깥(밭:田)으로 드러나는 것(人)」이란 말이 됩니다. 옷에 감춰져있는 내부(안)를 이렇게 나타낸 것입니다.

중국문자에는 기호적(記號的)인 면도 많이 내포되어있습니다. 앞장에서 설명한 비 우(雨)에 있는 부분(冂)은 아래로 작용하는 운동을 나타냈고 매(每:╬)의 위쪽 부분(凵)은 위쪽으로의 운동을 나타낸 것처럼 (亠)자 역시 밖으로, 위로의 운동진행을 말하고 있습니다.

지사(指事)문자로 알고 있는 윗 상(上:⊥)과 아래 하(下:丅) 역시 상하적인 운동을 나타내고 있는 기호문자인 것입니다.

옷은 두 가지 글자로 나타냈습니다. 사람이 입고 있는 옷이나 만들어 지던지 찢어지는 상태의 옷은 의(衣)자로 나타냈습니다. 따라서 의(衣) 표(表) 리(裏) 장(裝) 렬(裂) 상(裳:치마) 재(裁:製)등의 글자는 입고 있는 상태의 옷 및 만들고 찢는 옷을 나타낸 것입니다. 그리고 옷 의(衤)자는 일반적이고 모든 종류의 옷을 나타내며 딴 글자와 합칠때는 항상 왼쪽에 위치하여「옷」이란 뜻을 강하게 나타냅니다.

보강(補强) 보직(補職) 보신(補身:補腎)으로 쓰이는 보(補) 자를 살펴보도록 하겠습니다.「옷 의(衤)+ 보(甫)」의 구조 입니다. 이것을 '소전자에서의 補는 헤진 옷을 기워 옷을 완전하게 하는 것을 나타냈다. 이런 자형에서「깁다」의 뜻 이 나왔다.' 로 말합니다. -자원자해로 익히는 한자

위 해석에 따르면 옷 의(衤)자는 헤진 옷을 나타냈고 보(甫) 는「헤진 것을 완전하게 하는 역할이다」는 말입니다. 이렇 다면 넉넉할 유(裕)자에 있는 옷 의(衤) 역시 헤진 옷을 뜻 해야 할 것입니다. 따라서 옷 의(衤)는 그냥 일반적인 옷입 니다. 보(甫)는 쓸용(用:用)의 변체로 소전체를 보면 확실히 알 수 있습니다.

 보(甫)의 소전체는 다음과 같습니다. 왼쪽그림은 쓸 용(用:用) 자 위에 그림이 있는 구조입니다. 따라서 이 뜻은「쓰임(用:용)이 나타나도록 한다」 는 말입니다. 따라서 보(補)는「몸을 가려주고 보호해주는 옷의 작용이 이뤄지도록 한다」는 말입니다.

확인하기 위해 도울 보(輔)를 살펴보겠습니다. 보(輔)는「차 (車)가 그 역할을 잘하여 쓰이도록 해주는 것」이란 말이 됩니다.

거짓말을 한번 하면 계속 거짓말을 하게 됩니다. 즉 거짓이 거짓을 자꾸 만들어낸다는 말입니다. 문자와 역사해석도 그 렇습니다.

제가 펼쳐본 문자 해석서 역시 거짓투성이 였습니다. 처음 엔 한심스러워 가소로웠습니다만 나중에 안타깝고 슬퍼졌 으며 화가 났습니다. 많은 돈과 아까운 시간을 들여 거짓을 참 인양 배우고 있는 현실이어서 입니다.

지금은 물질적 삶이 아주 풍요스러운 때이므로 보통사람이라도 제법 많은 수의 옷을 지니고 있습니다. 그러나 옛날 옛적엔 베짜기도 힘들었고 그렇게 짜여진 베를 구해 옷을 만들어 입기도 참으로 어려웠습니다. 물론 경제사정이 넉넉한 집에선 쉽게 옷을 구해 입을 수 있었으나 가난한 서민들에겐 옷 한 벌 구하기가 정말 어려웠습니다.

이런 사회구조 때문에 다음과 같은 글자가 생겨났습니다. 넉넉할 유(裕)자입니다.「옷 의(衤)+곡(谷)」의 구조입니다. 이것을 '소전자에서의 유(裕)는 옷이 커서 산골짜기처럼 주름이진 것을 나타냈다. 이런 자형에서「넉넉하다」의 뜻이 나왔다.'로 설명하는 사람이 아주 많습니다.

이런 해석은 곡(谷)자를 산골짜기로만 받아들임에서 비롯된 오류인 것입니다. 앞장을 세심히 보신 분들은 곡(谷)자의 뜻을 아실 것입니다. 바로 곡(谷)자의 뜻은 골짜기 뿐 아니라「받아 들인다」이지요.

따라서 유(裕:衤+谷)는「옷을 받아들이다, 즉 살림살이가 넉넉하여 옷을 구입할 수 있다」는 말을 나타낸 것이랍니다. 사물에 대한 우리말 특히 명사는 그 역할작용과 쓰임 그리고 그만이 지니고 있는 특색에서 이뤄짐이 많습니다.

예컨대 재를 떠는 그릇을「재떨이」, 방에 바람을 통하게 뚫어놓은 창을「봉창(봉은 바람의 옛말)」, 코가 길다고「코끼리」, 발에 신는 것을「신발」, 가르는 역할하는 것을「갈(칼)」로 말한다는 것입니다. 여기에 비추어보면 우리 몸에 입는 것이기 때문에 衣자에「의」라는 독음이 붙게 된 것입니다. 즉 몸에 입는 것을 그린 衣자를 처음에는「입」및「이블, 이」라 하다가「의」로 부르게 됐다는 말입니다. 중국한족은 (Yi)로 발음하는데 이것이 본래의 소리인 것 같습니다.
「입다」라는 한국어는 「옷을 입다」로 쓰이지만 「은혜를 입다, 피해를 입다」로도 쓰고 있습니다. 즉 「입다」라는 말은 옷을 우리 몸에 착용하는 행위 뿐 아니라 「…에 당하다, …에 영향 받다」는 뜻으로 쓰인다는 것입니다.
따라서 「…에 당하다」는 뜻인 「입다」를 문자로 나타내려면 어떻게 하면 될까요? 참으로 어려운 문제일 것 같습니다. 그러나 이 역시 이때까지 여러 번 살펴본바 있는 동음가차(同音假借)에 의한 조자법(造字法)을 적용하면 쉽게 풀립니다.

바로 옷(衤)을 우리 몸 거죽(皮)에 걸치는 행위를 그린 피(被)자가 됩니다. 피(皮)는 가죽(거죽) 살결을 뜻하고 여기에 옷(衤)이 있다는 것은 「옷을 입다」를 나타낸 것입니다. 이러므로 「해(害)를 입음」을 피해(被害)라 하며 「습격을 당했음(입다)」을 피습(被襲)이라 합니다. 그리고 「죽임을 당했음(입음)」을 피살(被殺)이라 한답니다.
옷을 입게 되면 '그 사람이 누군지 어떤 사람인지 밖으로 드러나게 됩니다. 이러므로 표(表)자에 「바깥, 거죽, 밝힐」의 뜻이 따르게 됐습니다. 그런데 이 표(表)자와 친근하게 어울리는 글자가 있습니다. 바로 표면(表面)으로 쓰고 있는 면(面)자입니다.

「얼굴, 탈」의 뜻으로 쓰고 있는 이 면(面)자에 대한 기존의 해석부터 살펴보겠습니다. '얼굴 面(면)은 사람의 얼굴 모양을 본뜬 글자(상형) 금문자(金文字)에서 면(面)은 사람 머리와 얼굴의 모양을 정면에서 본떴다. 이런 자형에서 얼굴의 뜻이 나왔다.' -자원자해로 익히는 한자 481p
위 해석은 허신의 해석을 이어 받은 것으로 이때까지 이

책을 읽은 독자들께선 위 해석이 잘못된 것임을 쉽게 알 수 있을 것입니다. 어떤 점이 잘못되었을까요?

안면(顔面), 대면(對面), 면적(面積)등으로 쓰이는 면(面)자는 사람의 얼굴을 그린 것이 아닙니다. 만일 얼굴을 그린 것이라면 참으로 이상한 얼굴이 되어 상형의 구체성에 전연 맞지 않습니다.

아직도 이해되지 않은 분은 면(面)자를 구성하고 있는 낱낱의 글자가 지니고 있는 뜻부터 생각해보세요. 글자를 하나 하나 살피기로 합시다.

「(丅)자는 밖으로 위로 나타나 있음」을 뜻하며 눈목(目)자로「본다, 보이는 것」이란 말을 나타냈으며 (囗)으로「전체 및 한덩이」를 표현 하였습니다. 낱낱의 뜻을 묶어보면「전체 중(囗)에서 밖으로 위로 나타나(丅) 보이는 부분(目)」이란 말을 그려 낸 것임을 쉽게 알 수 있습니다.

㉴. 쓰다

한국어「쓰다」는「돈쓰다, 소를 써서 밭을 갈다, 사람을 골라 쓴다, 쓸모있다, 쓸만하다」등으로 아주 많이 쓰이는 말입니다. 위 용례에서 보듯「쓰다」의 진행형은「쓸」이 되고 완료형은「씀」과「쓴」이 되겠습니다. 이「쓴다」는 말은 문자로는 용(用)입니다.

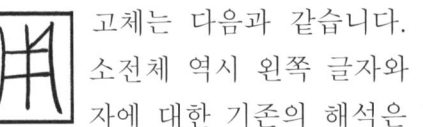

고체는 다음과 같습니다. 왼쪽글자는 갑골문입니다. 소전체 역시 왼쪽 글자와 별다르지 않습니다. 이 글자에 대한 기존의 해석은 다음과 같습니다.

'자원: 쓸 用은 점복(卜)과 맞다(ㅐ)의 뜻을 결합한 회의 문자.

자해:甲文字에서 用은 고대에 점을 쳐서 맞으면 곧 일을 시행하는 것을 나타냈다. 이런 자형에서 「쓰다」의 뜻이 나왔다.'
  -자원자해로 익히는 한자 298p

그러나 위 글자 그 어디에도 점칠 복(卜)자는 보이지 않습니다. 그리고 중(中)자 역시 안보입니다. 따라서 애매모호한 설명이 아닐 수 없습니다. 아마도 어설픈 허신의 견해를 이어 받은 것으로 생각됩니다.

한국어 「쓴다(쓸)」는 「모자 쓴다」에서 알 수 있듯이 「머리나 위쪽에 무엇을 덮어씌우는 행위」를 말합니다. 따라서 머리 쪽이나 위쪽에 무엇을 씌우는 행위나 용구를 그려 「쓴다」는 말을 나타낼 수 있습니다. 옷을 입은 그림인 피(被)자로 한국어 「입다」를 나타낸 것 처럼 말입니다. 다시 한번 더 말한다면 옷을 「입은」 그림으로 「입다」라는 말을 나타냈듯 머리 쪽에 「쓴다」는 그림이나 그릇을 그려 「쓴다」라는 말을 나타낼 수 있다는 것입니다.

그렇다면 머리 쪽이나 위쪽에 씌우는 행위와 용구 중에서 일상생활에 있으며 누구의 눈에나 익숙한 것은 무엇일까요. 먼저 머리에 쓰는 모자나 관을 생각할 수 있겠습니다. 그러나 그 당시엔 모자 및 관(冠)은 벼슬을 했거나 지체가 높은 사람만이 쓸 수 있는 것이었습니다. 그러므로 모자 및 모자를 쓴 사람을 그린다면 벼슬을 했거나 지체가 높아졌음을 나타내는 것으로 인식될 수 있습니다.

두 번째로 생각해 볼 수 있는 것은 술단지 위쪽에 씌우는 용수입니다. 이 용수는 싸리나무로 엮은 둥글고 길쭉한 것으로 술이 익어갈 즈음에 단지 위쪽에 씌워서 걸러진 술을 취하는데 쓰이는 용구입니다. 용수는 사람에 의해 술단지 머리 쪽에 씌워진(쓴) 것이지만 술단지 입장에서 본다면 머리 쪽에 용수를 쓰고(쓴) 있는 것입니다. 필자가 冎 및 用자를 용수의 상형체로 본 것은 用자의 독음이 쓸「용」이어서입니다.

문자 해석에 있어서 중요한 점은 첫째 그 당시 사람들의 생각과 풍속, 언어 등을 참작해야 합니다. 둘째로는 추리한 뜻이 쓰이고 있는 문자의 뜻과 일치되느냐 하는 것입니다. 셋째로는 문자가 지니고 있는 독음(讀音)이 사물과 일치되느냐 하는 것입니다.

이 용(用)자는 모 및 모서리를 뜻하는 모 (𠂆)자와 합하여 각(角)자를 이룹니다.「모」는 톡 튀어나온 부분을 뜻합니다. 따라서 각(角)은 쓸 수 있는(用) 모(𠂆) 즉 톡 튀어나온 부분인 뿔을 말하는 것입니다.

뿔은 상(商)나라 때엔 그 모양을 본떠 A 자로 그려졌는데 진(秦)나라때에 현재의 모양으로 바뀐 것입니다. 즉 상형체를 회의문자로 바꾼 것입니다. 톡 튀어나온 모(뿔)를 뜻하는 (𠂆)자는 (マ) 자로 발전하는데 바로 뿔났다 는 말을 그린 것입니다. 따라서 용감할 용(勇:マ + 男) 글자는 남자(男)자가 뿔났다(マ)는 말을 나타낸 것입니다.

이 뿔났다(マ)라는 말은「뿔다구 났다」로도 쓰이며 내부에 잠재 되어있던 강한 힘이 밖으로 치솟아 나감을 뜻합니다. 따라서「막혀있던 상태에서 뚫고 나가다, 뚫히다」는 뜻이 내재되어 있습니다.

이러므로「뿔났다(マ)+ 용(用)」의 구조인 용(甬)자를 만듭니다. 옥편에 보면 용(甬)은「길거리, 골목길」등의 뜻으로 되어있습니다. 아마도 막혀있던 것이 뚫어져 쓰인다는 용(甬)자의 뜻 때문에 이리저리 뚫린 길거리를 뜻하게 된 것 같습니다.

이 용(甬)자는 간다는 뜻을 지닌 착(辶:辵)자와 만나 통할 통(通)자를 만듭니다. 바로 가는 길(辶)이 막히지 않고 뚫렸다(甬)는 뜻입니다. 그리고 용(甬)자는 아플 통(痛)자를 만드는데 通 및 痛자를 「통」으로 일컫는 것은 「용수」가 나무(木)로 만든 일종의 통(桶)이기 때문입니다.
쓸 용(用)자는 갖출 비(備)를 만들고 쓸 용(庸)자를 만듭니다. 갖출 비는 사람(亻)이 쓰기위해 또는 쓸려고(用) 간직하고 있는 모양을 그린 것입니다.

용(庸)은 임시로 쳐논 천막 같은 집(广)속에 손(⺕)이 있고 쓸 용(用)이 있는 구조입니다. 따라서 그 뜻은 임시로 쳐논 집안에서 손(⺕)을 써서(用) 일하고 있다는 뜻입니다. 이러므로 사람을 쓰다(庸人:용인)는 뜻이 따랐습니다. 그리고 용(庸)자엔 「잘나지 못하고 뛰어나지 못하다, 어리석다, 보통사람」의 뜻이 있습니다. 이는 바로 임시로 쳐논 천막 같은 집(广)속에서 일하도록 쓰이는 사람이어서입니다.
요즘으로 말하면 필요할 때만 불러 쓰는 임시적인 일을 하는 사람이 되겠습니다. 예나 지금이나 큰 능력 없고 운이 따라주지 않으면 날품이나 팔게 되고 임시직에 종사할 수밖에 없는 것이 세상의 이치 같습니다. 그리고 뛰어난 사람보다 뛰어나지 못하고 행운을 얻지 못한 사람이 엄청 많음을 이 용(庸)자는 말해주고 있습니다. 이 용(庸)에 사람(人)자를 더하여 품팔이, 고용할 용(傭)자를 만들어 뜻을 더 확실히 했습니다.

용(用)자는 보(甫)자로 발전하여 여러 글자들을 만들게 되는데 먼저 보(甫)에 대한 해석부터 하겠습니다. 보(甫)자는 쓸 용(用)에 (十) 자가 붙어있는 구조입니다. 또 용(用)자에서 머리위쪽 밖으로 하나의 선(丿)이 나와 있고 그 옆에 점 하나가 있는 구조입니다. 따라서 그 뜻을 합쳐보면 「쓸(用) 모 있도록(十) 하다」 및 「힘을 보태어 쓸모 있도록 하다」 입니다. 그러므로 보탤 보(甫)로 읽어야 합니다.

옥편엔 보(甫)의 뜻을 「크다(클), 비로소」로 되어있습니다. 힘을 보태주어 쓸모 있도록 만드는 것은 일의 발전을 뜻하기에 크다(클)와 비로소의 뜻이 따르게 된 것으로 보입니다. 그러나 다음의 글자들에서 보(甫)자가 지닌 「힘을 보태 쓸모 있도록 하다」는 뜻을 확실히 알 수 있습니다.

먼저 「옷(衤:의)+보(甫)」의 구조인 보(補)자를 살펴봅시다. 옷은 우리 몸을 보호해주며 사람답게 해주는 물건입니다. 보(甫)는 「힘을 보태 그 쓰임(用)을 잘 되도록(쓸모 있도록) 하다」는 뜻입니다. 따라서 두 뜻을 합치면 「몸을 보호해주는 역할을 하는 옷의 쓰임이 더 잘 되도록 힘을 보태준다」는 말이 됩니다. 이러므로 「깁다(헤진 옷을), 돕다」의 뜻으로 쓰이게 된 것이며 보신(補身), 보강(補强)등의 말을 이루는 것입니다.

굴러가는 차바퀴를 상형한 차(車)에 쓸모 있도록 힘을 보탠다는 뜻을 지닌 보(甫)를 더하면 보(輔)자가 됩니다. 이 뜻은 하나의 조직 및 구조물이 잘 돌아가도록 힘을 보탠다는 뜻입니다.

그리고 도와주는 사람인 스승(師:사)을 뜻하는 부(傅)자가 있습니다. 이 글자 역시 쓸모 있도록 손써서(寸:촌) 힘을 도와주는 사람(亻:인)이란 말을 그린 것입니다.

우리들은 초상집에 갈 때 조금의 물질적 도움을 주기 위해 성의를 표하는 부의(賻儀)라 쓴 돈 봉투를 가지고 갑니다. 또 어려운 사정에 처한 사람에게 조금의 돈을 보태 도와주는 것을 부조(賻助)라 합니다. 부(賻)자가 돈을 뜻하는 패(貝)와 쓸모 있도록 손을 써서 돕는다(專:부)의 합체이기 때문입니다. 즉「돈(貝:패)으로 적게나마 도움 되도록 한다」는 뜻입니다.

「쓸모 있다」는 말은 재(才)자로도 나타내었습니다. 재(才)자는 옥편엔 재주, 바탕, 겨우의 뜻으로 되어있습니다. 그래서 才를 재주 재로 읽고 있습니다. 그러나 이는 잘못된 것으로「쓸모 있다, 쓰일 수 있다」로 읽어야 합니다. 옥편의 설명이 맞는지 필자의 주장이 맞는지 검증하겠습니다.
먼저 재(才)가 들어가 만들어진 재(財)자를 봅시다.「조개 패(貝)+ 재(才)」의 구조인데 패(貝)는 조개껍질을 상형한 것입니다. 이것을 옥편에 있는 대로「재주 재(才)」로 하여 그 뜻을 더해보면「재주 조개껍질」이란 뜻이 됩니다. 현재 쓰이고 있는 재(財)의 뜻과는 전연 맞지 않습니다.
이젠 필자의 주장대로 쓸모 있을 재(才)로 읽고 재(財:貝:才)의 뜻을 보면「쓸모 있는(才:재) 조개껍질(貝:패)」이란 뜻이 됩니다.

옛날옛적 금속화폐와 종이돈이 생기기 전에는 조개껍질을 화폐로 썼습니다. 그러나 조개껍질 모두를 회폐대신으로 쓴 것이 아닙니다. 당연히 여러 조개껍질 중에서 특이하게 아름답다거나 쓸모 있는 것만을 화폐로 썼습니다. 즉 귀하게 생긴 것은 귀한 값을 지니고 있었던 것입니다.
따라서 재(財)는 아무 조개껍질이 아니고 쓸모 있는 (才:재) 조개껍질을 말하는 것입니다. 대합조개껍질, 전복껍질, 진주 조개껍질 그리고 흔해빠진 홍합이나 꼬막 조개껍질 등등으로 조개껍질은 아주 다양하게 많습니다. 이처럼 나무

(木:목) 역시 싸리나무, 소나무, 무푸레나무, 전나무 등등으로 아주 많습니다. 그러하나 집을 짓거나 배를 만들 때 그리고 여러 가지 기물을 만들 때는 아무나무나 다 되는 것이 아니고 쓸모 있는 나무만이 그 쓰임이 될 수 있습니다. 따라서 재목(材木)의 재(材)자는 재주 있는 나무가 아니고 「쓸모 있는 나무」임을 나타낸 것입니다.

「쓸모 있다, 쓰일 수 있다」는 뜻을 나타낸 재(才)는 갑골문으론 「씨 뿌리다, 씨」의 뜻을 나타낸 십(十:♦)과 그 위에 가로선 하나가 길게 있는 구조(才)입니다. 이 뜻은 땅 밑에 뿌려진 씨앗이 땅위로 그 모습을 나타냈음입니다. 우리들은 땅 밑에 뿌려진 씨앗이 땅위로 그 새싹을 나타냈음을 일러 「모」라 하며 그렇게 모 나온 것을 갈라낼 때를 「모내기」라 합니다.
따라서 씨 뿌려진 공간인 밭(田:전)에서 여러 새싹이 나온 모양을 그린 묘(苗)자와 같은 뜻을 지녔습니다. 그러나 묘(苗)는 밭에서 많은 싹이 나타나 있음을 그린 것이고 재(才:才)는 겨우 하나만이 고개를 내밀고 있음이 다릅니다. 하지만 겨우 하나의 싹만이 나왔지만 그것은 나중엔 더 많은 싹들을 나오게 할 바탕이 되므로 아주 쓸모 있는 것이기도 합니다. 이러므로 재(才)자에 「겨우, 바탕」의 뜻이 붙게 되었으며 「쓸모 있다」는 뜻이 있는 것입니다. 이 재(才)자는 뿔 및 뿔났다를 그린 (マ)자와 합하여 창 모(矛)자를 만듭니다. 주로 칼(刀:刂)은 베는 무기며 검(劍)은 찌르고 베는 무기입니다.
그리고 모(矛)는 찌르는 역할을 하는 창을 말합니다. 이런 역할작용을 모(矛)자로 나타냈는데 바로 튀어나온 뿔(夕)처럼 「쓸 수 있다, 쓰인다(才:재)」는 말을 나타낸 것입니다.

즉 뿔의 주된 역할은 찌르는 것입니다. 그러므로 「튀어나온 뿔처럼 쑤시고 찌를 수 있다」로 창의 역할작용을 말하는 것입니다.

좀 더 확인하기 위해 임무(任務) 복무(服務)하다 로 쓰이는 무(務)자를 살피기로 하겠습니다. 먼저 기존의 해석부터 보겠습니다.

'자원: 힘 쓸 무(務)는 창 모(矛)의 음 및 뜻과 치다(攵)와 힘력(力)의 뜻을 결합한 형성문자. 자해: 소전체에서 무(務)는 전력을 다해 일을 추진해 나가는 것을 나타냈다. 이런 자형에서 힘쓰다의 뜻이 나왔다.'

그러나 모(矛)의 뜻은 「뿔처럼 튀어나온 그것이 쓰여짐」인데 이는 제 역할을 다한다는 말입니다. 그리고 칠 복(攵)자는 「…라 여긴다, 즉 …이다」는 뜻입니다.

따라서 그 뜻들을 모아보면 무(矛+攵+力)는 「제 역할 다 하도록 힘쓰는 것이다」는 말을 그려낸 것입니다.

이젠 모(矛)자에서 왼쪽으로 삐쳐나간 선 하나가 없는 여(予)자를 살펴보겠습니다. 두 글자의 차이는 재(才)자와 (丁)자의 차이입니다. 따라서 모(矛)자가 그 역할작용을 다 할 수 있는 것이라면 여(予)는 그 역할작용을 할 수 없는 상태임을 말하는 것입니다. 확인키 위해 「여(予)와 코끼리 상(象)」의 구조인 미리 예(豫)자를 풀어봅시다.

여(予)는 「쓰이고 있지 않다」는 뜻이고 상(象)은 「상상한다, 마음으로 그려 본다」는 뜻입니다. 두 뜻을 합쳐보면 「작용되고 있진 않지만(予:여) 마음으로 상상은 했다」는 말이 됩니다. 이러므로 예감(豫感) 예상(豫想) 예측(豫測)등의 말이 되어 쓰이게 된 것입니다.

☯. 거들다

이 말을 국어사전엔「남이 하는 일을 도와주다」로 설명하고 있습니다. 그러나 좀 더 자세히 설명하면 거들다는 말은「거+들다」의 구조로 남이나 남들이 하고 있는 일에 끼어들어 같이함을 말합니다.

'거들다'를「거+들다」의 구조로 설명했는데 '만들다' 역시「만+들다」의 구조입니다.

한국어「들다」는「나이 들었다, 칼이 잘 든다, 조직에 들었다, 손에 들다, 물들다, 위로 들다」 등으로 쓰입니다. 따라서 이 말을 그림으로 그리려면 사람이 손위에 물건하나를 들고 있도록 하면 될 것입니다.

즉「여러 사람이 일하고 있는 조직에 들어있다」는 말은 여러 개의 손(사람)이 어떤 것을 들고 있는 형태의 그림으로 나타낼 수 있습니다. 바로 다음과 같은 그림입니다.

 왼쪽의 그림은 손 4개가 사다리 하나를 잡고 있는 것으로 갑골문입니다.

 왼쪽그림은 소전체로 역시 4개의 손이 있으며 사람을 들고 있습니다.

두 그림 모두 여러 사람이 함께 어떤 일을 하고 있음을 나타내고 있는데 오늘날의 여(與)자입니다. 이러므로 정권을 잡고 나랏일을 하고 있는 당(黨)을 여당(與黨)이라 하고 같이함을 참여(參與)라 하는 것입니다. 이 여(與)와 반대적인 글자는 야(野)가 되는데 이참에 살피기로 하겠습니다.

야(野) 자는 들판의 뜻으로 쓰이고 있으며 하야(下野) 야인

(野人) 야생(野生) 의 말을 이룹니다. 이러므로 하야(下野)를 「들로 내려갔다」, 야인(野人)을 「들판에 묻혀 사는 사람」 등으로 해석합니다. 물론 아주 틀린 말은 아닙니다만 확실한 뜻을 찾기 위해 야(野)자를 풀어보기로 하겠습니다.

야(野)는 「마을 리(里)+予」의 구조입니다. 마을 리(里)는 「밭전(田)+토(土:土)」의 구조입니다. 씨 뿌릴 터(土:土)가 있고 씨 뿌려진 공간인 밭(田:전)이 있음은 사람 사는 곳이란 뜻이고 여기서 사람 사는 마을의 뜻이 된 것입니다.
(予)자는 창 모(矛)자에서 왼쪽으로 튀어나온 선(丿) 하나가 없는 그림입니다. 앞전에 우리는 재(才)자를 살펴본바 있습니다. 「바로 쓸모 있다, 쓰일 수 있다」는 뜻을 나타낸 것입니다. 이 글자에서 왼쪽으로 삐쳐 나온 선 하나가 없는 글자(丁)는 「쓸모없다, 쓰이지 못한다」는 뜻을 나타낸 것입니다. 따라서 予자는 「쓰이지 못하는 뿔, 쓸모없다, 쓰이지 않다」는 뜻을 나타낸 것입니다. 따라서 야(里+予=野)는 씨 내릴 터와 밭(田:전)으로 쓰이지 못함의 뜻이 됩니다. 이러므로 사람의 손길이 닿아 논밭이 되지 못한 땅을 평야(平野) 황야(荒野)라 말하게 된 것입니다. 이렇게 터, 밭(里:리)으로 쓰이지 못함을 인사(人事) 및 정치(政治)에 결부시키면 나랏일을 하지 못하는 상대의 집단을 야당(野黨)이라 말하며 나랏일을 하다가 그만두고 내려감을 하야(下野)라 하는 것입니다.
그러나 요즘의 정치 형태는 야(野)가 됐다해서 아주 국정에 참여 안하는 것이 아닙니다. 소임을 맡은 여(與)가 독선, 독단으로 가지 못하도록 견제하고 잘 가도록 도와주는 역할을 하는 것이 야(野)의 역할이 됐습니다. 이처럼 여럿이 함께 일하고 있음을 나타낸 여(與)에 또 하나의 손(手:수)이

들어와 같이 일을 하게 됨을「거+들다」로 말할 수 있습니다. 문자로는「여(與)+손 수(手)」의 구조인 거들 거(擧)자입니다. 이러므로 거(擧)자에「들다, 일으키다, 모두」의 뜻이 따르게 된 것입니다. 하지만 본뜻은「모두가 하나의 일에 참여했다」입니다. 그러므로 거국적(擧國的)이라 함은「나라 사람 모두가 함께」라는 뜻이 되겠습니다.
손(手)을「들다」는 뜻인 거수(擧手)로도 쓰이는데 이는 거(擧)자에 여러 개의 손이 사람하나(ㅋ)를 떠받들고 있기 때문입니다.

☯. 여(汝:如)

여(汝)자는「물(氵)+계집 녀(女)」의 구조로 옥편엔 상대를 지칭하는 너(you)의 뜻으로 되어있습니다. 지금의 중국어에선 니(你)가 상대를 지칭하는 말로 주로 쓰이지만 예전문장을 보면 여(汝)를 너(you)로 쓴 것이 보입니다.
여(汝)는 형성문자로 별다른 뜻은 없고 글자가 만들어질 그 당시에 쓰이던 여(you)라는 말소리를 나타낸 것입니다. 즉 그 당시엔 상대를 일러「여」라 했다는 말입니다. 그렇다면 이「여」는 한족(漢族)의 언어일까요? 아니면 한국인의 말일까요?

순수한 우리말로 상대를 지칭할 땐「너」「니」「그대」「그쪽」등이 있으나「여」라는 말은 생소한 것 같습니다. 그래서 여(汝:如)는 한족(漢族)의 언어라 생각되기도 합니다.
하지만 「여보게」「여보세요」「여보」「여봐라」라는 말을 보면「여」는 상대를 지칭하는 한국어임이 분명합니다.
즉「여보게」는「여+보게(보세요)」의 구조이므로「여」는

저쪽 상대를 뜻하는 말인 것입니다.
물론 중국문자 여(汝)에 영향 받아「여보게」등의 말이 생겼다고도 볼 수 있습니다. 하지만 언어가 먼저 있었고 이를 담을 수 있는 문자는 뒤에 있었다는 보편적 선후 관계에서 보면 한국어「여보세요」의「여」를 (汝)로 나타낸 것으로 여겨집니다.

❷. 끼어들다

「끼어들다」는 하나의 조직 및 한사람의 일에 들어가 같이 한다는 뜻 입니다. 이런 끼어드는 모양을 농경사회를 배경으로 하여 그림을 그리면 다음과 같습니다.
　Ұ 자입니다. 이 글자는 간(干)의 갑골문으로 진(秦)나라 초기엔 Ұ 자로 변해지고 진 말기엔 干(간)자로 되어졌습니다. Ұ 자는「하나가 씨 내리는(♦) 일을 하고 있는 상태에 또 다른 하나가 참여하다」는 뜻입니다.
'씨 뿌린다(♦)'는 말은「씨 뿌리고 경작하는 일 뿐만 아니라 모든 일을 시작하고 있다」는 뜻으로도 쓰임을 염두에 두면 쉽게 이해될 것입니다. 간(干)자에 있는「끼어든다」는 본래의 뜻 때문에 간섭(干涉) 간연(干連)등의 말이 되어졌습니다. 그리고 끼어들어 힘을 보태게 되면 힘이 강해지고 힘이 강해지면 외부방해 세력으로부터 좀 더 안전할 수 있습니다. 이럼으로「막다, 지키다, 방패」의 뜻이 따르게 됐습니다. 그런데 Ұ 자의 형태는 위쪽에 있는 두 개(Y)의 힘이 아래쪽으로 작용하고 있습니다.
중국문자 속에는 기호(記號)문자도 많이 있는데 이 글자 역시 그렇고 거스를 역(逆)자에 있는 (屰)자 역시 그렇습니다. 이 (屰)자 역시 두 개의 힘이 아래로 작용(丫)하고 있는데 그 힘에 거슬려 올라가는 모양을 (凵)자로 나타냈습니다. 즉 屰 자는 아래쪽으로 작용하는 많은 힘(丫)에 따르지 않고 거슬려 올라가는 모양을 (凵)자를 더하여 나타낸 것입니다. 따라서 역(逆)은 많은 힘에 순종치 않고 「거슬려(凵) 간다 (辶)」는 말을 그린 것입니다.

이렇다면 「순종하다, 순하다」는 뜻으로 쓰이는 순(順)자는 어떤 말을 담고 있을까요?

순(順)은 「흐르는 물을 그린 천(川)과 머리혈(頁)」의 구조입니다. 머리(頁)는 방향으론 높은 곳과 위쪽을 말합니다. 따라서 그 뜻을 모아보면 「물은 높은 곳(頁:혈)에서 낮은 곳으로 흐른다」는 말입니다.

이것이 왜 「순하다, 순종」의 뜻이 되는지는 스스로 생각해 보세요.

☯. 있다

「있다」는 말은 「하나의 공간과 시간에 나타나 있음」을 말하는 것입니다. 그리고 그것이 남들에게 인식되어짐을 말하는 것입니다. 이런 「있다」라는 말을 그림으로 그리려면 참으로 어렵습니다. 그러나 우리의 생활 속에서 늘상하는 행동에서 찾아보면 의외로 쉽습니다.

우리들은 상대에게 자신의 존재성을 알리기 위해 즉 「나여기 있다」는 것을 알리기 위해 손(手:수)을 듭니다. 또 손을 들어 흔들기도 합니다. 따라서 옛사람들도 움직이는 손을 그려 「있다」는 말을 나타냈습니다. 바로 ㅋ 자입니다. 그러다가 ㅋ자가 「있다」 외의 뜻으로 받아들여지기도 했습니다. 그래서 손(ㅋ)에다 살코기(月)하나를 더해 유

(有)자를 만들어 손안에「있다」는 뜻을 나타냈습니다.
그런데「있다」는 뜻으로 쓰이는 문자는 이 유(有)자가 있고 있을 재(在)자가 있습니다.
재(在)는 갑골문으론 세워 박았다는 뜻을 나타낸 ψ 자이나 진(秦)나라 때에 지금의 문자 꼴을 지니게 됐습니다.
在는 오른손을 그린(ナ)에서 아래로 늘어진 선(丨)하나가 있고 토(土)자가 있는 구조입니다. 토(土)는 씨 뿌린 땅(土)을 뜻하고 이것을 손으로 잡고 있음은「씨 뿌린 터에 거주하고 있다」는 뜻입니다.
따라서 유(有)는 무(無)의 상대적 의미이며「물건과 일이 있다」는 뜻입니다. 그리고 재(在)는「어떤 공간과 위치에 있다」는 뜻입니다. 그러므로 외국이나 밖에 있음을 재외(在外)라 하는 것이며 집에 있음을 재가(在家)라 하는 것입니다.

㉑. 없다

「없다」는 말에도 두 가지 유형이 있습니다.「존재하지 않는다」는 뜻의「없다」가 있고 또「있다가 없어지는 경우」도 있습니다. 이처럼 있다가 없어지는 것을 딴말로 하면「사라지다」입니다.
일반적으로「없다」는 말은 무(無)자로 그려냈습니다. 無자의 맨 위 글자 (ノ一) 는「위쪽으로 진행되는 운동을 자른다」는 뜻입니다. 그리고 그 아래에 있는 세로선 4개(丨丨丨丨)는 여러 개의 운동을 뜻하며 그것에 붙어있는 가로선(一)은 여러 개의 운동을「자른다」는 뜻입니다. 맨 아랫쪽에 있는 점4개(灬)는 불화(火)의 변체로 한국어「사라지다」를 나타냈습니다.

이는「불사르다」의「사르」와「사라지다」의「사라」가 비슷한 소리이기 때문에 빌려(假借:가차) 쓴 것입니다.
따라서 모두의 뜻을 모아보면「위아래로 좌우로 여러 번 짤려져 사라졌다」입니다. 즉 질량(質量)적으로 없어짐을 나타냈습니다. 이러므로 돈이나 재물이 없는 상태를 무재(無財)라 하며 힘없음을 무력(無力)이라 하는 것입니다.

상하좌우로 여러 번 자르는 것(無)을 운동적인 면에서 보면 상하좌우로 왔다갔다하는 모양 꼴이 됩니다. 그러므로 이 글자(無)에 이쪽저쪽으로 향하는 발자국 그림(舛)을 더해 춤출 무(舞)자를 만들 수 있게 된 것입니다. 무(無)자의 제일 윗부분 (／)자는 상하적인 운동을 자르는 것이라 했습니다. 확인하기 위해 다음의 글자를 살피기로 하겠습니다.

붉을 주(朱)자입니다. '붉을 주(朱)는 속이 붉은 나무를 상형했다.'로 말하고 있습니다. 그러나 이 글자는 나무 목(木)의 뻗어 나온 몸통부분에 (／)자가 더해진 것입니다. 그러므로「몸통이 잘려진 나무 및 그루터기」를 뜻했습니다. 그러므로 주(株:그루터기)의 본체자입니다. 주(朱)자가 지닌「붉다」의 뜻은 빌린 것입니다. 그래서 새로이 株자를 만들어 그루터기 및 쪼개진 나무의 뜻으로 쓰게 됐습니다.
주(朱)는 가운데가 잘라진 나무로서「작다」의 뜻이 있으므로 난장이 주(侏)자를 이룰 수 있는 것입니다. 즉 주(侏)는「사람(亻)+주(朱)」의 구조로 허리 잘린 나무(朱) 처럼「키 작은 사람」이란 뜻입니다.

좀 더 확인하기 위해「억제하다」는 뜻을 지닌 제(制)자를 살펴봅시다. 소전체는 ⿰朱刀 자입니다. 나무 목(木) 몸통 쪽에 있는 (✓)자가 오늘날의 (ㅡ)자입니다. 오른쪽 글자(ㅏ)는 칼 도(刀) 입니다. 따라서 그 뜻은「나무의 성장이 몸통 쪽에서 잘렸고 또 그 옆에 있는 칼 도(刀)가 또 무엇을 잘라낼까 하고 붙어있다」입니다. 그런데「없다」는 뜻을 몰(沒)로도 그려 쓰고 있습니다. 이 글자의 소전체는 다음과 같습니다.

왼쪽글자는「흘러가는 물」과「빠진다, 내보낸다」는 뜻을 나타낸 도형(巴) 그리고 손(又)으로 구성되어 있습니다.

「빠진다, 내보낸다」는 뜻을 나타낸 도형(巴)은 환(桓)자 설명에서 한바 있으므로 생략합니다. 각각의 글자가 지닌 뜻을 합쳐보면 「손(又)에서 빠져나가 물 흘러갔다」는 말이 됩니다. 따라서 이 말은「손에 지니고 있던 것이 없어졌음」을 뜻합니다.

그러므로 몰인정(沒人情) 등으로 말 되어 쓰입니다. 이 글자엔「없다」는 뜻외에「빠지다, 잠기다」의 뜻도 있는데 이는 글자에 들어있는「빠져」라는 말과 흐르는 큰물 때문입니다.

「잠기다」는 밀과「빠졌다」는 밀은 연관성이 있는 말입니다. 즉 물에 빠지면 물에 잠기게 되니까요.

一. 상(商)을 멸망시킨 주(周)

一. 기(其)는 한국어 기다(맞다 그것 이다)를 나타냈다

왼쪽그림은 하나의 경계를 나타내는 두 개의 선(八) 속에 씨 뿌림을 뜻하는 십(十:♦)자가 있습니다. 그리고 여기저기 많이 뿌린다는 뜻을 나타낸 많은 점과 땅, 영토 등을 나타낸 구(口:ㅂ)자로 이뤄져있습니다.
그 뜻을 묶어보면 「여기저기 널리 씨 뿌린 곳」 「여기저기 널리 씨 뿌린 고을」 입니다.
'우리의 선조인 후직(后稷)님이 했던 것처럼 살길은 오직 널리 두루 씨 뿌려 경작하는 일뿐이다.' 그리하여 그들이 정착하여 경작한 평원을 주원(周原)이라 하게 되었고 그 나라를 주(周)라 부르게 된 것입니다.

맹자(孟子)8권에 '순(舜)은 동이(東夷)인 이고 주(周)나라 문왕(文王)은 서이(西夷)였다.' 로 되어있습니다.
서이(西夷)는 서쪽에 사는 이족(夷族)을 말합니다. 이족(夷族)은 태행산 동쪽인 산동(山東)지역을 중심으로 하여 살고 있있는데 여기서 서쪽으로 옮겨간 이족을 서이(西夷)라 하는 것입니다.
후직(后稷)의 후손들은 이리저리 떠돌다 협서성 분현에 자리 잡고 있었습니다. 그러다가 적인(狄人)의 침입으로 인해 남쪽으로 이주하여 기산(岐山)아래 넓은 평야에 터를 잡았습니다. 후직으로부터 10대째 되는 고공단보(古公亶父)의 때였습니다. 여기서 그들은 농경을 주업으로 했는데 후직의 보살핌 덕분인지 경작지마다 큰 수확이 있었고 족인(族人)들의 생활은 점점 부유해졌습니다. 고생을 맛보고 부유함을 얻은 사람들은 없는 사람사정을 잘 압니다. 그런 탓으로 베풀기 좋아하며 인정 많게 됩니다.

　주(周)의 윤택함과 후덕함이 널리 알려지자 많은 사람들이 몰려들었습니다. 상나라에 망해 이리저리 떠돌며 구차하게 살고 있던 하(夏)왕조의 후손들도 주원으로 찾아왔습니다.

　이들을 받아들여 세력을 넓힌 단보의 아들 계력은 숙적(宿敵)이었던 적인(狄人)들까지 꺾었습니다. 그런 후 주변의 여러 부족들마저 복속시켜 강대한 세력을 지니게 되었습니다.

　주(周)의 강대해짐에 위협을 느낀 상(商)은 회유책으로 혼인을 맺으며 계력에게 서백(西伯)이란 칭호를 내렸습니다. 이 서백(西伯)의 백(伯)은「사람 인(人)+백(白:밝」의 구조로 바깥사람(외가사람)을 말하는 것이었습니다. 백(白)의 원래소리는 박(밝)이었고 이는 밖(바깥)과 같은 소리이기에 이뤄진 것으로 역시 동음가차(同音假借)의 조자법인 것입니다.

　그러나 이 회유책은 주(周)의 세력을 더 크게 만들어주었습니다. 천하의 종주(宗主)인 상(商)의 사돈이 됐다는 것은 그만큼 주(周)가 역량 있다는 사실을 말해주는 것이기 때문입니다. 갈수록 강해지는 주(周)의 세력을 꺾기위해 상(商)의 천자(天子)는 트집을 잡아 계력을 죽이고 그의 아들 창(昌)을 볼모로 잡아 유리라는 곳에 유폐시켰습니다. 생사의 갈림길에서 전전긍긍하던 창(昌)은 생사길흉을 점치는 귀장역(상나라 때의 易)을 뒤적이며 하루하루를 애태우며 지냈습니다.

　이렇게 귀장역에 매달리게 되자 천도(天道)와 이에 따른 만물의 생장소멸에 대한 상관관계까지 제법 알게 된 것 같았습니다. 결국 희창(姬昌)은 도마 위에 오른 한 마리 생선 같은 신세가 된 근본원인을 찾았습니다. 바로 자신과 자신의 종족이 상(商)보다 힘이 약하기 때문이란 사실이었습니다.

 아주 간단하고 단순한 것이기에 그 해답 또한 간단했습니다. 현재뿐 아니라 앞으로도 자신과 자신의 종족이 이런 비참함에 빠지지 않으려면 상대보다 더 강한 힘을 지녀야 한다는 것이었습니다. 그리고 그러기위해선 어떤 방법을 쓰던 상대의 힘을 약화시켜야 될 것이라 생각했습니다. 그렇게 7년의 세월이 흐른 후 주(紂)천자가 창(昌)을 불렀습니다. 떨리는 가슴으로 엎드린 창(昌)앞에 한 그릇의 고기국이 놓여졌습니다.

"먹으라." 주천자가 명령했습니다. 창(昌)의 온몸은 부들부들 떨렸습니다. 눈빛 속엔 분노의 불길이 번쩍거리다 사라졌습니다. 창은 이를 악물고 고기국을 남김없이 먹었습니다.

 창이 먹은 것은 구명운동을 하러왔다가 참살당한 큰아들의 살점이었던 것입니다. 이렇게 하여 희창(姬昌)은 석방되었습니다. 자신의 나라로 돌아온 희창은 오로지 한가지 생각밖에 하지 않았습니다. 그리고는 여기저기 수소문하여 인재를 찾았습니다. 위수(渭水)가에서 때를 낚고 있던 80노인인 강상(姜尙)을 만났습니다. 바로 궁팔십 통팔십(窮八十通八十) 즉 빈궁하게 80년을 살았고 운수대통하게 80년을 살았다는 강태공(姜太公)을 기용하게 된 것입니다.

 태공(太公)은 주문왕(周文王)인 희창(姬昌)이가 붙여준 호칭으로 다른 말로 하면 최고의 어르신이란 뜻입니다. 그런데 낚시꾼을 일러 강태공이라 하기도 합니다. 이는 주야장천 낚시질로 세월을 보낸 그의 이력 때문에「낚시꾼=강태공」이 된 것입니다.

 강상의 진언에 따라 세력을 강화한 창은 도읍을 풍읍(지금의 長安)으로 옮겼습니다. 때를 봐서 상(商)을 공격하기 위해서 였습니다.

창은 모든 바깥일을 둘째 아들(후일의 周武王)에게 맡겼습니다. 그런 다음 그는 셋째 아들(周公)과 함께 역(易)연구에 심혈을 쏟아 부었습니다. 천하의 종주(宗主)인 상(商)을 치려면 혁명적인 논리가 필요해서였습니다. 그리고 천하 만민의 사상과 의식을 통제하기 위해선 역(易)이 필요해서였습니다.

드디어 창(昌)과 주공(周公)은 다음과 같은 논리를 이끌어 냈습니다. 역(易)을 구성하고 있는 음양(陰陽)을 군자(君子)는 양(陽)이고 소인(小人)은 음(陰), 군(君)은 양(陽) 신(臣)은 음(陰), 하늘은 양 땅은 음, 남자는 양 여자는 음이다. 그리고 「상(商)의 주(紂)는 음(陰)이고 자신은 양(陽)이다」라는 상대적 설정이었습니다. 그런 다음 양(陽)은 존귀(尊貴)하며 음(陰)은 비천, 음사하다 그러므로 음(陰)은 억제되고 제거돼야 하는데 이것이 바로 '천명(天命)이다' 는 것이었습니다.

음양에 대한 희창과 주공의 이런 설정은 존양억음(尊陽抑陰:양은 받들려져야하고 음은 억제통제 받아야한다) 사상으로 정립되며 봉건제도를 지탱하는 핵심이 됩니다. 그리고 나중엔 중화사상(中華思想)의 핵심기반이 되어 사방에 있는 종족을 동이(東夷:동쪽 오랑캐) 서융(西戎:서쪽 오랑캐) 북흉(北凶:북쪽 흉한놈) 남만(南蠻:남쪽 야만족)으로 부르게 됐습니다. 오랑캐로 오랑캐를 제압하게 한다는 이이제이(以夷制夷)의 정책도 존양억음의 사상에서 비롯된 것입니다. 그리고 남존여비(男尊女卑)사상 역시 그 뿌리는 존양억음에서 비롯된 천존지비(天尊地卑) 사상입니다.

보통사람들은 역(易)이 뭐냐? 라고하면 '주역(周易)이다.'로 말합니다. 그러나 주역(周易)은 상나라때의 귀장역에다 희창과 주공(周公)의 견해와 논리를 갔다 붙인 것입니다. 즉 역

(易)에 대한 주(周)나라 때의 해석이 주역(周易)인 것입니다. 이 주역(周易)은 나중에 공자가 십익을 붙이므로해서 유학자들의 필독서가 되어 인간 삶에 큰 영향을 주게 됩니다.

 마침내 때가 왔습니다. 주공과 주무왕(周武王)이 펼친 간계에 빠진 상의 주(紂)천자가 천하제후들의 신망을 잃게 된 것입니다. 군사를 일으킨 주무왕은 천명(天命)이라는 깃발을 내걸고 상(商)의 서울인 조가(朝哥)로 진격했습니다. 행군도중 두 사람이 길을 막고 섰습니다. 그 당시 명망 높은 현인(賢人)으로 추앙받고 있던 백이와 숙제였습니다.
 두 사람은 주무왕의 말고삐를 잡으며 회군(回軍)하길 청했습니다. 아들 같은 신하로서 부모 같고 하늘같은 천자(天子)를 친다는 것은 도(道)가 아니라는 것이었습니다.
 주무왕은 상(商)의 천자인 주(紂)가 행한 실정(失政)과 포악함을 들이대며 천하창생을 위해 천명(天命)을 받았으니 같이 가길 권했습니다. "자신을 낳아준 부모역시 인간이므로 잘못을 저지를 수 있으며 저 푸른 하늘 역시 검은 구름에 가리어 흐릴 때가 있는 법입니다. 그러므로 자식의 입장으로서는 잘못된 부모를 두들겨 내쫓는 것만이 능사가 아닙니다. 그리고 효행 있는 사식이리면 잘못된 부모를 바른길로 이끌어야 마땅하고 또 부모대신에 그 잘못을 되갚는 일을 해야 함이 도리가 아니겠습니까? 그러니 말머리를 돌리십시오."
 할 말이 없어진 주무왕은 두 사람 손에 잡혀있는 말고삐를 칼로 자르며 진군했습니다.

 주군(周軍)과 상군(商軍)은 목야(牧野)벌판에서 맞부딪쳤습니다. 주(周)의 주력은 보병이었고 상(商)의 주력은 전차부대였습니다. 접전이 시작되기 전 큰비가 내렸습니다. 평야는 이내 질퍽해졌고 진흙땅으로 변했습니다.

　상(商)의 전차부대는 이런 땅위에서 맥을 추지 못하고 주(周)의 보병에게 깨졌습니다. 상(商)을 멸망시킨 주(周)는 공이 있는 장졸에게 상(商)의 영토를 분할하여 나눠주었습니다.

　하루아침에 피지배자의 위치로 전락한 상의 유민들은 뿔뿔이 흩어졌습니다. 쇠부리는 일을 맡아보던 곤오일족의 후손들은 머나먼 서수(西垂)지방으로 떠났습니다. 뒤이어 자족(子族) 일부도 그 뒤를 따랐습니다.

　주(紂)의 숙부였던 기자(箕子) 또한 따르는 무리와 함께 북상했습니다. 그들은 지금의 북경지역에 터를 잡고 새로운 아침의 나라를 열었습니다. 바로 연(燕)이라 불린 나라인데 기자조선(箕子朝鮮)으로 말하기도 합니다. 이렇게 흩어지는 상의 잔존세력을 주(周)는 모르는 척 놓아두었습니다. 거대한 상의 세력이 분산된다는 것은 주(周)의 천하통치에 여러모로 유리했기 때문입니다. 대강의 전후처리를 한 주무왕은 백이와 숙제가 숨어있는 수양산(首陽山)으로 향했습니다.

　백이와 숙제는 '자식 같은 신하가 어버이 같은 천자(天子)나라를 멸망시켰으니 어찌 무도한 그 나라의 곡식을 먹겠냐.'며 수양산으로 들어가 고사리만 캐먹고 있었습니다. 산 아래에 도달한 주무왕은 신하를 보냈습니다. 그러나 두 사람은 더 깊이 숨었습니다. 그들을 불러 자신의 아래에 두어야만 반역이 천명(天命)이 되기 때문에 어찌하던 그들을 오게 해야만 했습니다. 그래서 산주위에 불을 지르도록 했습니다. 그러나 그들은 내려오지 않고 결국 굶어 죽었다 합니다.

　주(周)는 자신들의 선조인 후직(后稷)을 사직신(社稷神)으로 모신다음 종주국(宗主國)으로서의 자세를 가다듬어갔습니다. 그런데 문제는 자신의 조상인 후직(后稷)을 악(惡)으로 몰아붙였던 상(商)과는 같은 뿌리였습니다. 이것을 인정하게 되면 양(陽)이고 선(善)이 되는 주(周) 역시 음, 악(陰, 惡)과 한편이 될 수밖에 없는 모순에 빠지게 됩니다. 그래서 주(周)는 상(商)과는 다르다는 것을 보이기 위해 상의 문자체(文字体)를 뜯어고쳐 대전체(大篆体) 즉 주문(周文)을 만들기도 했습니다.

그런 다음 이족(夷族)과 대립관계에 있던 하족(夏族)의 역사와 문화를 수용했으며 자신의 조상을 황제헌원이라 했습니다. 조상까지 바꾼 것입니다. 그리고 하족(夏族)을 크게 등용하여 반발하는 이족을 지배하려했습니다. 이 때문에 황제헌원이 후직의 선조로 되어있는 여러 기록들이 생겨나게 되었습니다.

서이(西夷)였던 주(周)의 이런 정책에 따라 웅크리고 있던 하족들이 두각을 나타내게 되었고 마침내 중국역사는 하족의 역사라는 잘못된 견해가 판을 치게 됐습니다.

주(周)의 조상인 후직(后稷)의 어릴 적 이름은 앞에서 잠깐 살펴봤듯이 기(棄)였습니다. 버릴 기(棄)로 읽고 있는데 옛글자는 다음과 같습니다.

왼쪽그림은 곡식을 까불려 쓸모없는 쭉정이는 버리고 알곡만 남게 하는 키(기)를 그린 기(其:☒)가 있습니다. 그리고 이 기(其:☒)를 잡고 있는 두 개의 손(☒)이 있으며 아이 자(子:☒)가 밖으로 나가는 모양으로 있습니다. 그림의 뜻을 읽어보면 「아이를 키(기)에 담아버린다」 또는 「버려진 아이」가 됩니다.

그런데 곡식을 까불리는 삼태기인 기(其:☒)는 한국어「기다(그렇다, 맞다, 그것이다)」의「기」와 같은 소리를 지녔습니다. 그러므로 이 기(其) 역시 동음가차의 조자법에 따라

「그렇다, 맞다, 그것이다」의 뜻으로 쓰게 됐습니다.
다음의 글자들이 있습니다.

○. 기(基)
「터. 근본. 바탕」의 뜻으로 쓰이며 기본(基本) 기준(基準) 등의 말을 만듭니다.「기(其)+토(土)」의 구조입니다. 기(其)는「그것이다, 맞다」의 뜻이고 토(土)는 씨 뿌릴 수 있는 땅(⊥:土)의 뜻입니다.
따라서 기(基)는「씨 뿌릴 수 있는 땅(土) 그것이다.」「씨 뿌릴 수 있는 땅으로 맞다」는 말을 그린 것입니다. 바로 한국어 터(土)로서 적합하다(맞다)는 것입니다. 이러므로 기초 기반 기본 등으로 말 되어 쓰일 수 있는 것입니다.

○. 기(期)
「기약하다, 기다리다, 바랄, 기간」의 뜻으로 쓰이며 기약(期約) 기간(期間) 시기(時期) 등의 말을 만듭니다.
「기(其)+달(月:월)」의 구조입니다. 글자 그대로「기(其) 달(月)」로 읽게 되면「기다릴」의 말이 됩니다. 그리고 달(月)은 시간을 나타냅니다. 그러므로「시간(月:월) 그것이다」로 읽을 수 있습니다.

○. 기(欺)
「속이다, 거짓이다」는 뜻입니다. 사기(詐欺) 기만(欺慢)으로 말 되어 쓰입니다.「그것이다, 맞다」는 뜻을 지닌(其)와「흠이 있다, 없다」의 뜻을 지닌 欠자로 구성되어 있습니다. 따라서「흠(欠) 있는 그것이다(其)」「맞지 않다」는 말을 그린 것임을 알 수 있습니다.

○. 기(旗)

「깃발」을 말합니다. 깃발은 방향을 나타내고 하나의 뜻과 목적을 알려 줍니다. 즉 깃발로 어디로 가라 하는 것을 나타내며 백기(白旗)는 '잠깐 싸움을 중지하자' '항복한다'는 뜻을 나타냅니다. 방향을 나타내는 방(方)과 그것이다는 뜻을 나타낸 기(其)의 합체입니다.

따라서「방향과 목적(뜻)을 나타내는 역할을 하는 그것(其)이다」는 말입니다.

○. 기(斯)

「그것이다(其)+ 가깝다(斤:근)」의 구조입니다. 따라서 그것과 가깝다는 말을 나타냈습니다.

○. 기(箕)

其가「그것이다, 맞다」의 뜻으로 쓰이게 되자 곡식을 까불리는 삼태기는 其에다 ⺮ 를 덧씌워진 箕(기)자를 만들어 쓰게 되었습니다. 기(귀)로 불리어지던 삼태기(ㅂ:其)는 나중에 경음화 되어「키」로 불려지게 되었습니다.「갈」이「칼」로 경음화 된 것처럼 말입니다.

버린 자식인 기(棄)를 직신(稷神)으로 부르지 않고 후직(后稷)으로 말하게 된 것은 다음과 같은 뜻이 있습니다.

후(后)자는 왕비, 임금의 뜻으로 쓰이고 있지만 뒤 후(後)와 같은 뜻으로도 쓰이고 있습니다. 그래서 경주김씨 성을 지닌 사람이 본관(本貫)과 이름을 밝힐 땐 경주후인(慶州后人) 김(金)○○로 씁니다. 그런데 후(後)와 후(后)는「앞(先:선)」에 대한「뒤」라는 상대적인 뜻은 같습니다.

그러나 후(后)는 사(司)와 반대적인 꼴을 지니고 있습니다.

즉 사(司)는 자연적이고 똑바른 진행운동을 말함이나 후(后)는 사(司)와 반대적인 운동으로 순리가 아니게 거꾸로 아래로 진행됐다는 말입니다. 따라서 후직(后稷)은 직신(稷神)이긴 하나 본래의 직신이었던 대화(大禾:햇님)씨의 계보를 똑바로 이은 것이 아니라는 말입니다.

오제시기 요(堯)임금 때에 활 잘 쏘는 예(羿)라는 사람이 있었습니다. 그런데 하(夏)나라 때에 후예(后羿)라는 이름이 보입니다. 이 역시 뒤를 이어받았으나 예(羿)와는 아무런 혈통적 관계도 없으며 그 당시 제도에 따른 승계관계도 없었다는 것을 뜻합니다.

희창(姬昌)을 일러 주(周)나라 문왕(文王)이라 합니다. 그리고 유교의 창시자로 추앙받고 있는 공자(孔子)를 일러 문왕(文王) 혹은 문성(文聖)이라 합니다. 또 돌아가신 훌륭한 분을 문고(文考)라 하기도 합니다. 문(文)자엔 어떤 뜻이 있기에 그렇게 했을까요?

문(文)의 옛글자는 다음과 같습니다. 왼쪽그림은 사람의 가슴팍에 그려져 있는 무늬(문이)를 나타낸 지사(指事)문자입니다. 이것을 문신(紋身)으로 해석하는 사람이 많습니다. 하지만 이것은 서부영화에 나오는 인디언들이 얼굴이나 가슴에 그리거나 칠하는 무늬를 나타냈습니다.

무늬는 평범한 상태를 보기 좋고 아름답게 해주는 것입니다. 이러므로 문(文)자에「빛을 내다, 글월, 아름답게 하다」등의 뜻이 따르게 된 것입니다. 따라서 문왕(文王)은 세상을 빛나게 하고 아름답게 한 임금이고 문성(文聖)은 그런 일을 한 성인(聖人)이란 뜻입니다. 그리고 문고(文考)는 세상을 빛낸(세상에 빛이 된) 선인(先人)의 뜻입니다.
 文의 독음「문」은 무늬(문이)에서 따온 것이며 알록달록한 무늬를 지닌 말(馬)을 문마(文馬)라 말합니다.

二. 오랑캐(야만인)로 되어진 이(夷)

희창이 죽은 다음에도 주공(周公)은 더더욱 이족(夷族)과의 연결고리를 끊고 이족을 음사(陰邪)한 것으로 만들려했습니다. 이것은 자신들에 의해 멸망된 상(商)이 나쁜 놈이 될수록 자신들은 좋은 사람이 되기 때문입니다.

주공은 먼저 이(夷)자에 대한 뜻부터 나쁘게 만들려했습니다. 본래 이(夷)자는 큰사람(大)이 활(弓)을 메고 있는 모습을 그린 것입니다. 활쏘기는 그 당시 군자(君子)가 갖춰야할 여섯 가지 덕목중의 하나였습니다. 그러므로 이(夷)의 본뜻은 「어진사람, 덕을 갖춘 사람」이었습니다.

그리고 활은 원거리 무기였고 창, 칼은 근거리 무기인데 우리 선조들의 주된 무기는 활이었습니다. 그러므로 해서 건국시조는 활 잘 쏘는 사람이던지 활쏘기와 관련된 사람이 많았습니다.

고구려의 주몽(활잘 쏘는 사람), 궁예, 이성계, 작제건(왕건의 조부) 등등입니다. 군자가 갖춰야할 덕목중의 하나인 활쏘기는 이조(李朝)때까지 이어져 왕가(王家)나 양반집 자제들의 필수과목이 되었습니다.

「활은 원거리 무기..!」여기서 볼 때 우리 민족은 넓은 평원을 주 활동무대로 했다는 것을 알 수 있습니다. 따라서 이(夷)는 활잘 쏘는 사람인 우리겨레 모두를 뜻하는 글자인 것입니다. 중국 땅에 살았던 우리 선조를 이족(夷族)이라 부른 것도 이런 연유 때문입니다. 따라서 이런 이(夷)자의 뜻을 나쁘게 만들게 되면 이족(夷族) 역시 나쁜 족속이 되고 마는 것이지요.

주역(周易)을 보면 64괘중에 지하명이(地火明夷)라는 괘가 있습니다. 위쪽 괘엔 대지(大地)를 뜻하는 지(地)가 있고 아래쪽엔 태양과 불(火)을 뜻하는 화(火)가 있는 구조의 괘입니다. 이런 구조는 '태양이 땅(地:지)밑에 있으므로 해서 밝음은 없고 어둡다'는 뜻을 나타냅니다.

땅(地)이 아래에 있고 태양을 뜻하는 화(火)가 위에 있는 구조인 화지진(火地進)괘와 상대적인 괘가 지화명이(地火明夷)입니다. 그런데 땅(地) 아래에 태양(火)이 있는 그 구조만으로도 「어둡다, 밝음이 없다」는 뜻은 충분히 알 수 있습니다. 이러한데도 불구하고 주공(周公)은 지화괘(地火卦)에 명이(明夷)란 사족(蛇足)을 붙인 것입니다. 주역에선 명이(明夷)를 「밝음(明)이 상했다, 깨졌다(夷)」로 해석합니다. 바로 이(夷)자에 그 어디에도 없는 「상했다, 깨졌다」는 좋지 못한 뜻이 주공(周公)에 의해 붙게 됐다는 말입니다.

주공(周公)의 뜻은 후일 불세출의 대학자요 성인(聖人)으로 추앙받게 된 공자(孔子)에 의해 더욱 굳혀지게 됩니다. 공자는 전국(戰國)시대에 노나라 곡부에서 태어났습니다. 부친은 명문후손이었으나 모친은 장례를 주관하는 집의 딸이었고 야합(野合)하였다고 알려져 있습니다. 공자는 주(周)나라의 학문을 열심히 익혔습니다. 그리고 주공(周公)을 무지하게 존경했습니다.

그럼에 따라 공자는 종주(宗周)주의자가 되었습니다. 즉 천하의 주인은 주(周)나라이므로 모든 제후국은 오직 주(周)를 중심으로 해야 한다는 것이었습니다. 아마도 종주(宗周)라는 관념이 모든 이의 머릿속에 꽉차있어야만 난세가 평정되리라 생각했던 것 같습니다.

그래서 공자는 주(周)와 주(周)의 뿌리를 확고히 하기위해 한권의 책을 썼습니다. 상서(尙書)로 불리우는 것인데 그 내용 중에 다음과 같은 구절이 있습니다.

순(舜)이 말합니다. '호도여! 덜된(미개한) 이족(夷族)이 하(夏)를 침범하고 있으니 그대는 사가되어 이를 막으라…'
오제(五帝)시기의 순(舜)임금의 입을 빌어 말한 것인데 이것이 바로 두고두고 논란거리가 된 만이활하(蠻夷猾夏)설입니다.

근세 중국현대사학(史學)자인 양계초 선생은 다음과 같이 비평했습니다. "잘 모르면 가만있을 것이지 괜히 후학들을 헷갈리게 한다.…"
금문대가(金文大家)인 중국의 낙빈기 선생역시 "공자가 쓴 상서(尙書)는 역사책이 아니라 소설이다."로 말했습니다.
왜 제법 글줄이나 읽은 사람들이 성인(聖人)으로 추앙받는 공자에 대해 그렇게 혹평을 할까요? 그것은 아주 간단한 산수문제인데 이것을 무시하고 사람을 속이려 해서입니다.
즉 중국의 역사는 오제시기→ 하(夏)나라→ 은(殷)→ 주(周)로 이어져왔습니다. 그런데 순임금은 오제(五帝)시기의 인물이었고 그 당시엔 하(夏)라는 나라 뿐 아니라 하(夏)라는 글자마저 없었습니다. 바로 고려 때에 어떤 이가 '저 서쪽에 있는 미국이란 나라가 쳐들어온다.'고 말하는 것과 같은 것입니다.

여하튼 주공(周公)의 명이(明夷:밝음이 상했다)는 공자에 의해 만이(蠻夷:미개한 이족)로 되어졌습니다. 그리고 이(夷)자의 뜻 역시 오랑캐로 쓰이게 되었습니다.
성인(聖人)이라는 분이 또 대학자라는 분이 누가 봐도 뻔한 이런 엉터리를 꾸미다니 도저히 믿어지지 않습니다. 하지만 기록에 남아있는 뚜렷한 사실입니다. 산동 노나라 곡부 땅에서 태어나 동이(東夷)의 핏줄을 지닌 공자(孔子)가 스스로 자신의 조상과 자신을 오랑캐로 만든 것입니다.

一. 진(秦)은 이족(夷族)의 국가였다

一. 혁사만하(虩使蠻夏) 와 진목공

　신농씨는 자신의 아들이 태양(해)처럼 밝고 빛나길 바라며 아들의 이름을 해(日)로 지었습니다. 해아 또는 희화(羲和)로 불리어지던 그는 나중에 대화씨(大禾氏)로도 불리어지게 됩니다. 그가 돌본 농작물들이 모두 튼실하게 열매 맺어 주었기 때문이었습니다. 또 햇님(日)이 곧 대화(大禾)이므로 화(禾)자엔 해(日, 年)라는 뜻도 붙게 됐습니다. 사람의 이름뿐 아니라 국가의 이름도 창건세력의 소망이 담겨있는 경우가 있습니다.

　진(秦)이란 나라이름에도 어떤 내력과 소망이 담겨있는데 과연 무엇일까요? 황량한 서수지역으로 쫓겨간 상(商)의 유민들은 진(秦)이란 이름을 내걸고 나라꼴을 갖춰가기 시작했습니다. 땅은 척박했고 기후조차 좋지 않았습니다. 그래도 그들은 이를 악물고 오로지 부강한 나라를 이룩하려했습니다. 잃었던 조상의 영광을 되찾겠다는 일념에서 였습니다.

　세월이 흘러 임호(任好)가 군주자리에 올랐습니다. 후일의 역사에 진목공(기원전660~622년)이라 기록된 그 사람입니다. 그는 혁사만하(虩使蠻夏) 즉「덜된 하족을 벌벌 떨게 하여 부리자」는 구호를 내걸어 나라사람의 정신을 북돋웠으며 자신의 밥그릇에까지 그 구호를 새겨 넣고 와신상담의 각오를 다졌습니다.

다음의 금문이 바로 그 구호입니다. 왼쪽의 금문은 「역대종정이기관식」113쪽에 기재되어 있는 것입니다. 오른쪽 맨 위 글자는 큰 대(大)자이고 그 아래글자는 오늘날의 진(秦)자입니다.

진(秦)의 옛글자 는 자와 이를 받들고 있는 두 개의 손( ) 그리고 두 개의 화(禾:)자로 구성되어 있습니다.

자는 아래로 내려지고 있는 씨알( )을 뜻합니다. 그러나 여기선 현재의 자신들을 있게끔 한 한 알의 씨 즉 조상을 말합니다. 그리고 아랫쪽에 있는 두 개의 화(:禾)자는 이삭 맺은 곡식으로 위에서 내려진 한 알의 씨( )에 의해 이뤄진 결과물을 말합니다. 즉 하나의 조상에 의해 생겨난 현재의 자신들인 자족(子族:舜의 후예)과 곤오일족(고신씨 후예)을 나타냅니다. 따라서 여기에 위로 향하고 있는 두 개의 손이 지닌 의미를 더하면 다음과 같습니다.

「한 조상( )에 의해 존재되어진 두 겨레붙이(자족과 곤오일족)가 그 조상님을 받든다」는 뜻입니다. 이 뜻은「두 종족이 하나의 핏줄이므로 그 핏줄의 시원(始源)을 받듦으로서 하나의 공동체가 되었다」는 뜻이 숨어있습니다.

"화(:禾)자 두 개를 두 종족으로 해석하다니?" 할 수 있겠지만 글자 맨 위에 한 알의 씨가 아래로 내려졌음을 뜻하는 자가 있기에 가능한 것입니다. 이 화(:禾)자는 해(日)로 읽혀짐으로 인해 년(年:해)을 뜻하기도 합니다.

다음의 글자로 증명합니다.

○. 력(曆)

「달력(月曆), 책력(冊曆)」등으로 쓰이고 있습니다. 여기에서 보듯 력(曆)은 세월을 뜻합니다. 「하나로 묶어 놓다」는 뜻인 厂 자 속에 화(禾)자가 두 개있고 가로 왈(曰)이 있는 구조입니다. 따라서 화(禾)자를 해(日)로 읽게 되면 「여러 해(禾+禾:두개는 많다는 뜻)가 하나의 테두리 속에 있음(厤)을 말한다(曰)」가 됩니다. 즉 여러 세월(禾+禾)을 묶어놓은 것이 력(曆)인 것입니다.

○. 력(歷)
「이력서(履歷書), 경력(經歷)」등으로 씁니다. 위의 력(曆)자 와 똑같으나 가로왈(曰) 대신에「발자취, 가다」의 뜻을 나타낸 지(止)자가 있는 것이 다릅니다. 따라서 여러 세월 즉 해(禾)마다의 발자취(止)를 하나로 묶어놓은 것이란 말이 됩니다.
지(止)는 지금은「멈추다」의 뜻으로 쓰이지만 옛날엔「발자취, 가다」의 뜻으로 쓰였습니다.

○. 년(年)

「한해(一年), 두해(二年)」으로 쓰이는 글자입니다. 옛글자는 다음과 같습니다. 왼쪽의 그림은 곡식(夌:禾)을 사람이 머리에「이고」있는 모양입니다.
이것을 회(禾:夌)는「해」로 읽고 그림이 나타낸 모양을 읽어보면「해이다」는 말이 됩니다. 즉「해(夌:禾)를 이고 있는 모양」으로 한국어「해이다」는 말을 나타낸 것입니다.「머리에 이다」로 쓰이는「이다」라는 말은 머리에「녀다」로 쓰였습니다. 그러므로 곡식(禾)을 머리에「이고(녀고)」있는 年(夌)자의 독음이「년」이 된 것입니다. 즉「녀다」의 완료형이「년」이라는 말입니다.

대진(大秦) 아래의 글자는 오늘날의 혁(虢)자인데 어떤 옥편엔 무슨 말인지 모를 「승호충혁」이라 해놓았습니다. 그러나 호랑이 호(虎)가 들어간 글자는 「두렵다, 무섭다, 벌벌 떤다」 등의 뜻이 있음을 말한바 있습니다. 그래서 예전 춘추전국시대에는 혁(虢)을 「벌벌 떨게 하다」는 뜻으로 썼습니다.

다음 글자(史)는 오늘날의 부릴 사(使)입니다. 따라서 혁사(虢使)는 「두렵도록 만들어 가지고 놀자(부리자)」는 뜻입니다. 그리고 그 다음 글자는 「미개하다, 덜 됐다」의 뜻인 만(蠻)자이고 하족(夏族)과 하(夏)나라를 뜻하는 하(夏)입니다.

뜻을 모아보면 「큰 진나라가 되어(大秦) 덜된 하족(夏族)을 벌벌 떨게 하여 부리자」입니다. 진목공이 내건 이 구호에 자긍심이 살아낸 백성들은 사기가 올랐고 의욕을 불태웠습니다. 일반백성들 뿐만 아니라 나라를 구성하고 있는 두 개의 축이었던 순임금의 후손과 고신임금의 후손들 역시 더욱 각오를 다졌습니다. 이렇게 나라 힘을 하나로 모은 목공은 서융(西戎)을 무찔러 천리의 땅을 차지했습니다. 그리고 진(晋)의 하서(河西)지방을 탈취하고 양(梁) 예(芮) 등의 소국을 병합하여 위수(渭水)일대 대부분을 차지했습니다. 점점 진(秦)은 강국으로 발돋움 했습니다.

목공은 하치에서 염제 신농씨를 받드는 큰 제사를 올렸습니다. 성대하게 처러진 이 제사는 중원(中原)을 다스리던 첫 번째 하늘님(天子)은 신농씨였고 따라서 그 직계후손인 진(秦)이야말로 천하의 종권을 이어받을 정통성을 지니고 있음을 만천하에 내보임에 있었습니다.

'진(秦)이 감히 우리의 종권을 넘보다니... 허나 힘이 없으니 잘 구슬리는 수밖에 없군...' 하족(夏族)화 되어있던 주(周)는 문책은커녕 서융정벌을 축하한다는 사절과 예물을 보냈습니다. 하족이 주체가 되어있는 여러 나라들 역시 기분은 나빴지만 어쩔 수 없었습니다. 그만큼 진(秦)의 세력이 강대해진 것입니다.

'그래! 우리도 이렇게 있을 수만 없지.' 자극을 받은 이족의 여러 나라들도 「혁사만하」를 내세우며 꿈틀거렸습니다. 이족과 하족 나라사이에 크고 작은 다툼이 쉴 새 없이 일어났습니다. 나중에는 자신의 이익만을 위해 이족과 이족끼리, 하족과 하족끼리도 치고 박는 난타전이 일어났습니다. 이판에 죽어나는 것은 일반백성들이었고 박살나는 것은 민생이었습니다.

二. 만이활하(蠻夷猾夏)설 과 공자

 어지럽기 그지없는 이러한 때에 공자(孔子)가 태어났습니다. 혁사만하를 내세운 진(秦)의 목공이 죽었는지 100여년 후였습니다. 도탄에 빠진 천하창생을 안타깝게 여긴 공자는 다음과 같이 생각했을 것입니다.
 '예(禮)도 법(法)도 없이 힘만을 앞세우는 제후들 때문에 어지러운 세상이 되었다. 이렇게 된 근본원인은 너도나도 종주(宗主)가 되려는 야심이 있어서이다. 그리고 돼먹지 못한 혁사만하(虩使蠻夏)라는 주장이 평지풍파를 일으킨 탓이다. 따라서 누가 종주(宗主)인 군(君)이고 누가 신(臣)인지 하는 군신(君臣)관계를 확실히 정립시켜야 할 것이다.'
 여기까지 생각한 공자는 다음과 같은 논리를 이끌어냈습니다.

 '하족의 선조인 황제헌원이야 말로 중원천지를 다스린 첫번째 하늘님(天子)이다. 그리고 이족(夷族)은 미개하여 대대로 하족의 지배를 받았다. 그러므로 황제헌원의 직계자손인 주(周)가 천하의 종주(宗主)로서 이족과 하족의 여러 나라를 지배함이 당연하다. 이것은 양(陽)인 군자가 음(陰)에 속하는 소인(小人)을 제도하고 이끌어야 되는 것처럼 자연스런 천도(天道)이다.'

 일찍이 주문왕이 설정한 음양관계 즉 '상(商)과 주(紂)는 음(陰)이고 자신과 자신의 종족은 양(陽)이다'는 설정을 그대로 이어받은 것입니다. 따라서 공자의「만이활하설」은 진목공의「혁사만하설」을 잠재우기 위해 만들어진 것으로 보입니다. 그렇지만 이것은 엄연한 역사왜곡입니다. 그러므로 만이활하설은 그 당시뿐만 아니라 그 이후 오랜 시간동안 받아들여지지 않았습니다. 오히려 이족(夷族)인 진(秦)이 천하의 주인이 되었습니다. 여하튼 진목공이 내건「혁사만하」의 깃발을 든 진(秦)은 계속 강대해졌습니다.

　효공(孝公:기원전 361~338년)은 부왕의 정책을 계속 추진하면서 위(衛)의 공족(公族)출신인 상앙(商鞅)을 기용하여 법치주의(法治主義)에 의한 사회쇄신을 꾀했습니다. 이로서 진은 천하에 으뜸가는 대국(大國)으로 부상하게 되었습니다. 드디어 진(秦)은 정(政)이 왕위에 오른 후 그토록 갈망하던 천하통일을 이루고 천하의 종주(宗主)가 되었습니다.
　정(政)은 자신을 시황제(始皇帝)라 부르게 하고 자칭하여 짐(朕)이라 했습니다. 일찍이 상(商)의 탕왕은 자칭 여일인(如一人)이라 했는데 이는「너(臣民:신민)와 나(王)는 모두 한사람과 같다」는 말입니다. 차별 없는 융합과 결속을 뜻하는 말이었습니다.
　정(政)이 남들에게 불러달라고 한 시황제(始皇帝)는 삼황오제(三皇五帝)에서 따온 것입니다. 그리고 짐(朕)은 다음과 같은 말을 그려낸 글자입니다.

　짐(月+矣)의 첫 글자 月은「~와 같다」는 뜻을 지닌 붕(月)자의 변체입니다. 그리고 하늘 천(天)은 하늘(한울)을 나타내며 그 위의 (八)자는「모든 것을 덮는다」는 뜻입니다. 글자의 뜻을 묶어보면「모든 것을 덮어주는 하늘(矣)과 같다(月)」는 말이 됩니다. 바로「나는 모든 것을 덮어주는 하늘님(天子)이다」는 말입니다. 모든 것을 덮어준다는 말은 한없는 사랑과 포용력을 말하는데 시황제는 그런 정책을 폈습니다.

첫째 이족(夷族)과 하족(夏族)을 구별하지 않았습니다. '모두가 내 백성이다'는 생각에서였습니다.

둘째로는 문자 통일을 했습니다. 지금도 그러하지만 그때는 지금보다 훨씬 더 나라와 나라끼리, 지방과 지방끼리, 언어 소통이 잘되지 않았습니다. 지방마다 나라마다 사용하는 언어가 달랐기에 하나의 글자 역시 쓰는 방법이 다를 수밖에 없었습니다. 그래서 진(秦)의 소전체문자(小篆体文字)를 간략하게 하여 예서체로 만들었습니다. 그리곤 천하 모든 지역은 진(秦)이 정한 글자의 뜻과 독음을 따르도록 했습니다.

세 번째는 천하의 도로망을 확장 정비했습니다. 이렇게 되자 경제가 살아나기 시작했습니다. 박정희정권이 경부고속도로 등을 만듬에 따라 한국경제가 발전된 것처럼 말입니다.

네 번째는 나라마다 달랐던 도량형과 화폐를 통일 정비했습니다.

다섯째로는 엄격한 법 적용이었습니다. 고위직이나 왕족이라 할지라도 위법하게 되면 가차 없이 의법 처리되었습니다. 이 다섯 가지는 일찍이 그 어느 군주도 행하지 못했던 일로 시황제의 위대한 치적이 아닐 수 없습니다.

그러나 공자를 추종하는 무리들은 끊임없이 시황제를 괴롭혔습니다. 공자의 역사관인 종하주의(宗夏主義)와 만이(蠻夷)설을 들고 나왔던 것입니다. 즉 덜된 야만족인 이(夷)에 속하는 진(秦)은 천하의 종권(宗權)을 쥔 천자(天子)나라가 될 수 없다는 것이었습니다.

이들의 주장에 기득권을 잃어버린 지방의 토호(土豪)와 망국의 왕과 제후들이 동조했고 엄격한 진법(秦法)에 미처 적응되지 못한 인민들도 호응했습니다.

三. 신선도(神仙道)와 유교(儒敎)의 이념대립

 시황제는 분란을 야기하는 이론적 핵심인 유교에 대응하여 도교(道敎)의 신선(神仙)사상을 장려했습니다. 이 신선사상은 동이(東夷)전래의 선인(仙人)정신에서 비롯된 것입니다. 출신이 천하든 귀하든 간에 천도를 깨달아 선인(仙人)이 되면 어리석은 속인들을 이끌어 천하를 편안하게 할 수 있다는 생각입니다. 하지만 시황제의 신선사상 장려시책은 별 효력을 발휘치 못했고 여러 가지 부작용만 가져다주었습니다.
 황당하게 들리는 도교(道敎)의 논리로는 여러 현실적 사실과 전적(典籍)을 들이밀며 정연하게 전개하는 유학자들의 논리를 이길 수 없었던 것입니다. 그런데다가 여기저기서 뛰쳐나온 사이비 도사들이 장생불사(長生不死)를 들먹이며 혹세무민하는 일까지 벌어졌습니다.

 장생불사를 꿈꾼 시황제가 많은 도사들을 궁 안으로 불러들였다는 이야기, 또 장생불사 하는 약을 구하기 위해 동해바다 봉래도로 서복을 보냈다는 이야기 등도 이런 배경에서 생겨난 것입니다. 마침내 시황제는 그들이 제가하는 핵심인 종권문제에 종지부를 찍을 단호한 결심을 했습니다. 의술, 농사, 점술 등 민생에 직접적으로 필요한 서책 외에 말썽의 근본이 되는 역사와 유학(儒學)관련 서책들을 깡그리 태워 없앴습니다. 바로 그 유명한 분서(焚書)사건이었습니다. 이러자 천하의 유생들이 벌떼처럼 들고일어났습니다. 시황제는 이들에게도 철퇴를 내려쳤습니다. 주동적인 유생들을 진법(秦法)에 따라 생매장해 버린 것입니다.

이 두 가지가 바로 두고두고 시황제를 만고 폭군소리를 듣게 한 분서갱유(焚書坑儒)사건입니다.

아마도 시황제는 자신을 성토하는 유생들에게 다음과 같이 말했을 것입니다. "역모 소리만 해도 삼족(三族) 구족(九族)을 멸하는 왕조시대에 짐의 종권을 부정하는 것만 해도 능지처참을 면치 못할 대죄가 아니더냐? 게다가 짐의 선조 할아비 및 피붙이 살붙이들까지도 야만인으로 몰아버린 역사왜곡을 했으니 그 죄야말로 태산보다 더 크다 아니할 수 없다. 따라서 너희모두의 피로서 이 분함을 씻어야 하나 잘못 배운 죄만을 탓하여 일벌백계로 끝나니 고마운 줄 알아라."
시황제의 단호한 조치에 천하는 침묵했습니다. 그러나 이 침묵은 더 큰 불길로 타오를 때를 기다리고 있었습니다. 영명한 시황제가 죽자(기원전 210년) 여러 불만세력을 등에 업은 그들은 끝내 진을 멸망케 했습니다. 진(秦)의 멸망원인을 찾아보면 대강 다음과 같습니다.

①중앙집권제로 인해 기득권을 잃은 세력들의 불만과 저항.
②진나라의 엄격한 법에 적응치 못한 인민들의 불만과 만리징성, 아방궁, 시황제릉 등 대규모 토목공사로 인한 백성들의 불만.
③조고를 비롯한 간신배들로 인한 진조정의 부패와 분열.
④유교 역사관에 따른 종하(宗夏)주의의 팽창.

위 네 가지 중 핵심은 ④항이라 생각됩니다. 즉 진(秦)의 멸망은 유교와 도교로 대변되는 하족과 이족의 이념전쟁에서 이족이 패배한 것입니다. 이는 진(秦)을 멸망시키고 종권을 잡은 한(漢)이 유교를 국교(國敎)로 받들었음에서 알 수 있습니다.

一. 진(秦)이 망하고 그 유민들은....

지배자의 위치에 있던 민족이 피지배 민족에 의해 망하게 되면 지독한 탄압과 보복 및 박해를 받게 됨은 어쩌면 당연한 일 일수도 있습니다. 이리되면 두 가지 방법밖에 없습니다.

첫째는 탄압과 박해를 감수하며 그들과 동화(同化)되는 것입니다.

둘째는 탄압의 손길을 피해 멀리 달아나는 것이고요.

박해를 제일 심하게 받을 수밖에 없는 진족(秦族)의 핵심세력들도 여기저기로 달아났습니다. 한 무리는 시황제의 장자(長子)인 부소가 있던 흉노 땅으로 갔습니다.
일찍이 시황제는 진제국을 망하게 할 자는 호(胡)라 믿어 장군 몽염을 보내 장성을 쌓아 그들을 막게 했습니다. 바로 지금의 만리장성 축조공사인데 공사가 지지부진하자 시황제는 태자인 부소를 보내 그 곳 장병들의 사기를 진작시켜 일을 빨리 진행되도록 한 것이었습니다.
시황제가 객사하고 이복동생인 호해(胡亥)가 간신 조고의 흉계에 의해 황위를 계승하자 부소는 그곳 호(胡)땅에 망명하게 된 것이었습니다.

중국 측의 기록엔 부소는 자결했다고 되어있으며 망진(亡秦) 세력이 호(胡) 땅으로 피신한 것에 대해 한마디도 없습니다. 그러나 우리의 환단고기(桓檀古記)엔 '부소는 그 때의 흉노 왕인 단군에게 망명을 했고 단군은 부소를 구려후(九藜候)로 봉했다.'로 기록되어있습니다.
어쨌든 부소가 있던 땅으로 찾아간 진족(秦族)은 그 곳에서 얼마동안 살았습니다. 그러다가 그들 중의 핵심세력은 다시 중원(中原)으로 들어가게 됩니다. 금의환향이 아니라 한(漢)과의 전쟁에서 포로 신세가 되어서였습니다.
이들은 갖은 수모와 고난 끝에서도 살아남기 위해 한(漢)조정에 공을 세우기도 하여 큰 권력을 잡기까지 하였습니다.
　결국 일족인 왕망(王莽)과 함께 전한(前漢)을 무너뜨리고 새(新)나라를 열게 됩니다. 그러나 이 신(新)나라는 불과 15년 만에 망하게 되어 또다시 피난의 보따리를 차게 되었습니다. 이 세력이 향한 곳은 한반도이며 이들이 신라를 이룬 것으로 여겨집니다.

　그리고 부여왕자(진시황의 아들)를 중심으로 한 또 하나의 세력은 만주 쪽으로 피신을 하였습니다. 이들은 그곳에서 부여(扶餘)나라를 세웠는데 여기서 고구려와 백제가 갈려져 나오게 된 것입니다.
　백제 왕족의 성(姓)이 부여(扶餘)이고 백제 땅에 부여, 부소 등의 지명이 남아있는 것도 그런 역사의 흔적입니다.

　또 한 세력인 흉노땅(유라시아초원지대)에 잔류하고 있던 진족(秦族)은 점차 세력을 넓혀가면서 지금의 중앙아시아 쪽 깊숙이 들어갔습니다. 이들 중 일부집단은 북인도 쪽으로 넘어갔습니다. 그리고 나머지 세력은 계속 서쪽으로 나아가 로마 쪽으로까지 진출을 하였습니다.
　이들은 게르만족과도 어울리기도 했으며 헝가리에 터를 잡은 이들은 세계의 역사를 크게 바꿨는데 그들이 바로 전 유럽을 공포에 떨게 했던 훈족(Huns)인 것입니다.

一. 신라의 건국세력은 어디에서 왔는가

 이때까지 발굴된 신라의 유물들을 보면 한반도에선 볼 수 없는 것들이 아주 많습니다. 몇 가지만 살펴보면 흙을 구워 만든 개미핥기와 로마에서 만든 유리병과 뿔로 만든 잔이 있습니다. 그리고 유라시아초원에서 발견되는 곡옥(曲玉)장식과 스키타이인들과 아주 흡사한 기마인물형 토기가 있습니다. 이뿐 아니라 유물들이 발굴된 왕릉은 적석목곽분인데 이는 유라시아초원지대에서 발견되는 묘제와 동일합니다. 이러므로 역사연구가들은 "신라가 어떤 경로로든 유라시아대륙과 교통했을 것"으로 말합니다. 그러나 유라시아초원과 아주 더 가까운 쪽에 있는 고구려고분에는 왜 그런 것이 나타나지 않는지에 대해선 설명을 못하고 있습니다.

 그리고 고구려와 백제의 건국시조에 대해선 그 출생내력이 잘 알려져 있습니다. 그러나 신라의 시조인 박혁거세와 김알지에 대해선 이상한 얘기로만 전해지고 있습니다. 즉 '밝게 빛나는 박속에서 태어났다'는 것입니다. 이러므로 일부 역사연구자들은 "신라의 중심세력은 한반도가 아니고 멀리서 온 것이 분명한데 언제 어떤 경로로 왔는지 역사적 자료가 없으니 알 수 없네요"라는 답변뿐입니다.

하지만「위지동이전(東夷傳)에 보면 진(秦)의 망민(亡民)이 신라를 건국했다」로 되어 있습니다. 짤막한 한 구절뿐이지만 삼국사기, 삼국유사에도 기록되어 있는 것입니다.

"만고 폭군으로 치부되고 있던 진시황의 맥이 신라로 이어졌다니....!!"

참으로 엄청나며 충격적인 이야기입니다만 이것을 뒷받침할 수 있는 신라인의 기록이 있습니다. 그것은 바로 200여 년 전에 발견된 신라문무대왕의 비문입니다.

정확하게는 서기1796년 정조20년에 경주에서 밭갈이하던 한 농부가 발견을 하였습니다. 당시 경주부윤이던 홍양호는 이를 탁본하여 당시의 선비들에게 공개를 했습니다. 비문은 심하게 마모되어 완전하게 읽을 순 없었지만 전체적인 윤곽만은 짐작할 수 있었다고 합니다. 그러나 그 당시의 선비 누구도 이 비문을 중요시 여기지 않았으며 그 내용 또한 정확하게 해독할 수 없었습니다.

문무왕의 후손인 추사 김정희선생이 이 비문의 탁본을 연경(燕京)으로 가져가게 되었습니다. 청나라 금석문 연구가들의 도움을 받아 정확한 내용을 알고 싶어서였습니다. 하지만 그 역시 별다른 소득을 얻지 못했고 추사선생 역시 이에 대해 더 이상 언급치 않았습니다.

비문에 남아있는 750자의 글귀는 지금까지 전해지고 있으며 그것을 경상대(慶尙大)에 있었던 허권수교수가 초역을 했고 이를 토대로 김재섭선생이 완역을 했습니다.

그 당시의 대사(大舍)직에 있던 한눌유가 임금의 가르침을 받아쓴 그 비문의 중요내용은 「문무왕(김법민)의 선조가 누구인가 하는 것」을 밝히는 것입니다. 즉 문무왕의 치적과 함께 기록된 이 비문에는 2000여 년 전에 걸친 선대(先代)의 계보가 기록되어 있었습니다.
그 내용을 순서대로 하면 다음과 같습니다.

① 화관지후(火官之后): 기원전 2300여 년 전의 벼슬이름입니다. 김재섭선생은 그 당시 이 직책을 지녔던 분을 순(舜)으로 말합니다.

② 진백(秦佰): 기원전 650여년 전 진시황의 20대 조상이며 진(秦)의 대군주였던 목공 임호(任好)를 말합니다. 이분은 자신의 밥그릇에까지 혁사만하(虩使蠻夏)라는 네 글자를 새겨놓고 각오를 되새겼습니다. 이에 따라 약소국이던 진(秦)은 강대국으로 발돋움을 하게 되었으며 천하통일의 기초를 다지게 되었습니다.

③ 투후(秺侯): 기원전 100년대 한(漢)나라 무제(武帝)때에 투후(秺侯)작위를 받은 김일제(金日磾)를 말합니다. 중국한족(漢族)에게서 흉노라 불리운 땅에 있던 망진(亡秦) 세력이었던 휴도왕의 태자였습니다.
한(漢)과의 전쟁에서 부친인 휴도왕이 동료인 곤사왕의 배신으로 인해 죽임을 당하고 일제(日磾)는 일족과 함께

한나라로 끌려갑니다. 한나라조정의 말구종으로 있던 그는 공을 세워 한무제(漢武帝)의 신임을 얻게 되고 투후(秺侯) 직위에 올라 큰 권력을 쥐게 됩니다.
포로로 끌려올 때 하늘에 제사 지낼 때 쓰던 금인(金人)을 지니고 왔는데 이 때문에 金氏성을 지니게 되었습니다.
아우인 윤(倫) 역시 한나라 조정에서 출세를 하게 되었고 이 사람의 후손에게서 김해김씨가 비롯되어졌다고 합니다.
이분에 대한 자세한 내력은 사기열전(史記列傳) 김일제전(金日磾傳)에 기록되어 있습니다.

④ 성한왕(星漢王): 서기 20년대 김일제의 5대손으로 일족인 왕망의 신(新)나라가 망하자 한반도로 피신해온 김알지로 추정되는 분입니다.

문무대왕의 비문에서 밝힌 위 조상들의 내력으로 보면 신라왕릉속에서 출토된 낯선 유물들과 묘제(墓製)등이 설명됩니다. 그리고 필자가 오제시기 초보문자뿐아니라 상(商)의 갑골문과 진(秦)의 소전체 및 예서체를 한국어를 도입하여 풀 수 있었던 것도 바로 그들이 한국어를 썼던 우리선조들이었기에 가능한 것입니다.

문무대왕 비문의 해석을 지면상의 관계로 실지 못함이 아쉽습니다. 기회가 닿는 데로 뒷날 여러분께 공개하기로 하겠습니다.

二. 훈족과 잊혀진 Korean

훈족에 대한 이 부분은 한배달(2002. 7월호)에 게재된 글로 대신합니다. 한시간 정도의 다큐로 미국 Discovery 방송사에서 제작했으며 1999년 12월에 열 번 방송한 내용입니다.

'유럽인들은 그들을 "훈족(Huns)"이라 불렀다. 본국 코리아 땅에서 일어난 그들은 4세기 기간 중에 로마 제국에 쳐들어 왔다.
 -번역자 주: 서양인의 시각임을 참작하시길 바랍니다.

고대 그리스 역사가는 그들을 스키타이인(Scythians)이라 기록했으며 그 뒤의 유럽인들은 그들을 몽골인이라 불렀다. 4세기 초 무렵 극동 아시아에서는 수년 동안 기온이 평상시 보다 떨어지는 이상 기온 현상이 발생했다. 그로 인해 곡식은 여물지 못했고 동물들에게 풀을 뜯게 할 땅은 부족했다. 이런 이유로 인해 상당수의 반(半)유목민족은 오늘날의 Korea라고 알려져 있는 한국 본토에서 만주 동부로 떠나게 되었다.
 -번역자 주: 이 부분은 현재의 한국 영토를 기준으로 한 서양인의 시각이니 참작하시길 바랍니다.

그 길을 따라 여러 이민족을 규합하면서 그들은 중앙아시아 쪽으로 발걸음을 계속했다. 그 곳에서 종족 대부분은 서쪽으로 향했다. 서기 370년 경 이 방랑민들은 로마제국 국경선에 도착하여 다뉴브강(독일 남서부에서 시작하여 동으로 흘러 흑해로 들어감)을 따라 현재의 헝가리 지역인 대초원 위에 그들의 왕국을 세웠다.

서기 443년 경 루가왕의 아들 '아틸라' 는 그의 형제 '블레다' 를 암살하고 전 훈족을 통일했다. 그는 전사들을 이끌고 무자비하고 야만적인 정복을 감행했다. 눈에 보이는 것이라면 닥치는 대로 파괴하고 약탈을 했을 뿐 아니라 무고한 사람들까지도 무자비하게 죽였다.

그는 독일, 유럽 동부 및 남서부 일대 대부분을 정복했다. 훈족은 기마술에 능했고 궁술 또한 겸비했는데 그것은 로마인들을 파멸시킨 큰 원인이었다. 그들은 서로 강하게 접착된 다른 재료들을 가지고 제작된 짧은 역궁(逆弓:맥궁)을 사용했으며 쇠로 된 화살촉은 유럽 군인들의 어떤 철갑옷도 관통시킬 수 있었다. 그들의 말은 키가 작았으나 빠른 속도와 강한 지구력이 있었으며 사람들의 동작 또한 민첩하고 영민하기 짝이 없었다. 훈족 전사들은 앞으로 달리고 있는 말 위에서 상체를 뒤로 틀어 뒤편에 있는 적을 향해 활을 쏠 수 있었다.

　-번역자 주: 현재 중국 집안현 무용총 주실 서쪽 벽에 그려진 수렵도에 나오는 고구려 기마 궁사의 모습과 일치되고 다큐에 나오는 기마병 그림과 그 복색이 완전히 일치되어 있었다.

아틸라가 어렸을 때 그의 부친 루가는 자신의 아들을 어느 유명한 로마 가문의 어린 아들 즉 그 이름이 Aetius라고 하는 아이와 바꾸게 했다.

이렇게 되어 아틸라는 로마 왕실에서 10년간 자라면서 교육을 받았고 Aetius는 훈족의 왕궁에서 교육을 받았다. 아틸라는 아마도 몽골 역사상 가장 처음으로 서구교육을 받은 인물일 것이다.

이들 두 사람은 뒷날 451년에 Gaul(오늘의 프랑스 지역)에서 서로 맞부딪치게 되었다. 이 전투에서 아틸라는 패배를 계속했고 452년에는 게르만족과 함께 이탈리아를 침략했다. 그의 군대는 오늘날의 베니스로 진격하여 로마대표 교황 Leo와 장장 10시간 동안 협상을 벌였다.

말 위에서 장시간 협상 공로로 아틸라는 로마로부터 공물을 받았으며 그 후 이탈리아로부터 회군하게 된다. 교황 레오는 아틸라와의 성공적인 이 협상으로 인해 교회로부터 '대제(The Great)'라는 칭호를 받았다.

아틸라는 453년에 독일 공주 Icleco와 결혼했다. 그러는 그는 불행하게도 결혼식날 밤에 죽었는데 사인은 아마도 주독(酒毒)인 듯하다.

그의 백성들은 다른 이들이 그의 무덤을 찾지 못하도록 다뉴브강을 둑으로 막았으며 시신을 강 중앙부에 매장했다. 그들은 그 댐을 어떤 이에게도 개방하지 않았으므로 그 누구도 그의 무덤을 발견할 수 없었다.

그가 죽은 후 훈(Hun)왕국은 멸망했고 그의 백성들 또한 유럽 여러 곳으로 뿔뿔이 흩어지게 되었다. 살아생전의 잔인한 행위로 인해 그는 로마 제국으로부터 '신의 천벌'이라 알려지게 된다.

훈족은 유럽 특히 프랑스 Chatean 지역에 많은 유물을 남겼다. 그 곳에서 태어난 모든 어린이 엉덩이에는 오늘날 몽고반점으로 불리는 파란 반점이 있었다. 헝가리라는 국명은 훈 왕국을 기념하기 위해 Huns에서 비롯된 것이다.
　세계 2차 대전 기간 중 연합군은 역사적으로 독인인들과 훈족과의 관계(4~5세기 경) 때문에 독일인들을 훈족으로 불렀다. 유럽의 장례문화 역시 훈족에게서 깊은 영향을 받았다.

　한국 고문자 학회 김재섭 선생은 오늘날의 아프가니스탄을 지나 북부인도로 들어간 겨레붙이들이 쿠샨 왕조를 세운 것으로 추정하고 있습니다.
　이 주장은 인도 아유타국의 허황옥이 가야의 김수로왕을 찾아왔다는 역시기록과 상통되는데 이는 진족(秦族)의 내혼제(內婚制: 같은 종족과 결혼하는 제도) 때문인 것 같습니다.

　인도 북부 구자라트 지방에 가면 우리의 한글과 글자 모양뿐 아니라 자음자 모음자를 합하여 쓰는 글자꼴마저 동일한 구자라트 문자가 있습니다. 이 때문에 어떤 학자는 '훈민정음은 옛날 어느 적에 인도에서부터 전해진 것이다.'로 말하기도 합니다. 그러나 우리 민족은 삼국시대 그 이전부터 바다를 건너 일본으로도 들어갔는데 그 곳에도 신대(神代) 문자(文字)라고 불리고 있는 고대 문자가 있습니다. 한글과 같은 글자꼴인데 신사(神社)의 축문(祝文)에 모셔져 있는 청동거울에 또 비석에 새겨져있는 문자입니다.
　이 때문에 역사적 시각이 짧은 어떤 일본 학자는 '훈민정음은 우리의 신대문자를 본떠 만든 글자다.'라는 주장을 편 일이 있었습니다.

　민족이 이동하면 그 문화도 이동합니다. 따라서 우리는 다음과 같은 결론에 도달할 수 있습니다.
　한글의 원형은 단군세기에 기록된 대로 B.C2218년에 만들어진「가림토 38자」이며 이것이 민족의 이동에 따라 인도와 일본으로 건너가게 된 것입니다.

　한(漢)의 박해를 피하기 위해 또 하나의 무리는 진시황의 둘째 왕자인 부여를 중심으로 하여 만주 쪽으로 도망갔습니다. 이들이 바로 부여족으로 추정됩니다.

　결론은 오늘날의 중국 문명을 탄생시킨 밝족(羊族: 東夷)의 맥을 진(秦)이 계승했고 오늘날의 우리를 있게 한 부여, 고구려, 백제, 신라 모두가 진의 맥을 이어받았다는 것입니다.

주요참고문헌

- 금문신고(金文新考) - 낙빈기
- 중국사전사화(中國史前史話) - 서량지
- 표준국어대사전 - 금호서관 발행
- 만주원류고 - 부춘(富春)
- 자원자해로 익히는 한자 - 김용걸
- 신라인 이야기 - 김영사(이종욱)

중국문자는 고대 한국인이 만들었다

초판 1쇄 인쇄 | 2012년 9월 10일
초판 1쇄 발행 | 2012년 9월 14일

지 은 이 | 한밝 김용길
펴 낸 곳 | 도서출판 청연
출판등록 | 제 18-75호

주   소 | 서울시 금천구 독산동 967번지 2층
전   화 | (02)851-8643
팩   스 | (02)851-8644

가격과 바코드는 뒤표지에 있습니다.

ⓒ 김용길, 2012년, Printed in Korea

잘못된 책은 바꿔드립니다.
지은이와의 협약에 의해 인지는 생략합니다.

*본 저서는 저작권보호를 받고 있는 저서입니다.
무단복사 복제시 불이익이 따르니 유의하세요.

이메일 | chungyoun@naver.com